선 생 님 이 궁 금 해 하 는

한국 고대사의 비밀

선생님이 궁금해하는 한국 고대사의 비밀
치열한 한 역사 교사의 생각하는 대중을 위한 한국 고대사 이야기

1판 1쇄 발행   2011년 3월 25일
1판 3쇄 발행   2012년 2월 15일

지은이 ǀ 김은석
펴낸이 ǀ 김승희
펴낸곳 ǀ 도서출판 살림터

기   획 ǀ 정광일
편   집 ǀ 조현주
디자인 ǀ DESIGN U° NA
일러스트레이션 ǀ 이태수
필름 출력 ǀ 딕스
인쇄·제본 ǀ (주)현문
종이 ǀ 월드페이퍼(주)

주소 ǀ 서울시 마포구 서교동 395-27
전화 ǀ (02)3141-6553
팩스 ǀ (02)3141-6555
출판등록 ǀ 2008년 3월 18일 제313-1990-12호
이메일 ǀ gwang80@hanmail.net

ISBN 978-89-94445-09-0 03910

선 생 님 이 궁금 해 하 는 **한국**

고대사의 비밀

치열한 한 역사 교사의
생각하는 대중을 위한 한국 고대사 이야기

| 김은석 지음 |

●●● 저는 현직 고등학교 역사 교사로서 학생들이 올바른 역사관을 가
질 수 있도록 열심히 가르치고 있습니다. 또한 '김은석의 역사 충격
(gulliber.njoyschool.net)'이라는 역사 학습 누리집을 운영하고 있기도 합니
다. 저는 수업 시간에 역사와 관련된 드라마, 영화, 만화, 플래시 등 다양
한 수업 자료를 활용해 왔습니다.

학생들에게 역사 교과서들은 매우 어려운 것이 현실입니다. 그 이유
는 교과서의 서술 자체가 역사적인 사실의 나열이기 때문입니다. 역사를
암기 과목이라고 하는 이유도 바로 여기에 있습니다. 역사 교과서를 학생
들이 쉽게 공부하기 위해서는 역사적인 사실들을 이해할 수 있어야 합니
다. 쉽게 이해하기 위해서는 쉬운 말로 서술되어야 하며, 재미있는 사례
를 들어 설명해야 합니다. 이러한 고민을 해결하기 위해 저의 교육 경험
속에서 준비한 다양한 자료들을 정리하여 책을 내게 되었습니다. 그 결과
2009년 『즐거운 국사 수업(고등 편)』, 『즐거운 한국근현대사 수업』, 2010년
『즐거운 세계사 수업』을 세상에 내놓았습니다.

현재 역사 교과서의 문제점 중 가장 중요한 것은 우리나라 사람들이 일반적으로 궁금해 하는 주제에 대해서는 잘 다루지 않고 있다는 사실입니다. 많은 사람들이 『환단고기』나 필사본 『화랑세기』에 대해 궁금해 하지만 한국사 교과서에서는 이를 다루지 않습니다. 기자조선에 대해서는 전혀 언급도 하지 않고, 위만조선은 단군조선을 계승하였다는 점만을 강조하죠. 고조선은 한나라의 침략을 1년 동안이나 잘 막아 냈다고 칭찬하면서도 지배층의 내분이 일어나 고조선이 멸망하였다는 서술만으로 끝납니다. 고구려가 아닌 신라가 삼국통일을 한 이유에 대해 많은 사람들이 궁금해 하지만 한국사 교과서에서는 침묵합니다. 누구나 알고 있는 바보 온달과 평강공주의 이야기는 전혀 다루지 않아 동화 속 이야기인 줄로만 알고 있는 것이 현실입니다.

　　또한 한국사 교과서는 연개소문의 집권과 당나라와의 전쟁만 서술할 뿐 중국의 경극 속에 연개소문이 악역으로 나온 작품들이 있었다는 것에 대해서는 무관심합니다. 백제가 중국 요서, 산동 반도에 진출했다는 서술만 할 뿐 그 자세한 내용은 밝히고 있지 않죠. 서동과 선화공주의 이야기뿐만 아니라 무왕 자체가 언급되고 있지 않습니다. 최초의 여왕이었던 선덕여왕도 무시하고, 신라인들의 근친혼과 개방적인 성 풍속도 외면합니다. 김수로왕과 허황옥의 결혼 이야기도 다루지 않고, 임나일본부설과 동북공정에 대한 반박도 미흡합니다. 삼국통일 역시 사실만 전달할 뿐 그

원인과 평가에 대한 고민이 없습니다. '임금님 귀는 당나귀 귀'의 주인공이 경문왕이라는 사실도 그 의미도 다루지 않습니다. 장보고의 무역 활동만 서술할 뿐 장보고가 건설하려 했던 해상왕국이 재당 신라인의 꿈이었음을 외면합니다. 이러한 사실들은 충분히 가치가 있고 재미있는 주제들입니다. 그래서 이 책에서는 이러한 주제들을 다루고자 합니다.

역사학자가 역사적 사실을 연구하는 과정은 형사가 범죄 증거를 찾아내는 수사 과정과 비슷합니다. 즉 증거를 찾아내고 추리 과정을 통해 진실을 알아내는 것이죠. 안악 3호분의 주인공에 대해서는 동수, 미천왕, 고국원왕 등의 여러 설이 있습니다. 무덤 속에 남겨진 묵서명과 여러 사료를 검토하면 진짜 주인공이 누군지 추리해 나갈 수 있습니다. 을지문덕의 살수대첩이 수공(水攻)이 아니었음을 과학적으로 계산해 볼 필요가 있기도 합니다. 안시성 싸움을 이끈 장군의 이름을 야사 속에서 찾아내는 과정도 흥미진진한 일입니다. 그러나 한국사 교과서에는 이러한 흥미진진함이 없습니다.

백제 건국의 주인공을 비류, 온조, 구태로 각각 다르게 전하는 건국 설화를 분석하여 누가 진짜 주인공인지 추적할 수도 있습니다. 의자왕 즉위 직후 왕족, 귀족에 대한 숙청 과정을 통해 의자왕의 생모가 누구인지 따져 볼 수도 있습니다. 문무왕릉비의 분석을 통해 김알지와 투후 김일제가 동일 인물일 가능성을 살펴볼 수도 있습니다. 선덕여왕과 당 태종의 갈등을 분황사, 첨성대, 황룡사9층목탑 등을 통해 추리할 수도 있습니다. 처용이 아랍인 의사였을 가능성을 이슬람 자료를 분석하여 따져 볼 수도 있습니다. 하지만 한국사 교과서에서는 이러한 상상력을 찾아볼 수가 없습니다.

재미있고 흥미로운 주제를 다루고, 여러 사료를 분석하는 추리 과정을 통해 우리 역사에 대한 관심과 호기심을 자극하는 것은 매우 중요한 일입니다. 이것이 이 책을 집필한 이유이기도 합니다. 한국사 교과서에서 다루고 있지 않지만 한국인으로서 반드시 알아야 할 한국 고대사에 대한 25가지 주제를 살펴볼 기회를 이 책이 제공할 것입니다. 앞으로도 고려사, 조선사, 근현대사의 다양한 주제를 다루는 책을 집필할 예정입니다. 끝으로『즐거운 국사 수업(고등 편)』,『즐거운 한국 근현대사 수업』,『즐거운 세계사 수업』에 이어 이 책이 출판될 수 있도록 많은 도움을 주시고, 애를 쓰신 도서출판 살림터 여러분께 깊은 감사의 말씀을 전합니다.

2011년 3월
김은석

선생님이 궁금해하는
고조선의 비밀

단군신화와 『환단고기』를 통해 살펴본 고조선

▪ 단군신화와 『환단고기』에 숨겨진 역사의 진실

우리 민족은 곰의 후손인가, 호랑이의 후손인가

우리 역사를 처음 배울 때 가장 먼저 접하는 이야기가 단군 신화입니다. 환인의 아들 환웅이 이 땅에 내려와 웅녀(곰이 변하여 여자가 되었다고 하죠)와 결혼하여 낳은 아들이 단군왕검이고, 그가 세운 나라가 바로 고조선이라는 거죠. 그런데 단군신화 중 가장 기억에 남는 것이 곰과 호랑이의 이야기입니다. 곰과 호랑이가 환웅에게 찾아와 사람이 되게 해 달라고 빌었고, 환웅은 쑥과 마늘만 먹으며 동굴 속에서 100일을 견디면 사람이 될 수 있다는 해결책을 알려 줍니다. 하지만 호랑이는 얼마를 참지 못한 채 동굴 밖으로 도망치고, 곰은 계속 동굴에서 쑥과 마늘만 먹으며 사람이 되기를 기다렸어요. 그리고 21일 만에(원래는 100일을 견디라고 했지만 곰만 남은 상황에서 환웅도 급했는지 21일 만에 동굴로 찾아왔죠) 찾아온 환웅에 의해 여자가

강화도 부근리 고인돌 : 대표적인 탁자식 고인돌. 고조선의 영역과 비슷한 분포를 보이고
있습니다.

되었습니다. 이 이야기의 중요한 교훈은 인내심을 갖고 견디면 행복이 찾
아온다는 것입니다. 반면에 호랑이처럼 인내심이 없으면 사람도 못 되고
불행해진다는 것이죠. 한마디로 곰처럼 살아야 행복해진다는 것이 이 신
화의 교훈입니다. 그런데 정말 호랑이는 잘못된 것이고, 곰은 잘된 것일
까요? 그리고 우리는 진정 곰의 후손일까요? 호랑이의 후손은 어떻게 되
었을까요?

　　단군신화를 보통 이렇게 해석합니다. 하늘의 자손이라는 선민사상을
갖고 있던 환웅 부족이 청동기를 사용하며 만주와 한반도 북부 쪽으로 이

동해 왔고, 이 땅에는 아직 신석기를 사용하며 곰을 숭배하는 부족과 호랑이를 숭배하는 부족이 살고 있었습니다. 청동기를 사용하는 환웅 부족에게 정복당한 곰 부족은 피지배층이 되었고(청동기 시대는 남녀 불평등이 시작된 시대이기도 하죠. 즉 여자는 피지배층, 남자는 지배층을 상징), 환웅 부족에게 저항한 호랑이 부족은 다른 지역으로 도망간 것으로 보입니다. 만약 이러한 해석이 맞는다면 호랑이 부족의 후손은 어디에 있는 걸까요?

이러한 의문의 실마리는 우리가 과연 곰의 후손인가라는 물음표에서 시작해야 합니다. 우리 민족은 단군신화에 분명히 곰의 후손이라고 나와 있음에도 불구하고 다른 신화, 전설, 설화 등에서는 곰과 관련된 이야기를 거의 찾아볼 수가 없습니다. 오히려 호랑이와 관련된 이야기가 많고, 산신령과 함께 숭배되고 있는 동물도 호랑이입니다. 서울 올림픽 때 마스코트를 호돌이로 한 것이나 현재 우리나라의 지도를 호랑이로 묘사한 그림이 그려지고 있는 것도 이와 관련되어 있습니다. 우리 민족은 사실 호랑이를 더 친근하게 생각하고 있는 것이죠.

여기서 생각해 봐야 할 것이 단군신화는 고조선의 건국신화라는 점입니다. 고조선은 알려져 있다시피 요동반도, 만주, 한반도 북부에 걸친 나라였습니다. 한반도 중남부는 고조선의 세력권도 아니었고, 고조선처럼 국가 체제가 자리 잡힌 나라도 없었습니다. 즉 환웅 부족이 곰 부족과 결합하여 세운 나라는 고조선이었습니다. 현재 한반도의 중남부는 고조선의 영역이 아니었고, 곰 부족의 영역이 아니었던 것입니다. 그렇다면 고조선의 영역에서 제외된 호랑이 부족은 어디로 갔을까요?

호랑이 부족이 우리 민족에 포함되지 않았다면 단군신화에 호랑이 이야기는 남아 있지 못했을 겁니다. 환웅의 선택을 받기 전까지 곰과 호

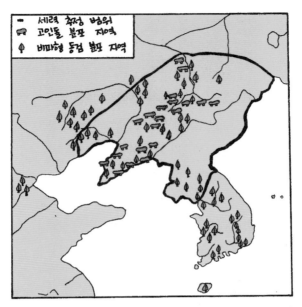

고조선의 영역 : 고인돌과 비파형 동검의 분포 지역과 거의 비슷합니다. 이것은 하나의 문화권이 존재했음을 의미합니다. 즉 고조선 문화권이었던 것입니다.

랑이는 이 땅에 살던 원주민이었음이 분명합니다. 그리고 곰 부족은 고조선에 포함되었지만 호랑이 부족은 고조선에서 제외되었습니다. 호랑이 부족이 고조선 북쪽 지역으로 이동하여 우리 민족과는 전혀 상관이 없어졌을 수도 있습니다. 그렇지만 저는 호랑이 부족이 고조선 남쪽 지역으로 이동하여 우리 민족의 일부가 되었을 가능성이 더 크다고 생각합니다. 단군신화는 요동, 만주, 한반도 북부에서 전해진 환웅 부족과 곰 부족 중심의 신화였다가 우리 민족의 무대가 한반도 중남부로 내려가면서 호랑이 숭배 문화와 결합하여 만들어졌다는 것이 제 생각입니다.

그래서 단군신화 속의 곰과 호랑이 이야기를 재평가해야 한다고 생각합니다. 환웅 부족은 이 땅에 살고 있던 곰 부족과 호랑이 부족에게는 새로운 외부 세력이었습니다. 곰 부족은 환웅 부족의 청동기 문화를 받아들이며 고조선이라는 발전된 국가 체제에 참여했습니다. 호랑이 부족은 환웅 부족이 사용하는 청동기 무기의 침략성에 저항하여 맞서 싸웠습니다. 그래서 호랑이 부족은 청동기 문화의 발전도 늦었고, 국가 발전도 늦었던 것이죠. 그렇다면 곰 부족은 올바른 선택을 한 것이고, 호랑이 부족은 잘못된 선택을 한 것일까요?

그렇지 않습니다. 곰 부족은 환웅 부족과의 결합을 통해 발전을 택했고, 호랑이 부족은 환웅 부족과의 항쟁을 통해 자신들의 정체성을 지키는

고창 고인돌군 : 전북 고창은 우리나라에서 가장 많은 고인돌이 밀집해 있는 곳입니다. 우리나라에 있는 약 3만여 기 중 2,000여 기가 고창에 있습니다.

선택을 했을 뿐입니다. 더 발전된 문화를 받아들이는 것도 중요하지만 외세의 침략성을 주의 깊게 살피면서 전쟁 등의 상황이 벌어지면 우리의 자유를 지키기 위해 끝까지 항쟁하는 것도 중요합니다. 우리 민족은 자발적으로 외부의 문화를 받아들여 우리의 문화를 발전시키기를 좋아했지만, 침략에 맞서 싸워 외세의 지배를 당한 적이 거의 없는 역사를 만들었습니다. 우리는 곰의 후손이라고도, 호랑이의 후손이라고도 할 수 있기 때문입니다. 우리는 곰처럼 은근과 끈기가 있고, 동시에 호랑이처럼 용맹하고 강인한 민족입니다.

『환단고기』는 정말 '가짜 책'일까?

『환단고기』에 나오는 환국은 7대의 환인이 3,300년 동안 다스린 12개의 연방으로 구성된 남북 5만 리, 동서 2만 리의 광활한 대제국입니다. 그 뒤를 이은 배달국은 18대의 환웅이 신시를 중심으로 1,500년을 다스린 나라입니다. 그 뒤를 이은 고조선은 47대의 단군이 다스린 나라이죠. 이러한 역사 인식은 이른바 재야사학자들이 『환단고기』 등을 바탕으로 주장하는 내용으로 일반적으로 역사학계에서는 받아들여지지 않고 있습니다. 역사학계에서는 『환단고기』를 위서(僞書), 즉 '가짜 책'이라고 평가합니다. 그렇게 평가하는 가장 큰 이유는 20세기에 들어와서 쓰이는 용어 등이 사용되었기 때문입니다. 실제로 이 책에는 인류, 전 세계, 국가, 세계만방, 문화, 남녀평권, 부권 등 20세기 초 일본 등을 통해 들어온 현대적 용어들이 사용되어 있습니다. 또한 청나라 때부터 사용된 지명인 '영고탑'이 등장하고, 1923년 발견된 연개소문의 아들 연남생의 묘지에서 알려진 연개소문의 할아버지 '자유'라는 이름이 나오죠. 이러한 사례들로 보아 이 책은 20세기 초 이후 조작된 '가짜 책'이라는 것이 일반적인 평가입니다.

그런데 재야사학자들은 왜 이 책의 내용에 열광했을까요? 이 책에는 우리 민족의 역사가 1만 년 전 세워진 환국에서 시작되어 배달국과 고조선으로 이어졌다는, 즉 세계에서 가장 오랜 역사를 갖고 있다고 기록되어 있습니다. 그리고 5대 환웅의 아들 태호복희가 중국으로 가서 중국의 시조가 되었다거나, 14대 환웅 치우천황은 오천 년 전 배달국을 통치한 인물인데, 쇠로 된 투구와 무기, 즉 철기를 만들어 사용했다는 내용도 들어 있습니다. 재야사학자들은 우리 민족의 역사를 지금까지 알려진 오천 년에서 일만 년으로 늘리고, 철기 시대의 시작을 오천 년 전으로 늘리고, 중국 역사의 시작도 우리 민족에서 갈라져 나온 것으로 기록되어 있는 '영광스러운 역사'를 담고 있는 이 책에 열광하였던 것이죠.

이러한 기록은 이 책의 신빙성을 떨어뜨리고 있기도 합니다. 환국이나 배달국을 입증할 만한 다른 역사 자료는 없습니다. 세계적으로도 신석기 시대가 시작된 것은 환국이 나타났다는 기원전 8000년경입니다. 구석기 시대가 끝나자마자 국가가 나타났다는 것은 완전 난센스입니다. 또한 세계 최초로 철기를 사용한 히타이트인들도 기원전 2000년경부터 철기를 만들었습니다. 이것은 이 책이 '가짜 책'이 아닌 '진짜 책'이라고 해도 믿을 수 없는 내용들이죠.

그렇다면 『환단고기』는 '가짜 책'이고, 내용도 허무맹랑하니까 전혀 연구할 가치가 없을까요? 여기에서 한 가지 중요한 사실을 살펴볼 필요가 있습니다. 『환단고기』에는 '오성취루'란 천문 현상이 13대 단군 흘달 50

년(기원전 1733년)에 일어났다고 기록되어 있습니다. 오성취루란 수성, 금성, 화성, 목성, 토성의 다섯 행성이 한 줄로 늘어서는 현상을 말하는데, 현재 사용되고 있는 천문 관측 프로그램으로 확인한 결과는 매우 놀라웠습니다. 기원전 1734년 이 현상이 발생했던 것으로 나왔습니다. 즉 1년의 오차가 있을 뿐으로 천문학자들은 이것을 매우 정확한 기록으로 평가하고 있습니다. 이는 『환단고기』의 천문 기록이 가짜가 아니라는 결정적 증거입니다. 현대 천문학의 과학적 방법으로 『환단고기』가 적어도 기원전 1734년부터 내려오는 역사적 사실을 일부 담고 있음을 입증한 것이죠. 그렇다고 이 책이 모두 역사적 사실을 담고 있다는 것은 아닙니다. 앞에서 살펴본 것처럼 이 책은 20세기에 들어 현대적 용어로 '가필'이 되어 있으며, 세계 고고학적 상식과 어긋나는 환국, 배달국 등의 기록도 '소설'로 조작되어 있다고 볼 수 있습니다. 그래도 단군조선을 47대의 단군들이 계승하여 다스렸다는 『환단고기』의 기록은 단군왕검 한 명이 나라를 세우고 1,908세를 살며 나라를 다스렸다는 단군신화보다 더 신빙성이 있습니다. 결론적으로 『환단고기』의 모든 내용을 신뢰할 수는 없지만 '일부의 역사적 사실'까지도 모두 가짜로 매도하는 것은 잘못된 것입니다. 다른 역사 자료 등과 비교 연구를 통해 입증될 수 있는 기록은 충분히 연구할 가치가 있는 것입니다.

단군릉 : 평양 소재. 북한은 1993년 '단군릉발굴보고'를 통해 단군이 5,011년 전의 실존 인물이라고 주장했고, 1994년에는 화강암을 피라미드식으로 쌓아 단군릉을 조성하였습니다.

기자조선, 위만조선, 그리고 고조선의 멸망

▪ 기자, 위만의 중국인 논쟁과 고조선을 망하게 만든 매국노

백 년 전까지 기자 할아버지가 단군 할아버지를 이겼다

　　고조선은 대개 단군조선, 기자조선, 위만조선으로 나누어 볼 수 있습니다. 현재 한국사 교과서에서 기자조선은 사실상 사라져 버린 상태입니다. 그 이유는 기자가 중국인이었기 때문이죠. 위만조선 역시 위만이 "상투를 틀고 조선인의 옷을 입었다"는 점을 강조하여 원래 고조선인이었지만 중국에 잠시 살다가 돌아온 '교포'라는 뉘앙스로 서술하고 있죠. 위만조선은 3대로 멸망하고 말았기 때문에 위만이 중국인이더라도 그렇게 중요하지는 않습니다. 하지만 기자조선은 전혀 다릅니다. 기자는 은나라가 망하고 주나라로 바뀌는 기원전 11세기경의 인물입니다. 즉 고조선이 사실상 시작되었던 기원전 10세기 전후에 고조선의 왕이 된 기자야말로 우리 민족의 시조가 되는 셈이죠. 한마디로 말하면 중국인이 한국인의 시조

기자묘 : 평양 소재. 고려 시대에 이미 조성되었습니다. 고려 숙종 때 제사를 지내고, 조선 성종, 고종 때 중수되었습니다.

가 되는 어처구니없는 상황이 벌어지는 것입니다.

이와 같은 이유로 기자조선은 우리 역사에서 '존재해서는 안 될' 역사가 되었습니다. 그러나 불과 백여 년 전만 하더라도 우리 민족의 시조는 '단군 할아버지'가 아니라 사실상 '기자 할아버지'였습니다. 1897년 '조선'이란 나라 이름을 '대한제국'이라고 바꾼 이유 역시 기자조선의 마지막 왕 준왕이 위만에게 쫓겨나 남쪽으로 내려와 고조선의 정통성이 마한으로 이어진 것으로 보았기 때문이죠.

'기자 할아버지'를 우리 민족의 시조로 생각하는 것은 언제 시작되었을까요? '단군 할아버지'의 출발점인 『삼국유사』(충렬왕 7년, 1281)보다도 거의 이백 년 전 기자를 모신 사당을 평양에 세웠다는 것을 보면 고려 전기에 '기자 할아버지'가 시작되었음을 알 수 있죠. 그리고 조선을 건국하면서 혁명파 신진사대부들은 '기자 할아버지'를 사실상 시조로 공식화했습니다. 정도전은 『조선경국전』에서 기자가 주 무왕으로부터 책봉을 받은 것처럼 명 태조 주원장이 국호를 조선으로 정해 주었다는 논리를 내세우며 '조선'이란 국호의 당위성을 설명했습니다. 다시 말하면 주나라 무왕에게 책봉을 받은 기자가 고조선의 왕이 되어 고조선이 '작은 중국'이 된 것처럼 조선의 왕 이성계가 명나라 주원장에게 조선이란 국호를 받아 '작은 중국'이 되었다는 논리입니다.

이와 같이 유학자들은 고려, 조선에 걸쳐 '기자 할아버지'에 대한 숭배를 강화해 나갔습니다. 유학자들은 왜 이렇게 기자를 좋아했을까요? 얼마나 좋으면 나라 이름까지 '조선'이라고 정했을까요? 그 이유는 유학의 시조가 공자이기 때문입니다. 『논어』에는 공자가 '은나라의 삼인(三仁, 3명의 어진 사람)'으로 비간, 미자, 기자를 칭송했다는 기록이 나옵니다. 그래서 공자가 추앙한 기자가 고조선의 왕이 되어 우리 민족의 시조인 '기자 할아버지'가 되었다는 것은 유학자들에겐 큰 영광이었던 것입니다.

16세기 선조 때 사림파가 집권하면서 '기자 할아버지'에 대한 숭배는 극대화되었습니다. 윤두수의 『기자지』, 이이의 『기자실기』 등이 이때 저술되었는데, 특히 이이는 '기자 할아버지' 덕분에 오랑캐였던 우리 민족이 교화되어 '작은 중국'이 될 수 있었다고 고마워할 정도였습니다. 기자에 대한 사랑은 실학자들도 예외가 아니었습니다. 우리의 역사를 연구하며 주체성을 강조했다고 하는 한치윤의 『해동역사』에서도 기자가 고조선의 왕으로 봉해졌다고 기록하였고, 한백겸의 『기전고』, 이익의 『성호사설』 등에서도 '기자 할아버지'를 기정사실로 만들었습니다. 특히 정약용은 주나라 정전제를 가장 바람직한 토지 제도라고 하며 토지 재분배를 주장했는데, 이것은 기자가 정전제를 실시했다고 전해지는 평양의 정전제 터와 관련된 것이기도 합니다.

이렇게 고려, 조선에 걸친 거의 천 년의 시간 동안 기자는 사실상의 국조로 추앙되었습니다. 그렇다면 과연 '기자 할아버지' 이야기는 어떻게 시작된 것일까요? 정말로 기자란 사람이 있기는 했을까요? 기자에 대한 최초의 기록은 중국의 고대 역사를 담고 있는 『죽서기년』, 『상서』, 『논어』 등에 나타나기 시작합니다. 기자가 은 주왕(은나라의 마지막 왕)에 의해 감옥에 간 것, 은나라를 무너뜨리고 주나라를 세운 무왕과 기자가 만난 것 등이 기록되어 있습니다. 이를 보아 기자가 은나라와 주나라의 교체기에 살았던 중국인이라는 것은 확실한 듯합니다. 그러나 이 책들에 기자가 고조선의 왕이 되었다는 기록은 없습니다.

　　그러다가 한나라 때 편찬된 『상서대전』, 『사기』, 『한서』 등에 기자가 주 무왕에 의해 고조선의 왕으로 봉해졌다는 기록이 나타나기 시작합니다. 사실 기자가 왕이 되었다는 것은 가장 중요한 기록이었을 텐데 한나라 이전의 기록에는 없다가 한나라 때부터 나타났다는 것은 조작의 냄새가 나죠. 더구나 한나라는 고조선과 전쟁까지 하며 멸망 과정에 일조를 했습니다. 즉 일제가 우리나라를 침략하는 과정에서 임나일본부설을 조작하고, 일제강점기에 일선동조론을 조작한 것처럼 한나라 역시 기자가 고조선의 왕이 되어 고조선이 중국의 지배를 받았다고 조작했을 수도 있다는 것입니다. 한마디로 고조선의 왕이 중국인 기자의 후손이므로 조국인 한나라에 고개를 숙이고 충성하라는 뜻으로 만들어 낸 이야기입니다. 그리고 고조선 멸망 이후에는 침략을 합리화하기 위해 조작을 계속했습니다.

　　지금까지 살펴본 것처럼 중국 한나라가 고조선을 굴복시키기 위해, 고조선에 대한 침략을 합리화하기 위해 조작한 '기자 할아버지'는 고려 전기 유학자들에 의해 기정사실화되기 시작했고, 조선 시대에는 '기자 할

아버지'를 자랑스러워하며 국조로 숭배했습니다. 천 년 가까이 우리 조상들은 민족의 시조로 '단군 할아버지'보다 '기자 할아버지'를 더 숭배했던 것이죠. 요즘에도 일제의 식민지 통치 덕분에 우리나라가 근대화되었다고 주장하는 일본 우익들이나 일부 몰지각한 한국인들이 있습니다. '기자 할아버지'를 숭배했던 유학자들처럼 일본을 숭배하는 어리석은 사람들입니다. 우리가 정신 차리지 않으면 '단군 할아버지'는 언제든지 '기자 할아버지'에 밀려날 수 있습니다. '기자 할아버지'는 식민지 근대화론 등 각종 사대주의로 변신하는 화신의 상징이기 때문입니다.

위만과 낙랑공주는 중국인이 아니다

현재 한국사 교과서에서 위만은 중국 연나라 출신으로 고조선에 망명하여 준왕을 몰아내고 왕위에 오른 사람으로 서술하고 있습니다. 그러나 위만이 고조선에 들어올 때 "상투를 틀고 조선인의 옷을 입었다"는 기록을 강조하며 원래 고조선인이었지만 중국에 가서 살다가 다시 고국으로 돌아온 '교포'라는 분위기를 풍기고 있죠. 또한 국호를 바꾸지 않고 그대로 조선이라고 유지한 것이나(중국에서는 쿠데타를 일으켜 왕위에 오르면 나라 이름을 새롭게 바꾸죠. 그리고 중국의 나라 이름은 대개 한 글자랍니다) 고위 관리들 역시 고조선 토착인이 대다수였던 점 등을 들어 위만조선은 단군조선을 계승한 나라였다고 강조하고 있습니다.

위만이 중국인이었음을 강조하기 시작한 것은 사실 일제 식민사학자들이었습니다. 우리 민족의 타율성을 입증하기 위한 증거가 바로 '위만은 중국인'이라는 것이었죠. 중국인이 쿠데타를 일으켜 고조선의 왕위에 올랐다는 점을 강조했습니다. 우리나라의 역사는 식민지에서 출발한 '타율적인 역사'라는 주장이죠. 일제는 같은 맥락에서 한군현 설치를 이용했습니다. 중국인 위만이 지배했던 나라를 중국 한나라가 침략하여 멸망시키고 한군현을 설치하여 식민지로 삼았다는 것입니다. 중국의 한군현처럼 일본이 조선총독부를 설치하여 조선을 식민지로 삼았다는 것이죠. 다시 말해 중국의 한군현처럼 일본이 조선총독부를 설치하여 조선을 식민지로 삼은 것은 당연하다는 논리입니다.

그렇다면 위만은 정말 중국인이고, 한군현은 중국의 식민지였을까요? 결론부터 말하면 위만은 중국인이고, 한군현은 중국 한나라에서 설치한 통치 기관이 맞습니다. 그러나 위만은 중국을 버리고 고조선에 망명한 '귀화인'이었습니다. 위만이 '상투를 틀고 조선인의 옷을 입은' 이유도 '이제는 중국인이 아닌 고조선인으로 살겠다'는 의지의 표현이라고 할 수 있죠. 위만은 고조선에 귀순하여 국경을 지키는 수비대장이 되어 세력을 키웠고, 쿠데타를 일으켜 왕이 되었습니다. 만약 위만이 중국인으로서 중국 세력만으로 쿠데타를 일으키고, 중국식 제도와 국호를 사용하고, 중국 출신이 고위 관직을 독차지했다면 고조선은 중국의 식민지가 되었다고 할 수도 있겠죠. 하지만 위만은 고조선인이 되고자 했던 귀화인으로서 고조선인의 세력을 끌어모아 결국 왕이 되었고, 고조선의 국호와 제도를 그대로 유지하며, 고조선 토착 세력을 고위 관직에 임명하여 자신의 정권을 유지했습니다. 한마디로 위만은 중국인이 아닌 '귀화 한국인'이었던 것이죠.

요즘에 우리나라가 좋아서, 또는 한국인과 결혼하여 한국 국적을 취

득한 '귀화 한국인'이 많이 늘어나고 있습니다. 귀화 한국인은 외모는 외국인이지만 법적으로는 분명한 한국인입니다. 언젠가는 그들 중에서도 대통령에 당선되는 인물이 나올 날이 올 것입니다. 만약 그렇다면 우리나라는 그 대통령이 태어난 나라의 식민지가 되는 것일까요? 전혀 그렇지 않습니다. 이와 같은 이유로 위만은 '귀화 한국인'이며 위만조선은 식민지 정권이 아닙니다.

이번에는 한군현 이야기를 해 봅시다. 고조선 멸망 후 한나라는 낙랑군, 임둔군, 진번군, 현도군을 설치했습니다. 보통 한사군이라고 하죠. 설치된 지 26년 뒤(기원전 82)에 임둔군과 진번군이 폐지되었고, 다시 7년 뒤(기원전 75) 현도군이 요동으로 밀려났습니다. 즉 낙랑군을 제외한 한군현은 거의 소멸되었다고 할 수 있는데, 이것은 고조선 유민들이 저항군을 조직하여 중국인들의 통치 기관을 공격하여 대부분 몰아냈음을 의미합니다. 우리나라는 일제에게 나라를 빼앗기고 35년 동안 지배를 받았지만 끊임없이 독립운동을 벌인 결과 해방될 수 있었습니다. 세계에 식민지 경험이 없는 나라는 사실상 없습니다. 식민지 경험이 있다는 것은 부끄러운 역사가 아닙니다. 진정으로 부끄러운 역사는 독립운동과 같은 저항 없이 식민지인으로 살아가는 것입니다. 고조선은 한나라의 식민지가 되었지만 고조선의 유민들은 꾸준한 저항운동을 통하여 영토의 절반을 26년 만에 되찾았고, 또다시 7년 뒤 4분의 1(낙랑군)을 제외한 영토를 되찾았습니다. 일제 지배 35년보다 짧은 33년 만에 잃어버린 영토 대부분을 되찾았다는 것은 우리 민족이 자랑스러워해야 할 역사입니다.

그런데 위만조선과 한군현 문제를 설명하는 과정에서 식민지 근대화론을 뒷받침할 수 있는 위험한 주장들이 제기되었습니다. 먼저 위만조선에 대해 현재 한국사 교과서에서는 위만의 집권 이후 철기 문화가 중국으로부터 급속도로 수용되어 고조선의 철기 문화가 발전했다고 서술하고 있습니다. 이러한 논리는 중국인 위만의 식민지 정권 성립으로 고조선의 철기 문화가 발전했다는 해석이 가능한 위험한 주장입니다. 또 한군현 중 400년을 유지한 낙랑군 문제를 설명하기 위해 식민지 근대화론과 비슷한 주장을 하기도 합니다. 우리 민족이 중국의 발달된 문물과 문화를 수입하기 위해 낙랑군의 존재를 묵인했다는 주장이죠. 이 역시 한군현의 식민지 경험으로 얻은 문화적·경제적 발전을 계속 누리기 위해 낙랑군이라는 식민지를 자발적으로 받아들였다는 위험한 주장입니다.

　　그렇다면 위만조선과 낙랑군 문제는 어떻게 설명하는 것이 좋을까요? 앞에서 살펴본 것처럼 위만은 '귀화 한국인'으로서 많은 중국인들의 귀화가 철기 문화 발전으로 이어졌음을 강조해야 합니다. 그러나 낙랑군 문제는 좀 복잡합니다. 현재까지 평양에서 출토된 낙랑군의 유물과 유적을 조작했다는 주장도 있지만 해방 후 북한 학자들이 발굴한 유물, 유적은 이러한 주장이 터무니없음을 보여 줍니다. 그렇다면 낙랑군은 어떻게 400년이 넘도록 평양에 남아 있을 수 있었을까요?

　　그 실마리는 '호동왕자와 낙랑공주' 이야기에 있습니다. 잘 알려져 있다시피 호동왕자는 낙랑공주에게 자명고(외적이 쳐들어오면 스스로 울리는 북으로 낙랑의 보물)를 찢도록 사주하였고, 이 때문에 낙랑은 결국 고구려에게 멸망당했다는 이야기입니다. 그런데 호동왕자는 대무신왕의 아들이었고, 이 이야기에 따르면 고구려의 낙랑 정복은 서기 32년의 일입니다. 그렇다면 313년 고구려 미천왕에 의해 축출된 낙랑군은 도대체 어떻게 된 일일까요?

낙랑군에서 출토된 봉니 : 종이가 귀했던 고대에는 죽간, 목간 등을 주로 사용했습니다. 죽간, 목간을 편지처럼 먼 곳으로 보낼 때 둘둘 말아서 진흙으로 봉인할 때, 이 진흙 위에 지명이나 관직명 등을 찍은 것을 봉니라고 합니다. 그런데 '낙랑' 이란 글자가 새겨진 봉니는 낙랑군에서 찍어서 다른 곳으로 보냈다는 증거입니다. 결국 낙랑군 지역에서 보낸 봉니가 낙랑군 지역으로 추정되는 평양에서 발견된 것은 의문스러운 일입니다. 그래서 일제가 1918년부터 발굴하면서 위조했다는 주장이 제기되고 있습니다.

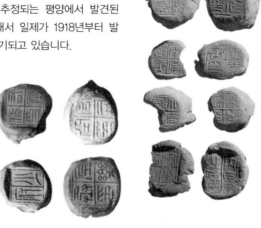

호동왕자와 결혼한 낙랑공주는 낙랑국 왕 최리의 딸입니다. 낙랑군 태수가 아닌 낙랑국 왕의 딸이므로 낙랑공주였던 것이죠. 낙랑군은 본국의 정치 변화 과정(전한→신→후한)에서 사실상 독립국으로 발전하였고, 그마저도 고구려 대무신왕 때 정복당했던 것입니다. 그러나 후한의 광무제는 서기 44년 군대를 파병하여 낙랑군을 재설치했습니다. "낙랑을 정벌하였다"는 표현으로 보아 낙랑국이 중국과 분리된 독자적인 나라였음을 알수 있죠. 한마디로 낙랑군은 한나라의 식민지가 아니라 독립국 낙랑국이되었다가 고구려에게 정복당한 나라였던 것입니다. 물론 후한 때 낙랑군이 재설치되었지만 계속되는 고구려의 공격을 받다가 313년 완전 소멸하였습니다. 결국 위만과 낙랑공주는 중국인이 아니었습니다. 위만은 우리나라가 좋아서 중국을 버리고 귀화한 고조선인이며, 낙랑공주는 남편 호동왕자와 결혼하여 귀화한 고구려인입니다. 이로써 위만과 그 후손 우거왕까지 한나라와 맞서 싸웠던 것, 낙랑공주가 자명고를 찢어 고구려를 위한 첩자 역할을 했던 것이 모두 설명됩니다. 결론적으로 위만과 낙랑공주는 중국인이 아니었습니다. 우리 민족에 귀화한 한국인으로 우리 민족을 위한 행동을 하였던 것입니다.

고조선은 매국노들에 의해 멸망당하였다

우리 민족이 세운 최초의 나라 고조선은 중국의 정복 군주인 한 무제의 침략을 받아 멸망당한 것으로 알려져 있습니다. 그리고 한나라는 고조선의 영토에 4군을 설치하여 지배했다고 합니다. 그러나 당시의 기록인 『사기』를 살펴보면 과연 고조선이 한나라의 침략으로 멸망했던 것일까 의심스럽습니다. 그 이유는 한나라가 고조선과의 전쟁에서 패배했기 때문이죠. 그렇지만 고조선은 멸망했습니다. 한나라는 전쟁에 졌는데, 전쟁에 이긴 고조선은 멸망했다? 모순입니다. 어떻게 한나라는 전쟁에 패배하고도 고조선을 멸망시키고 지배할 수 있었을까요?

고조선과 한나라의 전쟁이 벌어진 당시 고조선의 왕은 우거왕입니다. 쿠데타로 집권한 위만의 손자이죠. 위만의 집권 이후 고조선은 철기 문화가 급속도로 발전하여 우거왕 때에 이르면 철제 무기와 철갑옷 등으로 무장한 강력한 군사력을 보유하게 됩니다. 그렇다면 한나라는 왜 고조선을 침략하기 시작한 것일까요? 기원전 109년 한나라에서는 고조선에 사신 섭하를 보내 "고조선이 중간에서 여러 나라가 천자를 알현하고자 하는 것을 가로막고 있다"며 트집을 잡았습니다. 이 과정에서 사신 섭하는 고조선의 장수를 죽였고, 고조선 역시 섭하를 공격하여 죽였습니다. 그리고 한나라는 그해 가을 누선장군 양복, 좌장군 순체 등을 중심으로 5만이 넘는 군대를 파견했지만 고조선 점령에 실패했습니다.

이렇게 군사적 제압이 어려워지자 한 무제는 다시 사신을 보내 항복을 요구했고, 우거왕은 의외로 항복할 뜻을 보였습니다. 그리고 우거왕은 태자를 보내 5,000필의 말과 군량미를 바치고 사죄하겠다는 핑계를 대며, 완전 무장한 군사 만여 명까지 보내 패수를 넘어가려 했습니다. 이에 겁을 먹은 한나라의 사자와 좌장군은 무장 해제 후에 패수를 건너라는 요구를 하였고, 이를 거부한 고조선 군대는 철수했습니다. 결국 한 무제는 이에 대한 책임을 물어 사신 위산을 처형하였죠. 이를 통해 우리는 고조선의 군사력이 한나라를 위협할 정도로 강력했다는 것과 우거왕이 한나라에 반격하기 위해 거짓 항복을 하려 했음을 알 수가 있습니다. 즉 한나라의 침략을 막아 냈음에도 불구하고 우거왕은 항복하겠다는 거짓말로 한나라의 경계를 풀고, 기동력 있는 공격을 위한 5,000필의 말과 전쟁에 필요한 군량미까지 준비한 정예 1만 병사를 보내 패수를 넘어 한나라에 반격을 가하려 했던 것입니다.

이후 한나라는 다시 고조선을 공격하여 왕검성을 포위했지만 여러 달이 지나도 함락에 실패하고 군사들의 사기는 갈수록 떨어져 갔습니다. 열 받은 한 무제는 다시 제남태수 공손수를 전쟁터로 보냈습니다. 공손수는 좌장군 순체의 말을 듣고, 누선장군 양복을 체포하고 모든 군대의 지휘권을 좌장군 순체에게 주어 왕검성 함락에 총력을 기울였습니다. 이때 고조선에서는 상(相) 노인, 상 한음, 니계상 참, 장군 왕협이 한나라에 항복할 음모를 꾸미기 시작했습니다. 우거왕은 이러한 음모를 파악했고, 음모를 들킨 한음, 왕협, 노인(노인은 도주 중 사망)은 도망하여 한나라군에 투항했습니다. 기원전 108년 여름 니계상 참은 자객을 보내 우거왕을 죽이고 한나라에 투항했습니다. 니계상 참이 쿠데타를 일으켜 우거왕을 죽이는 데까지는 성공을 했지만 쿠데타는 결국 실패했던 것이죠. 이때 쿠데타를 진압한 사람이 성기입니다. 끝까지 왕검성을 지키며 항전을 계속한 성기를 죽인 것은 우거왕의 아들 장, 상 노인의 아들 최였습니다. 그리고 한나라는 4군을 설치했습니다. 이렇게 한나라 군대가 고조선을 멸망시키는 데 1년이란 시간이 걸렸습니다.

그런데 전쟁이 끝난 후 이상한 일이 벌어졌습니다. 고조선 멸망 직후의 논공행상에서 고조선 출신은 상을 받았습니다. 니계상 참은 홰청후, 상 한음은 적저후, 장군 왕협은 평주후, 우거왕의 아들 장은 기후, 도주 중 사망한 상 노인의 아들 최는 온양후로 삼은 것입니다. 그러나 전쟁의 책임자였던 좌장군 순체는 공개 처형했고, 체포되었던 누선장군 양복은 처형만은 피했지만 서인으로 강등되었습니다. 제남태수 공손수 역시 처형당했습니다. 이상한 일이 아닐 수 없습니다. 한 무제의 명을 받아 전쟁에 참여했던 장군과 사신 중 살아남은 것은 간신히 목숨을 구한 양복뿐입니다. 고조선을 멸망시켰다는 점에서 전쟁의 목적이 달성되었음에도 불구하고, 전쟁의 책임자가 거의 다 처형을 당했다는 것은 무엇을 의미할까요?

〈 고조선 정벌 결산 〉

1. **목적** : 한 무제의 동아시아 패권 장악을 저해하는 위협 세력 제거
2. **전개 과정**
   가. 누선장군 양복, 좌장군 순체의 파견 : 5만 군사로 공격했지만 실패.
   나. 사신 위산 처형 : 고조선의 거짓 항복과 반격 움직임.
   다. 제남태수 공손수 파견 : 누선장군 양복을 체포하고 모든 군대의
   　　지휘권을 좌장군 순체에게 줌.
   라. 고조선 내분 유도 : 상 노인, 상 한음, 니계상 참, 장군 왕협이
   　　쿠데타 시도 후 망명. 니계상 참이 우거왕 살해했으나 성기가 끝까지
   　　저항. 우거왕의 아들 장, 상 노인의 아들 최가 성기를 죽이면서
   　　고조선 멸망.
3. **결과**
   가. 좌장군 순체는 공개 처형. 누선장군 양복은 서인으로 강등.
   　　제남태수 공손수 처형.
   나. 니계상 참은 홰청후, 상 한음은 적저후, 장군 왕협은 평주후,
   　　우거왕의 아들 장은 기후, 도주 중 사망한 상 노인의 아들 최는
   　　온양후로 봉함.

　　결론을 말하자면, 고조선은 전쟁에 지지 않았습니다. 그래서 한 무제
는 전쟁에 패배한 책임을 물어 장군들을 처형하는 등 처벌을 할 수밖에 없
었습니다. 하지만 고조선은 멸망했습니다. 고조선 멸망에 공을 세운 것은
고조선의 고위 관리들이었습니다. 그래서 그들은 한 무제로부터 제후로
임명되는 대가를 받았던 것입니다. 한마디로 고조선을 멸망시킨 것은 나
라를 한나라에 팔아먹은 매국노들이었습니다.

우리 민족 최초의 나라가 매국노에 의해 멸망했다는 것은 기분 나쁜 역사임에 틀림없습니다. 매국노의 범죄를 우리의 기억에서 지울 수는 없습니다. 그러한 망각이 우리 역사에서 매국노가 나라를 팔고 민족을 배신하는 큰 죄를 계속 저지르도록 만들었기 때문입니다. 고구려가 망할 때 당나라의 앞잡이는 연개소문의 큰아들 남생이었고, 연개소문의 동생 연정토는 신라에 투항했다가 당나라에 가서 앞잡이가 되었습니다. 고려 시대 몽골족에게 나라를 팔아먹은 친원파는 몽골족에게 여자들을 팔고 백성들을 착취하여 원나라의 개가 되었죠. 대한제국을 팔아먹은 이완용, 박영효, 송병준, 이용구 같은 매국노는 나라를 판 대가로 엄청난 돈과 땅을 받아 큰 부자가 되었고, 일본의 귀족 작위를 받아 잘 먹고 잘살았습니다. 매국노가 나라를 팔아 개인의 이익을 얻은 역사를 제대로 기억하지 않는 한, 매국의 역사는 되풀이될 수밖에 없습니다. 다시는 매국노가 우리 역사에 나타나지 않도록 그들의 범죄를 정확히 기억해야 할 것입니다.

02

선생님이 궁금해하는
고구려의 비밀

안악 3호분은 장수왕 때 이장한 고국원왕릉이다

▪ 평양 천도를 합리화하기 위한 이장

안악 3호분은 동수의 무덤인가?

1949년 북한에서 안악 3호분이 발견된 이후 이 무덤의 주인공이 누구인가에 대해서 현재까지도 논쟁이 계속되고 있습니다. 북한을 제외한 남한, 중국, 일본 학계의 일반적인 입장은 안악 3호분은 동수의 무덤이라는 것입니다. 그 이유는 이 무덤에서 발견된 묵서명의 주인공이 동수이기 때문이죠. 먼저 묵서명의 내용을 봅시다.

영화(永和) 13년 10월 26일 사지절도독제군사 평동장군 호무이교위 낙랑상, 창려·현도·대방 태수이며 도향후인 유주 요동군 평곽현 도향 경상리 출신인 동수(冬壽)는 자는 □安이며, 69세에 사망한 관리.

묵서명에 따르면 동수는 유주 요동군 평곽현 출신인데, 『자치통감』에도 동수에 대한 기록이 나옵니다.

> 모용유, 모용치, 동수, 곽충, 적해, 방감이 모두 동쪽으로 도망가다가 모용유는 중간에 돌아오고, 모용황의 군사가 추격하여 적해, 방감은 베어 죽이고, 동수와 곽충은 고구려로 도망갔다.

이것은 『자치통감』 성제 함강 2년(336)에 나온 기사로서 선비족 모용씨가 세운 전연에서 발생한 왕위쟁탈전에 대한 내용 중 일부입니다. 모용씨 형제의 왕위 다툼 속에 패배한 세력이 고구려로 도망을 갔는데, 그중 동수(佟壽)가 있었던 것이죠. 그런데 『자치통감』에 나오는 동수(佟壽)가 안악 3호분 묵서명에 나오는 동수(冬壽)와 동일 인물이라는 것입니다. 안악 3호분 묵서명에 따르면 동수는 영화(永和) 13년 사망했습니다. 영화(永和) 연호는 동진의 연호로 영화 12년이 끝입니다. 아마도 묵서명을 작성하면서 착각했던 것으로 보입니다. 어쨌든 영화 12년이 356년이므로 영화 13년은 357년입니다. 『자치통감』에서 336년 고구려로 망명한 것으로 확인된 동수가 안악 3호분 묵서명에 의하면 357년 사망했다는 추정이 가능합니다.

이렇게 안악 3호분 묵서명의 주인공이 동수라면 무덤의 주인공은 동수일 텐데, 왜 주인공에 대한 논란이 계속되고 있을까요? 그 이유는 묵서명이 기록된 곳이 좀 이상하기 때문입니다. 안악 3호분은 무덤 안 곳곳에 벽화가 있는데, 무덤 주인공을 그린 벽화는 서쪽 방에 그려져 있습니다. 묵서명은 이 서쪽 방 입구에 서 있는 장하독 위에 기록되어 있습니다. 무덤 주인공의 묘지명은 예와 격식을 갖추어 쓰는 것이 일반적입니다. 그런

안악 3호분 동수의 묵서명 : 벽화 속 인물은 '장하독'이란 관직을 한 사람이죠. 동수로 추정됩니다.

데 안악 3호분의 묵서명은 주인공 방의 입구를 지키는 수문장 역할을 하고 있는 장하독 위에 조잡한 글자체로 쓰어 있습니다. 또한 묵서명의 마지막을 '69세 薨官'이라고 맺고 있는 것도 한문 어법상 맞지 않습니다. '69세 薨'으로 끝나는 것이 일반적인데, 官이 붙어 있는 것은 잘못된 문장이죠. 그러나 묵서명을 장하독에 대해 설명하는 문장으로 이해한다면 '69세 사망한 관리 장하독'이 됩니다. 또한 북한 학자들의 조사 결과에 의하면 장하독 그림의 반대쪽에 그려져 있는 인물 위에서도 20여 자의 묵서명이 확인됐다고 합니다. 묵서명은 무덤 주인공이 아닌 장하독 동수에 대한 글이라는 것이죠.

그렇다면 무덤의 주인공은 과연 누구일까요? 안악 3호분은 처음 발견되었을 당시 무덤의 웅장한 규모와 화려한 벽화의 내용으로 보아 왕릉으로 생각되었습니다. 안악 3호분의 회랑에는 250여 명의 인물들이 그려진 것으로 확인된 대행렬도가 있습니다. 대행렬도 사진에서 일부 확인되듯이 그 규모는 왕의 행렬을 그린 것입니다. 또한 무덤 주인공이 쓰고 있는 검은 관을 자세히 보면 덧관이 그려져 있었음을 확인할 수가 있습니다. 이것은 『수서』 「고구려전」에서 확인되는 고구려 왕이 쓴 백라관입니다. 안악 3호분은 왕릉이었던 것입니다.

안악 3호분 대행렬도 : 250여 명 규모의 행렬은 국왕의 행렬이라고 할 수 있죠.

안악 3호분 주인공으로 추정되는 인물 : 주인공이 쓴 검은 관을 자세히 보면 덧관이 그려져 있었음을 확인할 수가 있죠. 고구려 왕이 썼다고 하는 백라관입니다.

안악 3호분은 미천왕의 무덤인가?

  안악 3호분이 왕릉이라면 그 주인공은 누구일까요? 묵서명에 따르면 동수는 고구려의 장하독이란 관리였고, 그를 거느린 왕은 안악 3호분의 주인공입니다. 동수는 336년 고구려로 망명하여 357년 69세로 사망했으므로 이 시기에 해당하는 왕은 고국원왕(재위 331~371)입니다. 그런데 동수가 고구려로 망명한 336년 이후 무덤에 다시 묻힌 왕이 한 명 있습니다. 바로 미천왕입니다. 미천왕은 313년 낙랑을 축출하여 한군현 세력을 완전히 몰아낸 왕으로 유명합니다. 미천왕은 331년 사망 이후에 큰 수난을 당하게 됩니다. 미천왕의 아들 고국원왕 12년(342)에 전연의 왕 모용황이 고구려를 침략하여 미천왕(고국원왕의 아버지)의 시체를 파내어 가져가고, 고국원왕의 어머니(미천왕비) 등 남녀 5만 명을 인질로 잡아갑니다. 그 이듬해인 343년 고구려가 신하를 칭하고 조공을 바치자 미천왕의 시신을 돌려주었습니다. 그러나 고국원왕의 어머니는 계속 인질로 붙잡았습니다. 인질로 끌려간 지 13년 만인 고국원왕 25년(355)에야 고국원왕의 어머니는 돌아올 수 있었죠.

  미천왕의 시신이 돌아온 343년 고구려는 수도를 평양 동황성으로 옮겼습니다. 전연에게 이미 수도 국내성을 유린당한 경험에서 나온 결정입니다. 전연의 재침에 대비하여 수도를 보다 안전한 남쪽으로 옮겼던 것이죠. 이러한 상황에서 나온 주장이 안악 3호분이 미천왕릉이라는 설입니다. 343년 미천왕의 시신을 되찾은 고국원왕은 평양 동황성으로 수도를 옮기고, 미천왕의 무덤을 안악 3호분에 다시 만들었다는 것이죠. 그렇다면 동수의 묵서명은 왜 미천왕의 무덤에 기록된 것일까요? 동수가 고구려로 망명한 것은 336년이고, 343년 전연으로부터 미천왕의 시신을 돌려받았습니다. 또한 355년 고국원왕의 어머니가 볼모에서 풀려나 고구려로 돌아왔습니다. 이러한 과정에서 전연 출신이었던 동수가 큰 역할을 하였고, 동수의 공을 치하하기 위해서 동수의 묵서명을 미천왕릉에 기록한 것이라는 주장이 미천왕릉설입니다.

미천왕릉설의 가장 큰 문제는 언제 만들었느냐는 것입니다. 미천왕의 시신을 찾아온 것이 343년이므로 미천왕릉을 만들었다면 그 무렵이라고 봐야 할 것입니다. 그러나 동수가 죽은 것은 357년이죠. 즉 안악 3호분이 미천왕릉이라면 두 가지 경우 중 하나입니다. 미천왕의 시신은 357년까지 무덤도 없이 있다가 동수가 죽자 미천왕릉을 만들었거나, 동수가 357년 사망하자 이를 기록하기 위해 미천왕릉을 다시 열었다는 것이죠. 상식적으로 둘 다 말도 안 되는 이야기입니다. 이렇게 미천왕릉설이 부정된다면 안악 3호분의 주인공은 누구일까요?

안악 3호분은 고국원왕의 무덤인가?

다시 말하지만 동수는 336년 고구려로 망명하여 357년 69세로 사망했으므로 이 시기에 해당하는 왕은 고국원왕입니다. 동수는 고국원왕 재위 중 고구려에 망명했고, 고국원왕 재위 중 사망했던 것이죠. 또한 묵서명에서 동수는 유주 요동군 평곽현이 고향이라고 되어 있습니다. 요동군은 대부분 평주에 속해 있었습니다. 당시 요동군이 유주에 속했던 기간은 370~380년뿐이었습니다. 고국원왕이 사망한 371년과 일치하는 시기입니다. 안악 3호분이 왕릉이라면 시기상 고국원왕릉이 확실합니다. 현재 북한학계에서 주장하고 있는 설이기도 합니다.

잘 알려져 있는 것처럼 고국원왕은 백제 근초고왕에 의해 평양에서 전사했습니다. 안악 3호분은 현재 북한 황해남도 안악군 오국리에 있습니다. 평양에서 너무 남쪽으로 내려가 있습니다. 고국원왕이 평양에서 전사했다면 평양 근처에 무덤이 있다고 해도 믿을 수 없는데, 평양보다 훨씬 남쪽에 무덤이 있을 수는 없죠. 또한 '고국원왕'이라는 이름은 '고국(故國)의 들판(原)에 묻힌 왕'이라는 뜻입니다. 일반적으로 '고국의 들판'이란 국내성 근처라고 보고 있습니다. 고국원왕은 평양에서 전사하여 백제에게 남쪽 영토를 빼앗기고 어쩔 수 없이 다시 국내성으로 수도를 옮겨 국내성 근처의 들판에 묻힌 왕이라는 것입니다. 안악 3호분이 고국원왕릉이라는 설의 이러한 문제점 때문에 현재 북한 학계에서 주장하고 있는 것이 남평양설입니다. 황해남도 신원군 장수산 일대에서 발견된 유적이 바로 남평양이라는 것이죠. 『삼국사기』 「지리지 잡지」에는 근초고왕이 고구려의 남평양을 빼앗아 도읍으로 삼았다는 기록이 있습니다. 북한 학계의 주장은 고국원왕이 전사한 곳이 현재의 평양이 아니라 황해도의 남평양이라는 것입니다.

이러한 주장에도 역시 문제가 있습니다. 북한 학계의 주장에 따르면 백제 근초고왕은 남평양을 수도로 삼았습니다. 그런데 남평양이라고 주장하는 장수산 일대와 안악 3호분의 거리는 40킬로미터 정도입니다. 백제의 수도를 남평양으로 옮겼다는 것은 백제의 북쪽 국경선이 훨씬 더 북쪽이었다는 뜻입니다. 40킬로미터 정도 거리에 국경선이 있다는 것은 백제로서는 매우 불안정한 상황입니다. 고구려 입장에서도 전쟁터로 바뀔 수 있는 국경 근처에 고국원왕의 무덤을 만들었다는 것은 매우 무모한 일이었습니다.

안악 3호분은 장수왕 때 이장한 고국원왕의 무덤이다

안악 3호분은 과연 누구의 무덤일까요? 이 문제의 열쇠는 역시 동수의 묵서명에 있습니다. 묵서명에 따르면 동수는 낙랑상, 창려 · 현도 · 대방 태수를 지냈습니다. 동수는 낙랑, 창려, 현도, 대방 지역을 다스린 지방관이었다는 것입니다. 그런데 동수가 생존했던 당시 이 지역은 전연의 영토였습니다. 이 지역을 고구려의 영토라고 할 수 있는 시기는 덕흥리 고분의 주인공인 유주자사 진에 의해 확인된 것처럼 광개토대왕 이후입니다. 유주자사 진이 관할하던 지역의 태수 중 이 지역의 태수가 있는 것으로 확인되었죠. 또한 묵서명에는 동수의 고향이 유주 요동군 평곽현이라고 되어 있습니다. 앞에서 살펴본 것처럼 요동군이 유주에 속한 시기는 370~380년 사이입니다. 그리고 덕흥리 고분에서 확인한 바와 같이 광개토대왕 이후 유주는 고구려의 영토가 되었고, 요동군은 유주에 속해 있었습니다.

이와 같이 묵서명에 따르면 동수에 대한 기록은 광개토대왕 이후 적은 것으로 추정할 수가 있습니다. 사실 안악 3호분이 처음 발견되었을 때 학자들은 5세기 중반에 만들어진 벽화고분으로 생각했다고 합니다. 안악 3호분은 광개토대왕 때 만들어진 덕흥리 고분보다도 더 발전된 모습으로 광개토대왕 후대에 만들어졌다고 볼 수도 있습니다. 하지만 벽화는 무덤

덕흥리 고분 벽화 : 오른쪽에 무덤 주인공인 유주자사 진이 앉아 있고, 왼쪽에 유주자사 휘하의 태수들이 도열하여 있는 모습입니다.

주인공 생전의 모습을 묘사한 것입니다. 안악 3호분의 주인공인 어느 왕의 장하독이었던 동수를 벽화에 그리고 묵서명을 썼다는 것입니다. 그런데 『자치통감』에 나오는 동수는 분명히 안악 3호분 묵서명의 동수입니다. 동수는 336년 고구려에 망명했고, 357년 사망했기 때문에 동수를 장하독으로 둘 수 있었던 왕은 고국원왕뿐입니다. 그러니까 안악 3호분의 주인공은 고국원왕입니다.

그렇다면 동수의 묵서명에는 왜 광개토대왕 이후 고구려의 영토가 된 지역의 지방관명과 고향명이 나타날까요? 또 5세기 후반으로 추정될 정도의 벽화고분으로 안악 3호분이 만들어진 이유는 뭘까요? 여기서 생각해 볼 수 있는 것이 이장 가능성입니다. 이장을 했다면 언제 왜 했는가가 중요합니다. 왕릉을 함부로 이장할 수는 없었으니까요. 충분한 명분이 있다면 가능했을 것입니다. 안악 3호분이 고국원왕의 무덤이라고 했을 때 가장 중요한 이장의 명분은 고국원왕의 한을 푸는 것이었습니다. 장수왕은 백제를 위협하면서 고국원왕의 복수를 내세운 것으로 보입니다. 『위서』에 실린 북위 헌문제가 백제에 보낸 국서의 내용 중 일부를 봅시다.

> 고구려가 강함을 믿고 경(개로왕)의 국토를 침범하여 선군(先君)의 옛 원수를 갚는다면서…… (하략).

이와 같이 백제를 침공하면서 장수왕이 내세웠던 가장 중요한 명분은 고국원왕의 원수를 갚는 것이었습니다. 이때 장수왕의 나이는 82세, 재위 63년 만인 475년의 일이었죠. 장수왕이 평양으로 천도한 것은 427년이었습니다. 현재 한국사 교과서에서도 설명하고 있듯이 장수왕이 평양으로 천도한 목적은 남하 정책, 왕권 강화 등입니다. 그러나 남하 정책의 결과라고 할 수 있는 개로왕 살해는 평양 천도 이후 48년이 지난 후에야 이루어졌습니다. 평양 천도의 원래 목적은 왕권 강화였던 것입니다. 장수왕이 평양으로 천도할 당시 귀족들의 반발이 매우 심했던 것으로 보입니다. 이를 보여 주는 기록이 『위서』에 실린 개로왕이 북위에 보낸 국서입니다. 그중 일부를 봅시다.

> 지금 연(璉. 장수왕)의 죄로 나라는 어육(魚肉)이 되었고, 대신들과 강족들의 살육전이 끝이 없어 죄악이 쌓였으며, 백성들은 이리저리 흩어지고 있습니다.

이 기록의 핵심은 '대신들과 강족들의 살육전'입니다. 장수왕의 왕권 강화에 반발하는 귀족들의 저항이 격렬하게 벌어졌음을 보여 주는 기록

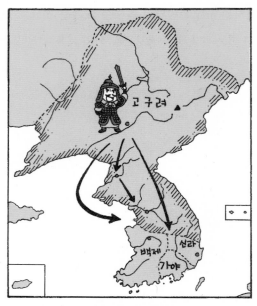
고구려 장수왕 때의 남진 정책

이죠. 그렇다면 이러한 권력 투쟁의 원인은 무엇이었을까요? 그렇습니다. 평양 천도입니다. 장수왕은 국내성을 세력 기반으로 했던 귀족들의 세력을 약화시키고 왕권을 강화하기 위하여 평양으로 천도했습니다. 그러자 대신들과 강족들은 기득권을 지키기 위해 살육전을 벌이며 장수왕에게 저항했던 것으로 보입니다. 이러한 저항을 진압하기 위해서는 강력한 무력이 필요했겠지만 더욱 중요한 것은 명분이었습니다. 그 명분은 무엇이었을까요? 가장 좋은 명분은 선례입니다. 바로 고국원왕의 평양 천도였죠. 고국원왕의 한이 담긴 평양으로 천도하여 남쪽으로 백제를 압박하여 고국원왕의 원수를 갚겠다는 것은 매우 훌륭한 명분이 되었습니다. 이러한 명분을 내세우며 시행했던 일종의 전시 행정이 고국원왕릉의 이장이었던 것입니다.

　정리하면 다음과 같습니다. 고국원왕은 평양에서 전사한 직후 국내성 근처에 묻혔습니다. 그리고 소수림왕, 고국양왕, 광개토대왕을 거쳐 장수왕이 왕위에 올랐습니다. 장수왕은 왕권 강화를 위해 평양 천도를 추진하면서 고국원왕의 복수를 내세웠습니다. 장수왕은 이러한 명분을 내세우며 고국원왕릉의 이장을 추진했고, 안악 3호분이 만들어졌습니다. 평양 천도가 427년이므로 안악 3호분도 이 무렵 만들어졌을 것으로 추정됩니다. 그래서 당시 5세기경 유행하던 벽화고분으로 고국원왕릉이 만들어졌던 것이죠.

　동수에 대한 묵서명이 기록된 이유는 다음과 같습니다. 고국원왕이 품고 있던 원한 중에는 전연 모용황에게 아버지의 시신을 빼앗기고, 어머니를 볼모로 붙잡히는 치욕도 겪었습니다. 그런데 동수는 전연에서 고구려로 망명하여 고국원왕의 신하가 된 인물입니다. 장수왕은 고국원왕의 장하독이었던 동수에게 '낙랑상창려현도대방태수'라는 직함을 내림으로써 고국원왕 때 전연의 영토였던 낙랑, 창려, 현도, 대방 지역의 지배권을 고구려가 확보했음을 고국원왕에게 보고했던 것이죠. 한마디로 고국원왕의 원수였던 전연의 영토를 고구려가 차지하여 고국원왕의 한을 풀어 주었음을 동수의 묘지명을 통해 표현한 것입니다.

　결론적으로 안악 3호분은 장수왕이 평양 천도와 왕권 강화를 합리화하기 위해 고국원왕릉을 이장하여 다시 만든 무덤이었습니다. 이러한 결론은 안악 3호분이 왕릉급의 무덤이라는 사실과 5세기경 무덤으로 보일 정도의 벽화고분이라는 사실을 모두 설명해 줄 수 있습니다. 게다가 장수왕 때 이루어진 평양 천도와 백제 개로왕 살해까지도 납득시킬 수 있습니다.

고구려는 왜 삼국통일을 하지 않았을까?

▪ 고구려는 삼국통일에 관심이 없었다

고구려는 왜 삼국통일을 하지 않았을까?

우리나라 사람들이 우리 역사
를 배우면서 가장 아쉬워하는 것이
고구려가 아닌 신라가 삼국통일을
했다는 것입니다. 신라가 통일을 이
루면서 고구려 땅이었던 만주를 잃
어버리고, 우리 역사를 한반도 안쪽
으로 축소시켰다고 생각하는 것이
죠. 그래서 광개토대왕이 신라, 가
야, 백제를 제압한 후에 고구려의 완
전한 영토로 삼았으면 좋았을 것이

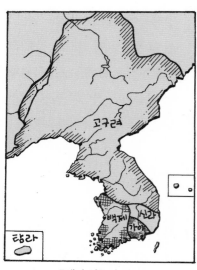

5세기 각국의 영역

라는 가상 역사를 꿈꾸기도 합니다. 실제로 광개토대왕릉비에 기록된 내용을 보면 신라, 가야, 백제는 사실상 정복을 당한 것이나 다름이 없었습니다. 먼저 백제에 대한 광개토대왕릉비의 기록을 봅시다.

광개토대왕릉비 모형 : 독립기념관 소재.

> 백제의 군주(아신왕)가 곤경에 처하자 남녀 천 명과 세포 천 필을 바치고 왕께 스스로 맹세하면서 "이제부터 영원히 노객이 되겠습니다"라고 하자, 이에 태왕은 미혹한 잘못을 바로잡아 은혜를 베풀어 용서하였다. 그 후 성심으로 따랐음을 기록한다. 58성과 700촌을 영토로 삼고, 백제 군주의 아우와 대신 10인을 볼모로 잡아 수도로 돌아오시었다.

위의 기록은 영락 6년(396) 광개토대왕이 백제를 공격했고, 패배한 백제의 아신왕이 항복했음을 보여 주는 내용입니다. 이후 백제는 왜와 연결하여 다시 고구려에 저항했지만 이 전투로 많은 영토를 잃고, 아신왕의 동생, 고위 관리 10명 등이 인질로 붙잡혀 가는 큰 위기를 당했음은 분명한 사실입니다. 고구려가 마음만 먹었다면 백제를 정복했을 수도 있었던 것

입니다. 다음은 신라에 대한 고구려의 영향력을 보여 주는 광개토대왕릉
비의 기록을 봅시다.

　9년(399) 기해에 백잔은 (노객이 되겠다는) 서약을 위반하고 왜와 화통
하므로, 왕은 평양으로 순수하며 내려갔다. 신라가 사신을 보내어 왕에게
아뢰기를 "왜인이 국경에 가득 차 성을 파괴하였으니 노객(신라 내물왕)은
백성으로서 왕의 명을 듣기를 청한다"고 하였다. 태왕은 인자하게도 그들
의 충성을 칭찬하고, 신라 사신을 특별히 돌려보내며 비밀계획을 알려주
었다. 10년(400) 경자에 보병, 기병 5만을 파견하여 신라를 구원하게 했다.
남거성으로부터 신라성에 걸쳐 왜인이 가득했다. 관군이 도착하자 왜적
은 퇴각했다. 그 뒤를 급히 추격하여 임나가라의 종발성에 이르니 성이 곧
항복하였다.

호우명 그릇 : 경주 호우총에서 발견되었죠. '국강상광개토지호태왕'이란 명문이 그릇 밑
바닥에 새겨져 있다는 것은 이 그릇이 고구려에서 제작된 것임을 보여 줍니다. 즉 호우총
의 주인공은 고구려와 밀접한 관련이 있는 인물입니다.

기록에 따르면 신라는 399년 왜의 침공을 받아 나라가 망할 위기에 처했습니다. 신라의 내물왕은 고구려 광개토대왕에게 도움을 청했고, 그 이듬해인 400년에 광개토대왕은 군사 5만을 보내 신라를 구원해 주었습니다. 고구려군은 이에 멈추지 않고 가야까지 추격하여 특히 금관가야는 가야연맹의 맹주를 대가야에게 넘겨줄 정도로 큰 타격을 입었습니다. 왜의 침공 배후에는 금관가야 등 가야 연맹이 있었기 때문이죠. 그리고 가야 뒤에는 백제가 있었습니다. 이 사건이 발생하게 되는 원인을 399년의 기사에서 "백잔(백제)은 서약을 위반하고 왜와 화

중원 고구려비 : 충북 충주 소재. 충북 중원군에서 발견되었죠. 현재 비석 소재지가 충주시에 포함되어 있습니다. 조왕(祖王), 즉 할아버지 왕이란 명문이 발견되어 이 비석이 장수왕의 손자인 문자명왕이 할아버지 장수왕의 업적을 기리기 위해 세운 비석이었음을 알 수가 있습니다.

통하므로"라고 설명하고 있죠. 왜의 침공 배후에는 가야가 있었고, 가야의 배후에는 백제가 있었던 것입니다.

이 사건 이후 고구려군은 신라 영토에 주둔했고, 특히 서울인 경주에도 고구려 세력이 존재했었음을 보여 주는 증거가 경주 호우총입니다. 5세기경 만들어진 호우총에서 발견된 호우명 그릇의 밑바닥에는 '을묘년 국강상광개토지호태왕(광개토대왕의 공식적인 호칭) 호우십'이라는 명문이

새겨져 있습니다. 이것은 호우총에 묻힌 무덤 주인이 고구려와 밀접한 관련이 있는 인물임을 보여 줍니다. 고구려의 강한 영향력 아래에 신라가 있었음을 알 수 있습니다. 이를 뒷받침하는 또 다른 증거가 현재 충청북도 충주에 있는 중원고구려비입니다. 이 비석에는 신라 매금(당시 신라 왕의 칭호)이 고구려로부터 의복을 하사받는 내용이 기록되어 있습니다. 중원고구려비는 장수왕의 손자 문자명왕이 할아버지 장수왕의 업적을 기리기 위해 세운 비석이죠. 고구려가 광개토대왕 이후 문자명왕까지 신라에 대한 강한 영향력을 갖고 있었음을 보여 줍니다.

고구려는 삼국통일에 대한 관심이 없었다

지금까지 살펴본 바와 같이 고구려의 광개토대왕은 백제, 신라, 가야에 대한 정복 활동을 통하여 직접 통치만 하지 않았을 뿐 사실상 굴복을 받고 고구려의 영향력 아래에 두었습니다. 그렇다면 광개토대왕은 왜 완전한 삼국통일을 이루려고 하지 않았을까요?

고구려는 건국 이후 중국 세력과의 전쟁을 벌이면서 성장을 해 온 나라입니다. 광개토대왕의 영토 확장 역시 만주 등 북쪽을 향해 있었습니다. 고구려의 관심은 북쪽에 있었지 남쪽이 아니었던 것이죠. 백제, 가야, 신라를 영향력 아래에 두는 정도면 충분했던 것입니다. 이러한 유형은 고구려의 뒤를 이어 만주를 지배했던 발해, 요, 금, 원, 청이 모두 같습니다. 발해의 영토 확장은 북쪽과 당나라를 향해 있었고, 신라와는 거의 전쟁을 하지 않았습니다. 요를 세운 거란족 역시 송나라를 정복하기 위한 사전

정지 작업으로 고려를 겁주기 위해 세 차례의 침입을 했을 뿐이죠. 금을 세운 여진족도 형제 관계를 내세우며 사대 관계를 요구했을 뿐 고려에 대한 침략은 없었습니다. 몽골족도 중국을 지배하고 원나라를 세우자 고려에 대한 완전 정복을 포기하고 고려를 부마국으로 만든 것에 만족했습니다. 청을 세운 만주족(여진족) 역시 정묘호란 때는 형제 관계, 병자호란 때는 군신 관계를 맺으며 조공, 책봉 관계를 맺을 뿐이었습니다.

　고구려를 포함한 만주를 근거지로 했던 모든 왕조의 관심사는 중국을 향해 있었고 한반도에 대해서는 영향력 행사에 만족했습니다. 다시 말해 고구려에게 백제, 신라, 가야는 잡은 물고기였던 것입니다. 가두리 양식장 안의 물고기들이 마음대로 헤엄쳐도 잡은 물고기인 것처럼 백제, 신라, 가야가 독립국의 지위를 유지하더라도 고구려에게는 충분히 통제 가능한 나라였을 뿐입니다. 결론적으로 고구려로서는 삼국통일을 해야 할 필요성도 없었고, 삼국통일에 대한 관심도 없었던 것입니다.

　그렇다면 신라는 삼국통일에 대한 생각이 있었을까요? 사실 신라의 김춘추는 백제의 공격으로 대야성을 빼앗기는 등 국가적 위기를 당하고, 자신의 딸과 사위가 죽은 것에 대한 복수심에서 백제를 멸망시켜야겠다는 생각을 했을 뿐입니다. 그래서 처음에는 고구려에게 도움을 청했던 것이고, 연개소문이 거부하자 당나라로 건너가 당나라 군대를 끌어들여 백제를 공격했던 것이죠. 한마디로 신라 역시 삼국통일에 대한 생각은 없었습니다. 백제와의 이국통일을 해 보려는 생각은 있었지만 고구려를 공격하여 통일은커녕 이길 수 있다는 생각조차 할 수 없었죠. 백제에 대한 공격 역시 신라만의 힘으로는 되지 않았기 때문에 고구려를 끌어들이려 했고, 연개소문이 거부하자 결국엔 당나라를 끌어들였던 것이죠. 이렇게 신라의 통일은 사실상 이국통일이었고, 신라 역시 삼국통일에 관심이 없었습니다. 아니 가능성 자체가 없었죠. 결국 당시 고구려, 신라, 그리고 백제 역시 삼국통일을 실현하려는 생각은 없었다고 할 수 있습니다. 신라가 아닌 고구려가 삼국통일을 했다면 더 좋았을 것이라는 생각은 결과론적인 공상일 뿐입니다.

기득권 세력에게 도전한 바보 온달의 꿈

■ 바보 온달의 실패와 평강공주의 한

바보 온달은 실존 인물이었다

온달은 고구려 평강왕(평원왕) 때 사람이다. 얼굴은 울퉁불퉁 우습게 생겼지만 마음씨는 아름다웠다. 집이 가난하여 항상 밥을 구걸하여 어머니를 봉양하였고, 다 떨어진 옷과 신을 한 채 시정을 오가니 사람들이 그를 가리켜 바보 온달이라고 했다. 평강왕의 어린 딸이 울기를 잘하니 왕이 농담 삼아 늘 이렇게 말했다. "네가 항상 울어 내 귀를 시끄럽게 하니, 커서 사대부의 아내는 될 수 없고, 바보 온달에게나 시집보내야겠다." 공주가 16살이 되어 상부(上部)의 고씨(高氏)에게 시집보내려고 하자 공주가 대답하기를 "대왕께서는 늘 말씀하시기를 '너는 반드시 바보 온달에게 시집보내야겠다'고 하시더니, 지금 무슨 까닭으로 전에 하신 말씀을 바꾸려 하십니까?" (중략) 왕은 노하여 말하기를 "네가 내 가르침을 따르지 않으니 내 딸이 될 수 없다. 어찌 같이 살 수 있겠느냐? 네가 가고 싶은 대로 가라." 공주가 금팔찌 수십 개를 차고 궁궐을 나와서 홀로 걸었다. 길에서 만난 사람에게 온달의 집을 물어 그 집으로 갔다.

이것은 『삼국사기』에 실려 있는 바보 온달과 평강공주 이야기의 첫 부분입니다. 우리나라 사람이라면 모두 알고 있는 동화 같은 이야기죠. 온달은 바보였습니다. 울보였던 평강공주가 울 때마다 평강왕(평원왕)은 딸의 울음을 그치게 하려고 "울면 바보 온달에게 시집보낸다"고 해서 울음을 그치게 하곤 했습니다. 그만큼 온달은 고구려 사람이라면 누구나 아는 아주 유명한 바보였나 봅니다. 그런데 그 평강공주가 자라면서 자기 신랑은 온달이라고 굳게 믿어 버리고 맙니다. 평강공주는 성장하여 끝내 온달과 결혼하겠다고 우겨 결국 왕궁에서 쫓겨나 온달과 결혼합니다. 그리고 온달에게 글을 가르치고 무예를 가르쳐 고구려를 구하는 장수로 만든다는 이야기입니다. 한마디로 신데렐라 동화의 남성 버전인 셈이죠. 그래서 우리나라 사람들 대다수가 온달이 실존 인물이었다는 사실을 잘 모르고 있습니다. 온달은 『삼국사기』 「온달전」에 수록된 실존 인물이었습니다. 만약 설화 중심의 『삼국유사』에 바보 온달과 평강공주의 이야기가 실려 있었다면 실존 인물이 아니라고 생각하는 것이 당연했을 것입니다. 하지만 실제 있었던 사실만을 기록했던 김부식의 정사 『삼국사기』에 기록된 온달은 분명히 실존 인물입니다. 김부식은 상상 속의 인물을 열전에 수록하는 사람이 아니었기 때문입니다.

온달은 평강공주를 만나기 전 바보였지만 평강공주란 아내를 만나 온달 장군으로 변화할 수가 있었습니다. 원래의 온달은 별 볼일 없는 사람이었지만 평강공주처럼 현명한 아내를 만나 나라를 구할 정도의 훌륭한 능력을 발휘했던 영웅이 되었습니다. 『삼국사기』 「온달전」에 따르면 온달 장군은 중국 북주의 침입 때 큰 공을 세워 왕의 사위로 인정받고 벼슬도 얻었던 실존 인물입니다. 다음은 이와 관련된 『삼국사기』의 기록입니다.

> 이때 후주(북주)의 무제가 군사를 일으켜 요동으로 쳐들어오므로 왕은 군사를 거느리고 나가 배산 들판에서 적을 맞아 싸웠다. 온달은 선봉이 되어 적 수십 명을 베어 죽이니, 모든 군사들은 이러한 이긴 틈을 타서 달려들어 힘써 적을 무찔러 크게 승리하였다. 전공을 의논할 때 온달을 제일로 내세우지 않는 사람이 없었으므로 왕은 크게 기뻐하며 말하기를 "이 사람은 곧 나의 사위다." 하고, 마침내는 예를 갖추어 그를 맞아들이고 벼슬을 주어 대형을 삼았다. 이로부터 총애함이 더욱 두터워지고, 그 위엄과 권세가 날로 성하였다.

6세기 중엽 당시 고구려는 북주의 공격을 당했는데, 이때 큰 활약을 하여 왕의 사위로 공식 인정받은 사람이 바로 온달이었다는 것입니다. 또한 당시 고구려는 신라에게 빼앗긴 한강 유역을 되찾기 위해 많은 노력을 하고 있었습니다. 이러한 신라와의 전쟁에서 전사한 온달이라는 고구려의 장수가 실제로 있었던 인물이었다면 그가 평원왕의 사위였다는 것도 사실일 것입니다.

온달 장군 동상 : 충북 단양 소재.

바보 온달과 울보 공주는 기득권 세력이 만들어 낸 이름

　　공주와 평민의 결혼이 당시 사회에서 실제로 있을 수 있었을까요? 만약 온달이 공주와 결혼한 것이 사실이라면 그가 바보에다가 가난하고 미천한 신분이었다고는 볼 수 없습니다. 그렇다면 온달은 귀족이었을까요? 만일 온달이 명문 귀족 출신이었다면 온달 이야기는 만들어지지 않았을 것입니다. 명문 귀족과 공주의 결혼은 그리 특별한 일이 아니었으니까요. 아마도 온달은 당시 빈번한 전쟁으로 성장하고 있던 신흥 무장 출신의 장군이었을 것입니다. 북주와의 전쟁에서 공을 세운 전쟁 영웅 온달은 평원왕의 신임을 얻게 되었고, 평강공주와 결혼하는 대사건이 일어났던 것이죠. 그렇다면 왜 온달을 평민에다가 바보라고 했을까요? 아마도 온달 집안이 원래 귀족이 아니었기 때문이었을 것입니다. 큰 전공을 세우고 왕의 사위로 인정받았음에도 불구하고 겨우 7등급의 대형 벼슬이 되었다는 것만 보아도 온달 집안이 매우 보잘것없는 집안이었음을 알 수가 있죠. 그리고 조상 대대로 권력을 누려 온 귀족들은 신흥 무장 출신으로 공주와 결혼까지 한 온달의 성공을 좋게 봤을 리 없습니다. 그래서 "알나리깔나리, 바보와 울보가 결혼했대요." 하는 식으로 비웃었던 것입니다. 결국 '바보 온달'이란 별명은 온달의 미천한 출신에 대한 지배계층의 경멸과 경계심이 만들어 낸 이름인 것이죠. 그렇다면 평강공주는 어떤 사람이었을까요? 『삼국사기』의 기록을 봅시다.

> 그 어머니가 말하기를 "우리 아들은 지극히 천하여 귀인의 배필이 되기에 부족하며, 우리 집은 누추하므로 귀인이 살 곳이 못 되오." 하였다. 공주는 대답하기를, "옛사람의 말에 한 말의 곡식이라도 찧을 수 있으면 오히려 족하고, 한 자의 베라도 꿰맬 수 있으면 오히려 족하다고 하였으니, 진실로 한마음 한뜻이라면 부귀를 누려야만 같이 살 수 있겠습니까?" 하고, 곧 금팔찌를 팔아서 땅, 주택, 노비, 소, 말, 기물을 사들여 살림살이를 완전히 마련하였다.

기록에서 보다시피 온달은 매우 가난했습니다. 그러한 집에 공주는 자청해서 시집을 갔고, 자신이 궁궐에서 갖고 나온 패물로 살림을 장만했습니다. 이것은 온달이 장군으로 성장하기 위해서는 기본적인 자금력이 있어야 했음을 보여 주는 내용입니다. 아무것도 없는 가난한 사람이 출세를 한다는 것은 거의 불가능합니다. 그래서 역사적으로도 6두품, 신진사대부 등 중소 지주의 경제적 배경이 있는 세력이 개혁을 이끌어 왔던 것입니다. 6두품도 신진사대부도 결국은 지배층의 일부가 아니었냐고 그리고 그들 역시 그들의 기득권을 위해 개혁을 주장했던 것이 아니냐고 주장하는 경우도 있습니다. 물론 그러한 측면이 있습니다. 그렇다고 6두품과 신진사대부의 개혁성을 지배 귀족들의 수구성과 동일 선상에 놓는 것은 더욱 몰역사적인 주장입니다. 어쨌든 온달은 평민 출신이었지만 자금력을 바탕으로 장군이 되고 왕의 사위까지 되었던 신흥 세력이었을 것입니다.

이와 같이 온달은 평민 출신 귀족으로 추정됩니다. 당시 평민은 고구려의 귀족 사회에서 아무리 능력이 뛰어나도 큰 출세를 할 수가 없었습니다. 그러나 사회적·경제적 변화의 과정, 즉 사회 변동기에 부유해진 평민 계층이 신분이 상승하는 등 많은 성장을 했고, 온달은 신흥 무사계급으로 성장한 계층의 상징적 인물이었을 것입니다. 그래서 온달 장군은 고구려에 활력을 불어넣고 평민들에게는 신흥귀족이 될 수 있다는 희망을 불어넣은 인물이기도 했을 것입니다.

온달이 장군이었고, 어느 정도의 경제력까지 갖춘 정상적인(?) 인물이었다고 하더라도 기껏해야 신흥 하급 귀족이었을 온달과 결혼을 선택한 평강공주의 안목 역시 비범했다고 할 수 있습니다. 기록상으로는 오히려 평강공주가 기득권 세력인 상부 고씨 가문과의 혼인을 거부했습니다. 일반적인 공주들이 정략결혼을 하는 것처럼 평강공주 역시 귀족에게 시집을 갔다면 울보 공주라는 비웃음은 듣지 않았을 것입니다. 그러나 평강공주는 온달과의 결혼을 선택했고, 남편의 정치적 성장에 많은 내조를 했습니다. 이를 보여 주는 『삼국사기』의 기록을 봅시다.

온달 장군과 평강공주 동상 : 아차산 소재.

처음 말을 살 때 공주가 온달에게 말하기를 "부디 시장 상인이 파는 말을 사지 말고, 나라에서 기르던 말이었는데 병들고 수척하여 내다 파는 말을 골라 사오세요"라고 하니 온달이 그대로 말을 사 왔다. 공주가 부지런히 말을 기르자 말은 날로 살찌고 건장해졌다. (중략) 왕이 사냥을 나가는데 여러 신하와 5부의 군사들이 모두 수행하였다. 이때 온달도 자기가 기르던 말을 타고 수행하였는데, 그는 항상 앞장서서 달리고, 또한 사냥한 짐승이 많아서 다른 사람이 그를 따를 수 없었다.

이 이야기는 평강공주가 온달에게 많은 정치적 조언을 했음을 보여 줍니다. 시장에서 상인들이 감언이설로 파는 말보다 병이 들어 마른 말이지만 나라에서 기르던 말이 더 종자가 좋은 말이라는 것을 평강공주는 잘 알고 있었던 것이죠. 겉보기에 화려한 말보다 겉모습은 보잘것없지만 가능성이 많은 말이 더 훌륭한 말이 된다는 진리를 알고 있을 정도의 식견을 가진 인물이 바로 평강공주인 것입니다. 병들고 수척하지만 가능성이 큰 말은 온달을 상징하기도 합니다. 평강공주가 잘 길러 훌륭한 말을 만든 것처럼 평강공주의 내조로 온달은 훌륭한 인재가 되어 사냥 대회에서 두 각을 나타낸 것이죠. 이처럼 평강공주가 없었다면 온달 장군의 정치적 성 장은 불가능했을 것입니다.

온달은 기득권 세력에게 제거 대상이었다

새롭게 떠오르는 신흥 귀족의 대표 인물이었고, 왕의 딸인 공주와 결 혼까지 한 온달은 당시 기득권 세력이었던 귀족들에게 시기와 질투의 대 상이 되었고, 어쩌면 제거 대상이었을지도 모릅니다. 그래서 "알나리깔나 리, 바보와 울보가 결혼했대요." 하는 식으로 빈정댔던 이야기가 상징하 는 것은 온달의 미천한 출신에 대한 귀족들의 경멸과 경계심이라는 것입 니다. 다음은 온달 장군의 최후에 대한 『삼국사기』의 기록입니다.

양강왕(영양왕)이 즉위하자 온달은 아뢰기를, "신라가 우리 한수 이북 의 땅을 잘라 내어 자기들의 군현을 만들었으므로 백성들은 원통하고 한 스럽게 여겨 언제나 부모의 나라를 잊어버리지 않고 있사오니, 원컨대 대 왕은 저더러 어리석다 마시고 군사를 내주시면 한번 나아가 반드시 우리 땅을 되찾겠습니다"고 하니 왕은 허락하였다. 온달은 "나는 계립현과 죽 령의 서쪽 땅을 우리 땅으로 되찾지 못하면 돌아오지 않을 것이다"라고 맹세하고 군사를 거느리고 떠났다. 그러나 온달은 결국 신라군과 아단성

밑에서 싸우다가 날아온 화살에 맞아 전사하였다. 이에 그를 장사 지내려 하는데 관이 움직이지 않았다. 이때 공주가 와서 관을 어루만지며, "죽고 사는 것은 이미 결정이 났으니, 아! 돌아갑시다"라고 하자, 비로소 관이 움직여서 장사를 지냈다. 왕이 이 말을 듣고 애통해하였다.

이렇게 바보 온달과 평강공주의 이야기는 비극으로 끝을 맺었습니다. 그런데 이상한 것이 온달 장군의 장사를 지내기 위해 관을 움직이려 하는데 관이 움직이지 않자 평강공주가 와서 관을 어루만지며 온달의 넋을 위로하자 움직였다는 내용입니다. 평강공주가 돌아가자고 하자 그때서야 관이 움직였다는 표현은 온달에게 있어서 평강공주가 어떤 의미인지를 잘 보여 줍니다. 온달은 땅을 되찾지 못하면 돌아오지 않겠다는 약속을 죽어서도 지키려고 했던 것이죠. 사랑하는 아내이자 자신을 장군으로 만들어 준, 든든한 후원자였던 평강공주와의 약속을 지키지 못하고 죽게 된 온달 장군의 실패와 이미 주검이 된 남편 온달의 넋을 위로한 평강공주의 한을 표현하는 이야기입니다. 어쨌든 온달은 신라와의 전투 중 전사했습니다. 그 세부적 내용은 기록이 없어 알 수 없지만 고구려에게 불리하고 무리수가 있었던 전투가 아니었나 싶습니다. 그리고 평강공주에 대한 의무감이 전쟁의 중요한 이유가 아니었을까 하는 생각이 듭니다. 관이 움직이지 않았다는 비극적 결말을 슬퍼하는 평강공주의 모습이 회한으로 가득 차 있으니까요.

바보 온달이 장군이 되었을 때 많은 평민들은 기뻐하고 희망을 갖게 되었을 것입니다. 그리고 온달이 귀족이 되어 자신들과 멀어진 모습에 그를 욕하고 실망하는 일도 많았을 것입니다. 평강공주는 바보 온달을 장군

온달 산성 : 충북 단양 소재.

으로 만들었으니 자기 할 일은 다 했다고 생각했는지도 모릅니다. 온달이
죽고 나서 관을 붙잡고 슬퍼해 봐야 죽은 온달이 다시 살아 돌아올 수는
없었습니다. 어리석은 사람은 자기를 세상에 맞출 줄 모르기 때문에 세상
을 자기에게 맞추려고 합니다. 그리고 세상엔 어리석은 사람이 별로 없습
니다. 그래서 세상은 쉽게 바뀌지 않는 것입니다. 하지만 결국 세상을 바
꾸는 것은 어리석은 바보들입니다. 바보 온달이 특권층의 경멸과 경계심
이 만들어 낸 이름이라면 더 많은 바보 온달들을 이 시대에도 우뚝 설 수
있게 만드는 것은 현명한 평강공주와 같은 우리 자신들입니다. 우리 시대
에도 많은 바보 온달들이 사회의 벽을 뛰어넘는다면, 어려운 상황을 극복
하고 잘못된 길을 가지 않고도 성공할 수 있음을 보여 주는 쾌거가 될 것
입니다.

을지문덕과 연개소문은 우리 민족을 구한 영웅이었을까?

▪ 역사의 주인공은 목숨 걸고 싸운 민중이다

영웅주의 역사관의 문제점

여러분은 국사 수업시간에 외세의 침략에 우리 민족이 어떻게 맞서 싸웠는가에 대해 배우셨을 겁니다. 특히 대첩이라고 알려져 있는 큰 승리에 대해서는 대강의 내용을 기억하실 것입니다. 살수대첩, 안시성 싸움, 매소성 싸움, 거란의 1, 2, 3차 침입과 격퇴 등등.

외세와의 싸움에 대한 역사를 배우면서 우리 민족은 정말 역전의 명수라는 것을 느끼곤 합니다. 그도 그럴 것이 살수대첩은 수나라 113만 대군 중 별동대 30만 5,000의 대군을 거의 몰살시키고, 안시성 싸움은 당나라 30만 대군을 무찔렀습니다. 매소성 싸움은 당나라 20만 대군을 무찔렀으며, 거란의 1차 침입은 80만 대군을 서희의 담판으로 돌려보내고, 2차 침입은 40만 대군을 격퇴했으며, 3차 침입은 귀주대첩으로 10만 대군을 섬멸하였습니다.

이렇게 대승을 거둘 때 우리 군사는 과연 얼마나 되었을까요? 이에 대해서는 잘 알려져 있지 않습니다. 안시성 싸움에 고구려가 구원군으로 15만을 보냈다는 기록과 최치원이 말했다는 "지난날 고구려가 전성기에 강병 30만으로 당과 맞서서……"라는 기록으로 보자면, 고구려군은 약 30만으로 추정됩니다. 살수대첩 때도 수나라 30만 별동대와 맞선 고구려군은 30만이었을 것입니다. 안시성 싸움 역시 30만 대군에 맞서서 구원군 15만과 함께 안시성 군민을 합치면 20만 이상은 되었을 것입니다. 매소성 싸움 때 신라군은 3만이었다고 합니다. 1차 침입 때 안융진 전투의 고려군은 3,000명이었지만(물론 전체 고려군은 이보다는 많았을 것입니다), 2차 침입 때는 강조가 거느린 군사가 30만이었으며, 귀주대첩의 강감찬 장군이 거느린 군사는 20만이었습니다. 3차 침입의 경우에는 침략군 10만보다 오히려 더 많은 20만으로 승리했던 것입니다.

이렇게 대첩이라고 알고 있는 여러 전투에서 우리 민족은 적의 숫자보다는 비록 소수이지만 생각보다 많은 군사와 백성들이 힘을 합하여 외적과 맞서서 싸웠고, 승리할 수 있었습니다. 하지만 우리가 일반적으로 갖고 있는 역사 인식은 영웅주의 역사관에 치우쳐 있습니다. 살수대첩 하면 을지문덕, 안시성 싸움 하면 연개소문과 양만춘(정사에는 이름도 나오지 않는 영웅이죠), 나당 전쟁을 승리로 이끈 문무왕, 거란 80만 대군을 세 치 혀로 물리친 서희, 귀주대첩의 강감찬, 임진왜란의 영웅 이순신이 바로 그들입니다.

을지문덕은 강물을 막아서 30만 대군을 몰살시킨 슈퍼맨?

　589년 수는 중국을 통일하고 아시아의 강력한 제국으로 등장했습니다. 고구려는 수와 외교 관계를 단절하고 군사력을 강화하여 수의 군사 압력에 대처했습니다. 고구려의 이러한 행위에 대해 수나라는 자신들 중심의 세계제국 건설에 대한 노골적 반발로 인식하여 외교 경로를 통해 비난과 협박을 했습니다. 두 나라 간 긴장 속에 드디어 598년 고구려 영양왕은 1만의 군사로 요서를 선제공격함으로써 양국 사이의 본격적인 대결 국면에 불이 붙었습니다. 수나라의 문제는 이에 분노하여 수륙 30만 군사를 일으켜 고구려 정벌을 시도했습니다. 이러한 수 문제의 침공은 30만 대군 거의가 몰살당하는 대패를 하고, 성과 없이 끝났습니다. 수 문제는 더 이상 고구려 정벌의 엄두를 내지 못한 채 사망했습니다.

　수나라에서는 문제의 아들 양제가 즉위하여 고구려 정벌을 위한 준비를 진행해 갔습니다. 마침내 양제는 611년 전국에 군사 동원령을 내리고, 612년 고구려를 비난하는 장문의 조서를 선포하고 고구려 정벌을 개시했습니다. 이때 동원된 수의 군대는 113만 3,800여 명에 이르렀습니다. 수의 대군은 요하를 건너 1차 관문인 요동성을 공격했으나 5개월이

을지문덕 장군 동상 : **충남 천안 국학원 소재.**

지나도록 이를 함락시키지 못했습니다. 이에 양제는 30만 5,000의 별동대로 평양을 직접 공격하도록 했습니다. 그리고 살수대첩으로 거의 몰살당한 수나라 군대 중 살아 돌아간 자들은 2,700명뿐이었습니다.

여러분은 살수대첩 하면 가장 먼저 떠오르는 것이 무엇입니까? 개인차는 있겠지만 일반적으로 살수대첩을 이끈 을지문덕과 강물을 막았던 둑을 터뜨리는 수공으로 수나라 군대를 몰살시켰다는 영웅담일 것입니다. 그런데 을지문덕이 수공을 했다는 이야기는 사실이었을까요? 먼저 살수대첩에 대해 기록하고 있는 『삼국사기』의 내용 중 일부를 봅시다.

> 을지문덕이 군사를 내어 사면에서 습격하니 우문술 등이 싸우면서 행군하였다. 살수에 이르러 군사가 반쯤 건넜을 때 을지문덕이 군사를 전진시켜 그 후미를 공격하여 우둔위 장군 신세웅을 죽였다. 이에 모든 부대가 함께 허물어졌으나 이를 막을 수 없었다. 아홉 부대의 장군과 병사가 달아나 돌아감에 밤낮 하루 동안에 압록강에 도달하였으니 450리를 걸었다. 처음 요하를 건넜을 때에는 아홉 부대가 30만 5,000명이었는데, 요동성에 되돌아간 자는 겨우 2,700명이었다.

이것은 수나라의 역사를 기록한 『수서』에 나오는 살수대첩과 관련된 내용을 『삼국사기』에 다시 기록한 것입니다. 그런데 살수를 건너는 수나라 군대를 고구려군이 공격했다는 기록만 있을 뿐이지 수공을 했다는 내용은 전혀 없습니다. 한마디로 살수대첩이 수공으로 승리했다는 이야기는 후대에 만들어진 거짓 이야기임을 알 수 있습니다. 그렇다면 을지문덕이 살수의 상류에 둑을 만들어 강물을 얕게 하였고, 이에 수나라 군대는 안심하고 강물을 건너다가 상류의 둑이 터지자 엄청난 물이 덮쳐 몰살당했다는 우리 민족의 역사 상식은 어떻게 된 것일까요?

살수는 일반적으로 청천강으로 추정됩니다. 고구려군이 청천강을 막는 둑을 만들었다면 강폭이 좁은 곳을 이용했을 것입니다. 문제는 수공 효과를 위해서는 엄청난 양의 물을 막았어야 했다는 점입니다. 어느 계산에 의하면 수백만 톤의 물을 저장해야 하고, 댐의 높이는 수십 미터가 되어야 했을 것이라고 합니다. 살수대첩의 수공은 과학적으로 불가능하다는 것이죠. 그렇다면 이러한 이야기는 왜 만들어졌을까요? 가장 근본적인 이유는 우리 군대의 숫자는 적었는데, 어떻게 수나라 30만 대군을 몰살시킬 수 있었는가라는 의문이었습니다. 적은 숫자의 군대로 대군을 이겼다는 것은 기적입니다. 정상적인 방법이었다면 이길 수 없었을 것이고, 비정상적인 방법을 써서 이겼다는 논리가 나타났을 것입니다. 그런데 승전의 장소가 바로 살수라는 강이었죠. 수나라 군대는 왜 강에서 몰살당했을까라는 의문은 곧 고구려군이 수공을 가했으리라는 생각으로 이어졌을 것입니다. 그리고 이러한 수공 작전의 아이디어는 을지문덕이라는 영웅이었기에 가능했다는 논리입니다. 한마디로 영웅 을지문덕이 수공이라는 기발한 전략으로 수나라 대군을 몰살시킴으로써 고구려를 구했다는 것이죠. 결국 살수대첩의 수공설은 을지문덕을 영웅화하는 신화로 만들어진 이야기였다는 결론입니다.

살수대첩은 고구려 민중의 희생으로 가능했다

그렇다면 살수대첩이 가능했던 이유는 무엇이었을까요? 30만 5,000명의 대군 중에서 살아 돌아간 자들은 겨우 2,700명뿐이었습니다. 30만이 넘는 인원이 어떻게 한 전투에서 몰살당할 수 있었을까요? 이 문제를 풀 수 있는 열쇠 역시 『삼국사기』에서 찾을 수 있습니다.

> 을지문덕은 수나라 군사에게 굶주린 기색이 있음을 보고 피로하게 하고자 하여 싸움마다 문득 패하니, 우문술 등은 하루 동안에 일곱 번 싸워 다 이겼다.

열쇠는 바로 식량이었습니다. 을지문덕은 수나라군이 식량이 부족하다는 것을 간파하고, 수나라군을 끌어들이기 위해 거짓으로 패배했던 것입니다. 이렇게 을지문덕은 패주하는 체하면서 수나라군을 평양에서 30리 떨어진 곳까지 깊숙이 유인했습니다. 벌판에서의 정면 승부는 절대로 피하고, 성을 중심으로 수비전을 폄으로써, 수의 대군이 위력을 발휘할 기회를 주지 말자는 것이었습니다. 이를 위해 고구려는 적에게 양식이나 말먹이를 빼앗기지 않도록 모든 백성을 성안으로 피난시키는 '청야(淸野) 전술'을 폈습니다. 적군이 들어오는 길목마다 미리 백성을 성으로 옮기고 식량을 감추고 들판에 불을 지르고 우물마저 메워 버렸습니다. 대동강에서 만나기로 했던 수의 해군 4만은 고구려군에 의해 격파되었고, 수나라군은 군량의 보급이 완전히 끊겨 사기가 최악에 이르렀습니다.

식량이 없으면 사람은 죽을 수밖에 없습니다. 군대 역시 마찬가지입니다. 특히 대군인 경우에는 엄청난 식량이 필요하기 때문에 보급이 이루어지지 않으면 더 심각한 위기에 빠지게 됩니다. 아무리 탱크가 무적이라도 연료가 떨어지면 고철 덩어리에 불과한 것과 같습니다. 결국 수나라군은 서둘러 퇴각하기 시작했고, 수나라군의 퇴로를 열어 주면서 기회를 엿보던 고구려군은 수나라군이 살수를 건널 즈음에 집중 공격하여 대승리를 거두었습니다. 식량 부족으로 수나라군이 영양실조 상태에 빠진 상황을 이용한 것이었죠.

결국 살수대첩의 가장 큰 승리 요인은 '청야 전술'이었습니다. '청야'는 말 그대로 들판을 깨끗하게 만들어 버리는 것이었습니다. 적의 현지 보급을 불가능하게 만드는 작전이었지만 전쟁 이후 고구려 민중들은 식량 부족으로 큰 고통을 당했을 것입니다. '청야 전술'은 민중들의 적극적인 동조와 희생이 없었다면 불가능한 전술이었습니다. 을지문덕은 이러한 전술을 사용하여 전쟁을 승리로 이끈 영웅이었습니다. 하지만 나라를 위해 목숨 바쳐 싸우고, 배고픔을 견디며 희생했던 살수대첩의 진정한 주인공은 민중이었습니다.

안시성 싸움의 진정한 영웅은 민중이었다

당 태종은 고구려 침략에 나섰지만 안시성 싸움의 패배로 실패했습니다. 그런데 안시성에서 철수하는 과정에서 추격하는 고구려군이 쏜 화살에 당 태종이 부상을 입었던 것으로 보입니다. 이것은 양만춘을 영웅화하면서 안시성주가 쏜 화살에 당 태종이 눈을 다친 것으로 꾸며진 이야기인 듯합니다. 이후 고구려군에 쫓기는 당나라군은 요택으로 길을 잡았습니다. 요택은 늪지대였습니다. 왜 당 태종은 늪지대로 철수할 수밖에 없었을까요? 이유는 간단합니다. 요택 이외에는 갈 길이 없었던 것이죠. 당나라로 돌아가는 퇴로가 모두 고구려군에 의해 차단된 것입니다. 당 태종이 안시성을 함락시키기 위해 총력을 기울인 이유도 안시성을 손에 넣지 못하고 진격하게 되면 배후에서 공격을 받게 되고, 식량 등 보급로가 끊기기 때문이었죠. 당 태종이 안시성 싸움에 올인하고 있는 사이에 고구려군은 당나라군의 퇴로를 차단하고 있었던 것입니다. 결국 퇴로가 없어진 당나라군은 어쩔 수 없이 요택으로 퇴각하게 되었습니다. 고구려군의 추격은 계속되었고, 당 태종은 고구려군에 의해 포위당하는 위기에 처합니다. 이때 구원군을 이끌고 나타난 설인귀가 당 태종을 구했고, 당나라의 위기도 구했던 것입니다. 이러한 당나라의 국가적 위기는 적국 고구려의 실권자 연개소문을 두려운 존재로 각인시켰고, 안시성주 양만춘이 당 태종의 눈을 맞힐 정도로 신궁이었다는 신화를 만들게 되었던 것입니다.

그렇지만 안시성 싸움의 진정한 영웅은 양만춘이 아니었습니다. 안시성에 고립되어 목숨을 걸고 배고픔을 참으며 당나라군을 막아 낸 이름 없는 군인들과 민중들이야말로 진짜 영웅이었습니다. 안시성에서 철수하는 당 태종의 눈을 다치게 한 영웅은 양만춘이 아니었습니다. 당 태종을 추격하며 도망가는 적들에게 끝까지 타격을 주었던 고구려 군사들이 영웅이었죠. 당 태종을 요택으로 몰아 추격하고, 당 태종을 사로잡을 뻔했던 영웅은 연개소문이 아니었습니다. 당나라군의 보급로를 끊었던 전략은 고구려 민중들의 희생이 아니었으면 불가능했습니다. 한번 빼앗긴 성들을 되찾아 당나라군의 퇴로를 막는 것은 고구려 군사들과 민중들의 총

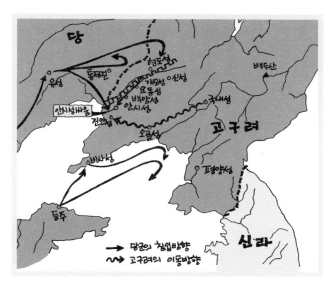

당 태종의 침입과 격퇴

력전이 아니었으면 불가능했습니다. 당나라의 의도적인 역사 삭제에도
양만춘의 이름이 살아남을 수 있었던 것은 민중들의 기억 속에 면면히 이
어져 내려왔기 때문입니다. 연개소문은 악당이었다는 당나라의 의도적인
역사 왜곡에도 연개소문이 당 태종을 추격했던 영웅담이 이어져 내려올
수 있었던 이유는 민중들의 가슴속에 영웅으로 기억되었기 때문입니다.
진정한 영웅은 양만춘, 연개소문이 아니라 바로 민중이었기 때문입니다.

역사의 주인공은 민중이다

　　역사의 중심에 영웅을 내세우는 영웅주의 사관의 문제점은 진짜 역사의 주인공인 민중을 역사의 변방으로 몰아내어 들러리로 만드는 것입니다. 그러나 역사의 진정한 주인공이 민중이라는 것은 불변의 진리입니다. 을지문덕, 강감찬, 이순신이 아무리 훌륭한 장군이라 할지라도 슈퍼맨처럼 초능력을 갖고 있지 않고는 한 사람의 영웅이 한 나라를 구했다는 것은 거짓말입니다. 진짜 나라를 구했던 것은 전투에 참여하여 죽을 때까지 싸웠던 이름 모를 민중들입니다.

　　제가 생각하는 '민중'은 일반적인 '대중'과는 다릅니다. 나라가 망해가도 그냥 지켜만 보는 대중과는 다르게 역사 속에 참여하여 피땀을 흘리는 사람들이 바로 민중입니다. 이들이 역사를 이끌어 온 주체인 것이죠. 그렇다면 민중이 역사의 주인공이라면 을지문덕, 강감찬, 이순신은 영웅이 아닐까요? 영웅만을 강조하는 것은 물론 잘못입니다. 그러나 민중을 하나로 만들어서 위기를 탈출할 수 있는 능력은 아무나 갖고 있는 것은 아닙니다. 영웅의 존재 가치는 바로 희망에 있습니다. 희망을 줄 수 있는 지도자가 진정한 영웅입니다. 민중에게 희망을 준 영웅 중에는 역사의 패배자도 있었습니다. 신돈, 정도전, 허균, 홍경래, 전봉준 등도 있고, 의적이었던 홍길동, 임꺽정, 장길산 등도 있습니다. 이들은 민중의 희망이었지만 패배했습니다. 이들이 패배한 이유는 여러 가지가 있겠지만 한 가지 공통점이 있습니다. 주류의 벽을 넘지 못했기 때문입니다. 그만큼 주류의 벽은 높고 견고합니다. 우리 역사에서 비주류가 승리한 역사는 거의 없었다는 것이 이를 증명합니다.

소수의 책사 몇 명이 머리를 굴려 천하를 움직일 수 있다는 생각도 일종의 영웅사관입니다. 물론 주도 세력이 누가 되느냐는 중요한 문제입니다. 고려 말 권문세족의 핵심 인물은 60~70명에 불과했습니다. 이들이 고려의 모든 고위직과 권력과 경제력을 쥐고 나라를 흔들었습니다. 언제나 주도 세력은 100명도 안 되는 소수입니다. 물론 그들과 연결되어 있는 포괄적 주도 세력이 존재합니다. 하지만 그들 역시 대다수의 민중에 비하면 소수에 불과합니다.

주도 세력의 중요성을 보여 주는 사례가 조선 후기의 이른바 우리가 실학이라고 부르는 학문입니다. 실학을 연구한 이들은 민생과 현실에 깊은 관심을 갖고 연구를 하였고, 당시 경제의 근본적 문제인 토지 소유 불평등의 해소, 상공업 발달, 과학 기술 개발 등에 많은 연구 업적을 남겼습니다. 그러나 이들의 연구는 현실에 적용되지 못하고 안방 학문에 머무는 경우가 많았습니다. 그나마 현실에 적용될 수 있었고, 더욱 사회를 개혁할 수 있었던 기회는 정조 때뿐이었습니다. 비록 노론이 여전히 주도하는 시대였지만 권력의 최고위인 왕이 개혁적 마인드가 있었기에 가능했습니다. 금난전권 폐지, 화성 건설, 거중기, 주교, 각종 농업 기술 개발 등의 개혁과 과학 기술 발전이 있었습니다. 하지만 정조의 너무 이른 죽음 이후 조선은 세도정치가 휩쓰는 나라가 되었고, 이 모든 것은 다 물거품이 되어 버렸습니다. 세도정치 시기의 특정 가문들이, 즉 소수의 주도 세력이 매관매직을 일삼고, 이로 인한 탐관오리의 착취로 민중은 고통받았습니다. 이때도 실학의 영향을 받은 학자들은 더욱 그들의 학문을 발전시키고 있었지만 현실에 적용되지 않는 안방 학문은 쓰레기통 속의 장미일 뿐이었습니다.

도올 김용옥은 어느 방송 강의에서 이런 말을 했습니다. 이성계의 과전법 개혁으로 쌀밥을 먹게 된 민중들이 붙인 이름이 바로 '李(이)밥'이라는 것입니다. '이성계가 주신 밥'이라는 뜻이죠. 지금도 북한 지방에서는 쌀밥을 이밥이라고 부르고 있죠. 조선을 건국한 태조 이성계는 고려 출신 여진족 이민 5세였습니다. 이성계의 고조부인 이안사는 전주의 토호였는데 관기 문제로 처벌받을 것을 두려워하여 가솔과 토착인 170여 호를 거느리고 삼척으로 이주했습니다. 충렬왕 때 다시 일행을 거느리고 해로를 통해 당시 여진족들이 주로 살고 있던 덕원부로 옮겼습니다. 몽골은 이곳에 쌍성총관부를 설치하였고, 이안사는 몽골의 관직을 받아 충성하며 여진족을 다스리게 되었습니다. 이후에도 증조부 이행리, 조부 이춘, 아버지 이자춘으로 이어지면서 몽골의 관직을 갖고 여진족을 다스렸습니다.

　　원·명 교체기가 되면서 몽골(원)의 힘이 약해지자 이성계의 아버지 이자춘은 쌍성총관부를 회복할 때의 전공으로 아들 이성계와 함께 고려로 돌아왔습니다. 이성계는 이후 승승장구하여 홍건적과 왜구의 침입을 격퇴하면서 최영과 더불어 국민의 신망을 얻는 명장이 되었습니다. 이성계가 왕이 되자 이성계가 청소년기에 성장한 여진에서는 동족이 조선의 왕이 되었다고 기뻐하며 잔치를 벌였다고 합니다. 이성계의 입장에서는 자신이 여진족에서 성장한 고려 출신 여진족 이민 5세였다는 것은 큰 약점이었을 것입니다. 아마 정도전을 중심으로 한 혁명파 신진사대부의 도움이 없었다면 그의 건국은 없었을지도 모릅니다. 이성계의 혁명이 성공한 이유는 무엇보다도 민중의 지지가 있었기 때문입니다. 권문세족에게 땅을 빼앗기고 고통받고 있던 이들이 가장 원하고 있던 토지 개혁을 통해 민중의 지지를 얻어 냈던 것이죠.

　결론입니다. 을지문덕과 양만춘, 연개소문은 물론 영웅입니다. 그러나 그들이 영웅인 이유는 그들과 함께 목숨 걸고 싸운 민중이 있었기 때문입니다. 을지문덕, 양만춘, 연개소문이 역사의 주인공은 아닙니다. 그들이 민중을 이끌었던 것이 아니라 민중이 주인공이고 영웅은 그들의 상징인 것입니다. 그래서 역사의 진정한 주인공은 민중입니다.

연개소문은 나라를 구했지만 그 아들들은 나라를 망쳤다

- 안시성 싸움의 영웅과 고구려를 멸망시킨 매국노

안시성 싸움을 이끈 영웅은 누구인가?

연개소문에 대한 일반적인 인식은 매우 좋은 편입니다. 당 태종의 침략에 맞서 싸워 전쟁을 승리로 이끈 연개소문이야말로 영웅 중의 영웅이라고 할 수 있죠. 연개소문은 오히려 중국에서 더 유명해질 정도여서 여러 경극 작품 등에서 당 태종을 혼쭐내는 인물로 묘사되었습니다. 이는 안시성 싸움에서 패배한 당 태종이 철군하는 상황에서 연개소문의 고구려군에게 추격을 당하고 포위가 되는 등 큰 곤경에 처했었음을 나타냅니다. 야사에는 안시성 싸움을 이끌었던 양만춘 장군이 쏜 화살에 당 태종이 눈을 다쳤다는 이야기가 전해집니다. 이 역시 안시성 패배 직후 당 태종이 철수하는 과정에서 큰 위기가 있었음을 보여 주죠.

안시성 싸움은 고구려군과 민중들이 결사 항전하여 당의 30만 대군을 물리친 대첩입니다. 그런데 이상하게도 안시성 싸움을 이끈 안시성 성주의 이름이 『구당서』, 『신당서』, 『삼국사기』 등 어떤 정사에도 기록되어 있지 않습니다. 당나라가 고구려를 멸망시키면서 자신들에게 큰 치욕을 주었던 안시성 성주의 이름을 의도적으로 삭제했을 것으로 추정됩니다. 역사의 비밀은 숨기려고 한다고 지워지지는 않습니다. 야사 속에는 그 이름이 살아남아 역사의 비밀을 전하고 있습니다. 조선 선조 때 인물인 윤근수가 쓴 『월정만필』에 다음과 같은 기록이 있습니다.

양만춘 장군 표준 영정

안시성주가 당 태종의 정병에 항거하여 마침내 외로운 성을 보전하였으니, 공이 위대하다. 그런데 성명은 전하지 않는다. 우리나라의 서적이 드물어서 그런 것인가? 아니면 고구려 때의 사적이 없어서 그런 것인가? 임진왜란 뒤에 중국의 장관으로 우리나라에 원병으로 왔던 오종도란 사람이 내게 말하기를, "안시성주의 성명은 양만춘이다. 당 태종의 『동정기』에 보인다"고 하였다. 얼마 전 감사 이시발을 만났더니 말하기를, "일찍이 『당서연의』를 보니 안시성주는 과연 양만춘이었으며, 그 외에도 안시성을 지킨 장수가 무릇 두 사람이었다"고 하였다.

이것은 윤근수가 당시 임진왜란을 도우러 온 명나라 장수 오종도에게 안시성주의 이름이 양만춘이라는 말을 들었다는 기록입니다. 윤근수는 임진왜란 당시 예조판서에 임명되어 외교 업무를 주관하였고, 문안사, 주청사 등으로 명나라를 여러 차례 방문하기도 했습니다. 윤근수는 현재 외교부 장관과 같은 예조판서였으며, 사신으로 명나라를 여러 차례 왕래했다는 것이죠. 이것은 윤근수의 증언이 매우 신빙성이 높다는 것을 보여 줍니다. 게다가 명나라 장수 오종도는 "당 태종의 『동정기』에서 보았다"는 근거까지 제시하며 윤근수에게 말한 것으로 보아 오종도 역시 상당한 근거를 갖고 증언했음을 알 수 있죠. 또한 윤근수는 감사 이시발의 증언을 통해 안시성주의 이름이 양만춘임을 다시 강조했습니다. 이시발은 임진왜란 당시 명나라 장수 낙상지의 접반관이 되어 병법을 배우고, 명나라의 언어, 정세, 예규 등을 배울 기회가 있었습니다. 이시발이 말한 『당서연의』 역시 낙상지로부터 얻은 책이었을 가능성이 큽니다. 현종 때 송준길의 『동춘당선생별집』에 실린 「경연일기」에도 이에 대한 기록이 나옵니다.

상이 이르기를, "안시성주의 이름은 누구인가?" 하니, 송준길이 아뢰기를, "양만춘입니다. 그는 당나라 태종의 군대를 막았으니, 참으로 성을 잘 수비한 자라고 할 수 있습니다"고 하였다. 상이 "그것을 어디서 볼 수 있느냐?" 물으니, 송준길이 답하기를, "옛날 부원군 윤근수가 중국에서 기록이 있다는 것을 들었습니다"고 하였다.

송준길은 효종 때 북벌 계획에 참여했던 대표적인 북벌론자입니다.

그가 효종의 아들 현종이 즉위한 이후 관직에 참여하면서 있었던 경연의 기록 중 일부가 바로 위의 내용입니다. 송준길이 경연에서 있었던 현종과의 대화 과정에서 선조 때 윤근수의 증언을 토대로 현종에게 안시성주의 이름을 양만춘이라고 아뢰었다는 것이죠. 이는 당시 최고위층의 대화 과정이라는 측면에서 상당히 신빙성 있는 기록입니다. 또한 이익의 『성호사설』에는 다음과 같은 기록이 있습니다.

> 내가 하맹춘의 『여동서록』을 상고해 보니, 안시성 장수를 양만춘이라고 썼다.

이익은 명나라 때 사람 하맹춘이 지은 『여동서록』에서 안시성주가 양만춘으로 기록되어 있음을 확인했다는 것입니다. 또한 박지원의 『열하일기』에는 다음과 같은 기록이 있습니다.

> 세상에 전하기를, "안시성주 양만춘이 당나라 황제의 눈을 쏘아 맞히자, 황제가 성 아래에서 군사들을 시위하게 하면서 비단 100필을 하사하여 그가 자신의 임금을 위하여 성을 굳게 지킨 데 대해 상 주었다"고 한다.

이 기록에는 양만춘 장군의 이름뿐만 아니라 양만춘이 쏜 화살에 당 태종이 눈을 다쳤다는 놀라운 이야기까지 실려 있습니다. 이러한 이야기의 시초는 고려 말 이색이 지은 「정관음유림관작(貞觀吟楡林關作, 유림관에서 정관의 노래를 짓는다)」이라는 시의 다음 대목입니다.

어찌 알았으랴 검은 꽃(玄花)이 흰 깃(白羽)에 떨어질 줄을.

검은 꽃은 눈동자를 비유한 것이고, 흰 깃은 화살을 비유한 것으로 양만춘이 쏜 화살에 당 태종의 눈동자가 다쳤음을 풍자한 시로 알려져 있습니다. 이색은 여러 차례 원나라를 왕래하며 원나라의 국립대학인 국자감에서 유학을 하였던 인물입니다. 게다가 이색의 아버지인 이곡의 『가정집』에도 당 태종이 눈을 다쳐 안시성에서 철수했다는 일화가 소개되어 있습니다. 이곡 역시 원나라에서 공부하며 과거에 급제하여 원나라 관리가 되기도 했었던 인물입니다. 이곡과 이색은 '안시성주가 쏜 화살에 당 태종이 눈에 부상을 당했다'는 정보를 어디에서 얻었을까요? 맞습니다. 당연히 원나라겠죠.

연개소문은 당 태종을 사로잡을 뻔했다

이러한 정보는 당시 원나라에서 쉽게 얻을 수 있었던 것으로 보입니다. 그 근거가 경극(京劇)입니다. 경극은 말 그대로 경(京), 즉 베이징을 중심으로 발전한 중국의 전통극입니다. 그런데 베이징이 중국의 수도가 된 출발점이 대도(현재 베이징)가 원나라의 수도가 되면서부터였습니다. 이렇게 경극의 시초는 원나라의 잡극(雜劇, 元曲), 즉 원곡이었습니다. 경극 작품 중에는 연개소문이 주요 인물로 출연하는 것들이 있었던 것으로 확인되었습니다. 의상 연구가 신경섭에 의해 『독목관(獨木關)』이란 작품에 연개소문이 등장한다는 것이 알려진 이후 역사학자 이덕일에 의하면 『독목관』이외에도『분하만(汾河灣)』,『살사문(殺四門)』,『어니하(淤泥河)』등이 확인되었습니다. 이 작품들의 줄거리는 거의 비슷하여 연개소문에게 추격당하여 위기에 처한 당 태종을 구하는 영웅 설인귀의 활약을 핵심으로 하고 있습니다. 실제 안시성 싸움에서 공을 세워 유격장군에 오른 설인귀가 주인공의 역할을 했고, 고구려의 실권자 연개소문이 당 태종을 추격하는 악역으로 나오는 것이죠. 그렇다면 당 태종이 안시성 싸움에 패배한 이후 철수 과정에서 연개소문의 추격을 당했다는 것은 사실이었을까요? 이와 관련된『자치통감』의 기록을 봅시다.

> 요택의 진흙과 길에 괸 물로 수레와 말이 통행하지 못하자 장손무기에게 명령하여 1만 명을 거느리고 풀을 잘라서 길에 메우도록 하였고, 물이 깊은 곳에는 수레를 교량으로 삼았는데, 황상(당 태종)은 스스로 나무를 말의 안장걸이에 묶어서 일을 도왔다.

안시성 싸움에 실패한 당 태종은 철수 과정에서 매우 다급했던 것으로 보입니다. 요택은 늪지대였기 때문에 풀을 잘라 길을 메우고, 수레를 교량으로 삼는 작업을 해야만 했습니다. 당 태종은 얼마나 급했는지 본인이 직접 나서서 그 일을 도왔다는 것입니다. 이것은 고구려군이 당나라군을 빠른 속도로 추격하고 있었음을 보여 줍니다. 이러한 상황은『삼국사기』에서 안시성 싸움에 실패한 당 태종을 비웃는 다음 기록으로도 확인됩니다.

> 유공권의 소설에 이르길, "주필산 전쟁에서 고구려가 말갈과 군사를

연합하니, 그 군사가 바야흐로 40리나 뻗쳤다. 태종이 이를 보고 두려워하는 기색이 있었다"고 하였으며, 또한 "황제의 6군이 고구려 군사에게 제압되어 거의 움직이지 못하였네. 영공의 휘하에 있는 검은 깃발이 포위되었다고 척후병이 보고하니, 황제가 크게 두려워하였다"라고 하였다. 비록 나중에 몸은 탈출했으나 그와 같이 겁을 내었는데, 신구서(『신당서』와 『구당서』)와 사마광의 통감(『자치통감』)에 이를 기록하지 않은 것은, 나라의 체면 때문에 말하기를 기피한 것이 아니겠는가?

'유공권의 소설'이란 당나라의 서예가 유공권이 남긴 『소설구문기』라는 책입니다. 『삼국사기』에 따르면 이 소설 내용 중 당 태종이 고구려 군에게 포위되었다가 탈출했다는 기록이 있습니다. 게다가 김부식은 『구당서』, 『신당서』, 『자치통감』 등 중국의 기록에 이러한 사실이 삭제된 것은 중국의 수치를 덮어 버리려는 꼼수가 아니냐고 비웃기까지 하였죠. 고려 시대에 이미 당 태종이 안시성 싸움 패배 이후 철수 과정에서 고구려군의 추격을 당했고, 심지어 고구려군에게 포위당하는 큰 위기를 겪었음이 알려져 있었던 것입니다. 그

연개소문 동상 : 충남 천안 국학원 소재.

리고 그 근거 자료 역시 당나라 사람 유공권의 『소설구문기』였습니다.

연개소문 집안의 세습 독재가 고구려를 망쳤다

이러한 내용만 보면 연개소문은 분명 영웅이라고 할 수 있습니다. 연개소문은 안시성 싸움 등 당나라와의 전쟁을 승리로 이끈 고구려의 최고 권력자였습니다. 하지만 연개소문의 사후 그의 아들들 사이에 내분이 일어나면서 고구려가 멸망했다는 사실은 연개소문에게도 망국의 책임이 있음을 보여 줍니다. 이러한 책임의 구체적 이유는 연개소문 집안의 세습 독재입니다. 6세기 이후 고구려에서는 왕권이 약화되고, 대대로(현재 총리 역할)가 실권을 행사하는 귀족 연합 정치가 이루어졌습니다.

대대로의 임기는 3년이었는데, 대대로의 선출 과정에 갈등이 발생하면 사병들을 동원한 무력 투쟁이 벌어져 대대로를 힘으로 차지하는 상황이 나타날 정도였습니다. 이렇게 대대로를 둘러싼 귀족들의 쟁탈전이 심한 가운데 연개소문의 집안은 대대로의 자리를 독차지하기 시작했습니다. 할아버지 연자유, 아버지 연대조의 뒤를 이어 연개소문이 대대로의 자리에 오르려고 하자 여러 귀족 세력은 '성격이 잔인하다'는 등의 이유를 들어 반대했습니다. 다급해진 연개소문은 몸을 낮추어 사죄하며 일단 임시직으로 대대로를 맡아 문제가 생기면 그때 물러나겠다고 간청했습니다.

이렇게 어렵사리 대대로가 되었지만 연개소문은 천리장성 축조의 책임을 맡아 평양을 떠나게 되었습니다. 연개소문의 세력을 약화시키기 위한 여러 귀족들과 영류왕의 계략이었죠. 하지만 연개소문은 천리장성을 축조하면서 자신의 세력을 더욱 강화하였고, 이를 바탕으로 쿠데타를 일으켜 반대파 귀족 100여 명을 살해하였죠. 또한 영류왕 역시 시해한 후 보장왕을 허수아비 왕으로 세우고, 스스로 막리지(역시 총리 역할. 그러나 총리 겸 국방부 장관이라고 할 수 있어서 대대로보다 더욱 실권이 강화되었죠)가 되어 실권을 독차지한 사실상의 왕이 되었습니다.

실권을 잡은 연개소문은 당나라에 대해 더욱 강경하게 대응해 나갔고, 드디어 당 태종이 직접 대군을 이끌고 고구려를 쳐들어왔습니다. 난공불락의 요새였던 요동성(수나라군은 한 번도 함락시키지 못하였죠)이 함락되어 위기가 다가왔지만 안시성의 군과 백성들은 격렬한 저항을 벌여 안시성을 지켜 냈습니다. 앞에서 살펴본 것처럼 당 태종은 철군하면서 큰 곤경에 빠졌던 것으로 보입니다. 살수대첩도 수나라 군대가 철군하는 과정에서 큰 타격을 받아 거의 30만 명이 몰살당한 전투였습니다. 당 태종이 안시성 패배 직후 고구려군의 추격을 받지 않았다면 그것이 더 이상한 일이겠죠? 우리나라의 야사와 중국 경극, 문학 작품 속의 이야기를 종합하면 당 태종은 큰 위기에 빠졌고, 고구려는 당나라에게 대반격을 가했음이 분명합니다.

세계 최강대국 당나라를 물리친 영웅 연개소문은 큰아들 남생에게 막리지의 자리를 물려주었습니다. 4대 세습이 이루어진 것이죠. 그러나 남생이 지방을 돌아보고 있는 사이에 동생인 남건과 남산은 쿠데타를 일으켜 정권을 장악했습니다. 열 받은 남생은 당나라에 투항했고, 당나라의 앞잡이가 되어 고구려를 공격하는 배신자가 되었던 것이죠. 결국 연개소문의 세 아들 사이에 권력 투쟁이 일어나 고구려는 멸망한 것입니다.

권력 투쟁의 원인은 연개소문에게 가장 큰 책임이 있습니다. 연개소문 집안은 대대로를 세습할 정도로 명문 귀족이었지만 연개소문이 대대로에 오르려고 하자 큰 반대에 직면했습니다. 겉으로는 잔인한 성격 등을 이유로 내세웠지만 실제로는 대대로 자리의 3대 세습을 반대하는 귀족들의 불만이 가장 큰 이유였습니다. 연개소문은 쿠데타를 통해 왕보다 더 강한 권력을 지닌 대막리지가 되었습니다. 이후 연개소문의 독재는 당나라와의 전시 체제 속에서 더욱 강화되어 갔습니다. 특히 자신의 세 아들을 고위 관직에 중용하여 독재 체제를 강화했습니다. 결국에는 큰아들 남생에게 대막리지 자리를 물려주었죠. 연개소문의 3대 세습에도 반발했던 귀족들은 남생의 4대 세습에 더 큰 불만을 가졌을 것으로 보입니다. 이러한 갈등 속에 삼형제의 권력 투쟁이 벌어졌고, 결국 남생의 매국 행위로 고구려는 멸망하고 맙니다.

　　남생은 고구려의 최고 권력자였던 인물이 나라를 팔아먹은 매국노가 되었다는 측면에서 더욱 비판받아야 할 역사의 죄인입니다. 그리고 남생에게 권력을 세습한 연개소문 역시 그 책임에서 자유로울 수 없습니다. 최고 권력자는 후계자를 잘 키우고, 올바른 후계자를 선택해야 할 의무가 있습니다. 연개소문이 죽은 2년 뒤 고구려가 멸망했다는 것은 결코 우연이 아닙니다. 연개소문의 독재 체제 강화와 남생으로 이어지는 세습 독재가 결국 고구려를 망치고 말았기 때문이죠. 연개소문은 당과의 전쟁을 승리로 이끈 영웅이었지만 4대 세습 독재와 남생이라는 잘못된 후계자 선택으로 고구려를 멸망시킨 원인 제공자가 된 것입니다. 역사의 심판은 그 누구라도 결코 피해 갈 수 없는 법입니다.

03

선생님이 궁금해하는
백제의 비밀

백제를 세운 사람은 온조? 비류? 구태?

■ 백제의 어원 '백가제해(百家濟海)'의 비밀

백제의 두 건국 설화

『삼국사기』에는 두 가지 백제 건국 설화가 함께 기록되어 있습니다. 전체적인 이야기 구조는 하나인데, 백제 건국의 주인공이 다른 것입니다. 온조 버전의 건국 설화와 비류 버전의 건국 설화가 있습니다. 잘 알려져 있다시피 비류와 온조는 형과 아우입니다. 건국 설화에 나오는 형제는 대개 연맹을 형성한 두 세력을 상징합니다. 비슷한 예로 금관가야를 세운 김수로와 대가야를 세운 이진아시가 형제였다는 설화가 있습니다. 이것은 금관가야 중심의 전기 가야 연맹이 400년 고구려에게 큰 타격을 입은 직후 대가야 중심의 후기 가야 연맹으로 변화된 것을 의미한다고 해석되기도 합니다.

가야와 비교했을 때 비류와 온조가 형제였다는 백제의 건국 설화 역시 형으로 상징된 비류 세력이 연맹의 주도 세력이었다가 동생으로 상징된 온조 세력이 주도하는 백제가 되었을 가능성을 보여 줍니다. 그런데 이상한 점이 있습니다. 백제의 두 건국 설화는 건국의 주인공을 하나는 온조, 하나는 비류로 다르게 전하고 있다는 사실입니다. 이것은 형 비류가 먼저 연맹을 주도했을 뿐만 아니라 동생 온조를 중심으로 한 세력에게 연맹 주도권을 잃고 나서도 나름대로의 세력을 유지했을 가능성을 나타냅니다. 사실성으로 따지면 비류 건국 설화가 더 그럴듯하다는 점에서 비류가 백제를 세웠다는 신화는 더욱 신빙성이 있습니다.

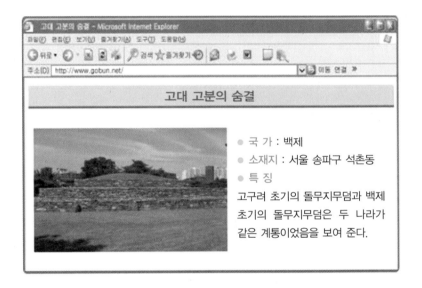

온조 건국 설화와 비류 건국 설화를 비교해서 그 공통점과 차이점을 살펴봅시다. 먼저 『삼국사기』에 실린 온조 건국 설화를 봅시다.

백제의 시조 온조왕은 아버지가 추모이다. 혹은 주몽이라고도 한다. 주몽은 북부여로부터 난을 피하여 졸본 부여에 이르렀다. 부여 왕은 아들이 없고 세 명의 딸만 있었는데, 주몽을 본 후 그가 비상한 사람임을 알고 그에게 둘째 딸을 시집보냈다. 그 후 얼마 안 되어 부여 왕이 죽고 주몽이 뒤를 이었다. 주몽은 두 명의 아들을 낳았다. 맏아들은 비류, 둘째 아들은 온조라고 한다. (중략) 주몽이 북부여에서 낳았던 아들이 이곳에 와서 태자가 되자, 비류와 온조는 자신이 태자에게 받아들여지지 않을까 걱정되어, 마침내 오간, 마려 등 열 명의 신하와 함께 남쪽 지방으로 떠났다. (중략) 온조는 하남 위례성에 도읍을 정하고, 열 명의 신하로 하여금 보좌하게 하고, 국호를 십제라고 하였다. 이때가 전한 성제 홍가 3년이었다. 비류는 미추홀의 토지가 습기가 많고, 물에 소금기가 있어 편히 살 수가 없다고 하여 위례로 돌아왔다. 그는 이곳 도읍이 안정되고 백성들이 태평한 것을 보고는 부끄러워하며 후회하다가 죽었다.

다음은 『삼국사기』에 실린 비류 건국 설화의 일부입니다.

시조 비류왕의 아버지는 우태이니, 북부여 왕 해부루의 서손이었다. 어머니는 소서노이니 졸본 사람 연타발의 딸이다. 그녀가 처음 우태에게 시집와서 두 아들을 낳았다. 첫째는 비류, 둘째는 온조였다. 어머니는 우태가 죽은 뒤 졸본에서 혼자 살았다. 그 후 주몽이 부여에서 받아들여지지 않자, 전한 건소 2년 봄 2월, 남쪽으로 도망하여 졸본에 도착하여 도읍을 정하고, 국호를 고구려라 하였으며, 소서노에게 장가들어 그녀를 왕비로 삼았다. (중략) 주몽은 부여에서 낳았던 예씨의 아들 유류가 오자 그를 태자로 삼았다. (중략) 마침내 그의 아우와 함께 무리를 이끌고 패수와 대수를 건너 미추홀에 와서 살았다.

　　두 건국 설화의 공통점을 살펴보면 첫째, 비류와 온조의 아버지(의붓아버지)는 고구려를 세운 주몽이라는 점입니다. 백제 왕족의 성씨가 부여씨인 것을 보면 고구려 건국 초기에 같은 부여 계통에서 백제 세력도 갈라져 나왔음을 알 수 있습니다. 둘째, 비류는 형이고 온조는 동생입니다. 즉 비류 세력이 연맹을 주도했고, 온조 세력이 나중에 연맹을 주도했던 것입니다. 셋째, 주몽이 부여에서 낳은 아들인 유리가 고구려에 와서 태자가 되자 비류와 온조는 고구려를 떠나 백제를 건국했다는 점입니다. 유리는 고구려 건국 당시에는 없다가 '박힌 돌' 비류와 온조의 태자 자리를 빼앗은 '날아온 돌'이었죠. 새롭게 등장한 유리 세력과의 경쟁에서 패배한 비류 세력과 온조 세력이 남쪽으로 내려가 백제를 건국했음을 보여 줍니다.

비류 건국 설화가 더 신빙성이 있는 이유

　　다음은 차이점을 통해 두 건국 설화의 신빙성을 판단해 봅시다. 첫째, 온조 설화에서는 주몽이 친아버지이고, 비류 설화에서는 주몽이 의붓아버지입니다. 이것은 유리가 태자가 된 이유를 설명해 줍니다. 비류와 온조가 친아들이었다면 주몽이 유리를 태자로 정한 이유가 설명되지 않습니다. 주몽이 의붓아버지였기 때문에 유리가 태자가 되었다고 설명하고 있는 비류 설화가 더 사실적입니다. 둘째, 온조 설화에서는 비류와 온조의 어머니가 '둘째 공주'로만 나와 있지만 비류 설화에서는 '연타발의 딸

비류와 온조의 건국

소서노'라고 이름까지 나옵니다. 아들들과 함께 고구려를 버리고 백제 건국에 참여한 어머니의 이름도 모르는 온조 설화보다는 어머니의 이름과 외할아버지 이름까지 기억하는 비류 설화가 더 정확한 것이죠. 또한 비류 설화는 의붓아버지인 주몽보다 친아버지인 우태와 증조할아버지 해부루 (북부여의 왕)까지 기록할 정도로 구체적입니다. 백제 왕족이 부여씨가 된 이유가 아주 정확하게 기록되어 있습니다. 셋째, 온조 설화에서는 비류가 미추홀(인천)에 나라를 세웠다가 실패하여 자살하고 온조가 비류 세력까지 모두 합쳐 백제를 건국하지만, 비류 설화에서는 비류가 온조와 함께 미추홀에 백제를 건국한 것으로 나옵니다. 고구려를 떠난 비류와 온조가 각각 나라를 세우고 비류가 자살하는 바람에 온조가 백제를 세우게 되었다는 이야기와 비류와 온조가 힘을 합쳐 백제를 세웠다는 이야기는 신빙성의 차이가 거의 없습니다. 그러나 앞에 언급한 두 가지 차이점을 보면, 그 사실성이나 구체성에서 비류 설화가 더 신빙성이 있습니다. 비류가 백제를 세우고 먼저 연맹의 주도권을 확보했다는 비류 설화가 더 신빙성이 있습니다.

그렇다면 비류 세력은 왜 연맹의 주도권을 온조 세력에게 넘겨주게 되었을까요? 뒤에서 설명하겠지만, 그 이유는 해상왕국에 있습니다. 미추홀은 현재 인천입니다. 비류가 인천에 나라를 세운 이유는 바다 위에 제국을 세우기 위해서일 것입니다. 비류 세력은 끊임없이 바다를 건너 중국으로, 일본으로, 멀리 동남아시아까지 뻗어 나갔습니다. 자연스럽게 연맹의 주도권은 본토에 있던 온조 세력이 갖게 되었고 백제의 역사 역시 온조 세력을 중심으로 정리되었던 것이죠. 그리하여 비류 세력의 백제 건국이라는 역사는 비류 건국 설화의 형태로만 남겨진 것입니다.

또 하나의 백제 건국 설화

『북사』와 『수서』에는 모두 "동명의 후손 중에 구태(仇台)라는 사람이 있었는데, 사람이 어질고 신의가 있었다. 처음으로 대방 옛 땅에 나라를 세웠는데, 한나라 요동 태수 공손도가 자기의 딸을 구태에게 시집보냈고, 드디어 동이의 강국이 되었다"라고 기록되어 있으니, 어느 주장이 옳은지 알 수 없다.

이것은 『삼국사기』에 실려 있는 또 하나의 백제 건국 설화입니다. 실제로 『수서』와 『북사』에는 같은 기록이 있습니다. 이와 비슷한 내용이 『삼국지』 「위지 동이전」에도 등장합니다.

부여는 원래 현도군에 속하였다. 한말 현도 태수 공손도가 요동 땅을 넓히니 바깥의 오랑캐들이 무서워하며 복속하였다. 오랑캐 부여 왕 위구태는 다시 요동군에 속하였다. 이때 고구려와 선비가 강하였는데, 공손도는 두 오랑캐(고구려와 선비) 사이에 있는 부여에 종녀를 처로 주었다.

사료의 내용을 분석해 보면 『삼국사기』, 『수서』, 『북사』의 기록과 『삼국지』 「위지 동이전」의 기록은 사실상 같은 내용입니다. 요동 태수 공손도가 현도 태수로 기록되어 있지만 요동 땅을 넓혔다는 점에서는 공손도가 요동 태수임을 말해 줍니다. 또한 동명의 후손 구태는 부여 왕 위구태로 기록되어 역시 동일 인물입니다. 공손도의 딸이 구태에게 시집갔다는 기록은 공손도의 종녀가 위구태에게 시집간 것과 사실상 같은 기록인 셈이죠. 이 기록들 중 가장 첫 번째 사료는 『삼국지』 「위지 동이전」입니다. 『삼국지』는 위·촉·오의 삼국을 통일한 진(晉)의 학자 진수가 편찬한 삼국의 정사입니다. 결국 구태 건국 설화의 열쇠는 부여 왕 위구태에 있습니다. 그렇다면 부여 왕 위구태는 어느 시대에 살던 사람일까요? 공손도는 후한 말 190년경부터 요동 태수를 지낸 인물로 204년에 사망했습니다. 위구태는 190~204년경에 공손도의 종녀를 처로 맞이했습니다. 그런데 『삼국사기』 태조왕 69년(121)의 기록에도 위구태가 나옵니다.

> 부여 왕이 아들 위구태를 시켜 군사 2만 명을 거느리고, 한나라 군사와
> 힘을 합쳐 대항하게 하였다.

이에 의하면 위구태는 121년에 이미 군사 2만을 이끌고 전쟁터에 나갈 수 있는 나이였습니다. 당시 20세 정도였더라도 위구태는 100년 무렵에 출생했다는 말입니다. 공손도가 요동 태수가 된 190년 무렵에 위구태는 이미 90세 정도였다는 것이죠. 과연 90세 노인에게 공손도가 종녀를 시집보냈다는 것이 말이 될까요? 상식적으로 봤을 때 믿기 어렵습니다. 위구태가 백제의 시조가 아니라면 이러한 기록들은 어떻게 된 것일까요? 먼저 『주서』를 봅시다.

> 백제는 그 선조들이 마한에 속국으로 있었다. 부여에서 갈라져 나왔다. 구태라는 사람이 대방에 처음으로 나라를 세웠다. (중략) 임금의 성은 부여씨(夫餘氏)다. 임금을 어라하(於羅瑕)라고 부르고, 백성들은 건길지(鞬吉支)라고 부른다.

『주서』는 북주의 역사를 정리한 책으로서 구태 건국 설화가 처음 기록되어 있습니다. 그리고 백제 임금의 성씨가 부여씨라는 것과 백제의 왕호가 '어라하'라는 것도 함께 밝혔습니다. 이상한 것은 백성들은 왕호를 '어라하'라고 하지 않고 '건길지'라고 부른다는 것입니다. 이것은 백제 지배층의 언어와 백성들의 언어가 달랐을 가능성을 보여 줍니다. 다시 말하면 백제의 지배층이 다른 나라에서 이동해 왔을지도 모른다는 것이죠.

백제의 어원 '백가제해(百家濟海)'의 비밀

백제의 지배층이 다른 나라에서 왔다면 그 나라는 분명히 부여입니다. 왕의 성씨가 부여씨라는 것이 그 증거입니다. 그렇다면 왕족들이 부여에서 백제로 이동한 것은 언제였을까요? 그 열쇠는 『진서(晉書)』의 기록에 있습니다.

부여는 무제 때 자주 와서 조공하였는데, 태강 6년(285)에 이르러 모용외가 쳐들어가 멸망시켰다. 부여 왕 의려는 자살하고, 그 자제는 옥저로 도망쳐 보전하였다. (중략) 다음 해(286) 부여의 다음 왕 의라(依羅)가 하감에게 사신을 보내어 백성을 이끌고 옛 나라로 돌아가기를 청원하였다. 하감이 황제께 보고하고 독우, 가침을 보내어 병사들로 하여금 의라가 옛 나라로 돌아가는 것을 호송하도록 하였다. 모용외가 길목에서 이를 막자, 가침이 싸워 모용외가 크게 패하였다. 모용외가 무리를 이끌고 퇴각하니, 의라가 다시 나라를 얻었다. 이후 모용외가 자주 부여인들을 붙잡아 중국에 팔았다.

위 기록에 따르면 285년 전연 모용외의 침략으로 부여가 멸망하여 의려왕이 자살하고, 그 자제가 옥저로 도망하였습니다. 새로 부여 왕이 된 의라는 286년 진(晉)의 호동이교위 하감에게 부여의 옛 땅을 되찾을 수 있도록 도와 달라고 합니다. 이에 하감은 군사를 보내 의라왕이 부여를 되찾을 수 있도록 도와 줍니다. 그런데 이상하게도 부여가 옛 땅을 되찾았음에도 전연의 모용외는 계속 부여를 침략하여 부여인을 붙잡아다가 중국에 팔았습니다. 이 기록의 다음 상황으로 추정되는 내용이 『환단고기』
에 실려 있습니다.

> 모용외가 또다시 나라 사람들을 침략하였다. 이에 의라는 무리 수천을
> 거느리고 바다를 건너 마침내 왜인을 평정해서 왕이 되었다.

『진서』와 『환단고기』의 기록을 종합해 보면 부여 왕 의라가 부여의
옛 땅을 되찾았지만, 전연의 모용외가 계속 침략하여 부여인을 붙잡아 가
서 중국에 팔아먹는 일이 계속되자 의라는 자신의 무리를 이끌고 바다를
건너 왜인을 평정해서 왕이 되었다고 해석됩니다. 여기서 떠오르는 것이
『수서』와 『북사』에 실린 "처음에 백가(百家)가 바다를 건너 백제라고 하였
다"는 기록입니다. 『수서』와 『북사』의 백제에 대한 설명을 요약하면 다음
과 같습니다. 구태가 대방의 옛 땅에 나라를 세웠고, 동이강국이 되었는
데, 백가가 바다를 건넜기 때문에 백제라는 국호가 이루어진 것이라는 설
명입니다. 부여 왕 의라가 바다를 건너 백제의 왕이 되었다는 것은 『주서』
에 실린 백제 지배층의 왕호가 '어라하(於羅瑕)'라는 것도 설명해 줍니다.
부여 왕의 이름 '의라'와 백제의 왕호 '어라하'는 발음상으로 같은 말입니
다. 부여에서 바다를 건너 백제의 새로운 왕이 된 '의라'의 이름이 백제의
새로운 왕호 '어라하'가 되었던 것이죠.

그렇다면 의라왕은 백제의 어느 왕이었을까요? 앞에서 살펴본 것처
럼 부여 왕 의라가 부여의 옛 땅을 되찾은 286년은 고이왕이 사망하고, 고
이왕의 아들 책계왕이 왕위에 오른 해입니다. 『삼국사기』에는 책계왕에
대한 다음과 같은 기록이 있습니다.

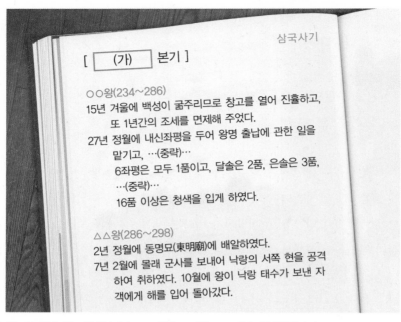

[(가) 본기]

삼국사기

○○왕(234~286)
15년 겨울에 백성이 굶주리므로 창고를 열어 진휼하고,
또 1년간의 조세를 면제해 주었다.
27년 정월에 내신좌평을 두어 왕명 출납에 관한 일을
맡기고, …(중략)…
6좌평은 모두 1품이고, 달솔은 2품, 은솔은 3품,
…(중략)…
16품 이상은 청색을 입게 하였다.

△△왕(286~298)
2년 정월에 동명묘(東明廟)에 배알하였다.
7년 2월에 몰래 군사를 보내어 낙랑의 서쪽 현을 공격
하여 취하였다. 10월에 왕이 낙랑 태수가 보낸 자
객에게 해를 입어 돌아갔다.

위 자료의 (가)는 백제입니다. ○○왕은 고이왕, △△왕은 책계왕입니다.

책계왕(혹은 청계라고도 한다)은 고이왕의 아들이다. 체격이 장대하고 의지와 기품이 걸출하였다. 고이왕이 붕어하자 그가 왕위에 올랐다. 왕이 장정을 징발하여 위례성을 보수하였다. 고구려가 대방을 치자 대방은 우리에게 구원을 요청하였다. 이에 앞서 왕이 대방왕의 딸 보과를 부인으로 맞이하였기 때문에 왕이 "대방은 우리와 장인과 사위 관계의 나라이니 그들의 요청을 들어주어야 한다"고 말하고, 마침내 군사를 출동시켜 구원하였다. (중략) 2년 봄 정월, 왕이 동명왕의 사당에 배알하였다.

이에 의하면 책계왕은 대방왕의 딸을 부인으로 삼았습니다. 이것은 구태가 대방의 옛 땅에 나라를 세우고, 요동 태수 공손도의 딸과 결혼했다는 기록과 비슷한 내용입니다. 구태가 책계왕으로, 요동 태수가 대방왕으로 바뀌었을 뿐입니다. 또한 대방과 백제가 장인과 사위 관계의 나라라는 명분으로 백제가 대방을 도와 구원했다는 점 역시 구태가 대방의 옛 땅에 나라를 세웠다는 점과 유사합니다. 정리하면 다음과 같습니다. 286년 부여 왕 의라는 자신의 세력과 함께 바다를 건너 백제 고이왕을 몰아내고 왕위에 올라 책계왕이 됩니다. 책계왕은 즉위하자마자 자신의 근거지로 위례성을 삼고 보수합니다. 즉위 다음 해에는 동명왕의 사당에 제사를 올립니다. 여기서 동명왕은 부여의 시조인 동명을 가리킵니다. 부여를 본국으로 하는 새로운 왕족이 나타났음을 강조한 것이죠. 또한 고구려가 대방을 공격했고, 백제가 대방을 구원했다는 것은 백제와 대방이 한 나라였음을 보여 줍니다. 대방의 옛 땅이란 책계왕의 본국이었던 부여의 옛 땅인 것입니다.

현재 덴마크, 스웨덴, 노르웨이 등은 노르만족(바이킹)의 후예입니다. 노르만족은 9~11세기에 걸쳐 유럽 곳곳에 노르망디공국, 영국 노르만왕조, 시칠리아왕국, 나폴리왕국, 노브고로드공국, 키예프공국 등을 세웠죠. 백제 역시 이와 비슷합니다. 가장 먼저 주몽을 중심으로 하는 부여 계통의 일부가 고구려를 건국했습니다. 고구려의 권력 투쟁 결과 패배한 비류 세력과 온조 세력은 각각 인천과 서울을 근거지로 하여 나라를 세우고, 연맹 왕국으로 발전해 나갔습니다. 한편, 부여에서는 위구태가 요동 태수 공손도와 혼인 동맹을 통해 대방의 옛 땅을 차지합니다. 백제는 온조 세력을 중심으로 한 중앙 집권 국가로 발전하는 가운데 부여는 전연의 침략으로 나라가 멸망할 위기에 처합니다. 새로운 부여 왕 의라는 부여의 옛 땅, 즉 대방의 옛 땅을 되찾았지만 전연의 위협으로부터 보다 안전한 바다 건너의 백제로 이동하여 고이왕을 몰아내고 책계왕이 됩니다. 이후 백제는 부여의 옛 땅을 근거지로 하여 중국의 요서, 진평 등 해상 각지로 진출하여 해상제국이 되었습니다. 이러한 모습을 『수서』와 『북사』에서는 '동이강국(東夷强國)'과 '백가제해(百家濟海)'라고 표현한 것입니다. 백제인들은 광활한 바다를 보면서 어떤 생각을 했을까요? 바다 위에 제국을 세우겠다는 꿈을 꾼 것은 아닐까요? 백제가 '백가제해', 즉 많은 세력이 바다를 건넜기 때문에 지어진 나라 이름이라는 전설이 그 해답이 아닐까 싶습니다.

백제의 중국 진출은 사실일까?

■ 백제의 중국 진출 불신론에 대한 비판

백제의 중국 진출을 부정하는 이유는 무엇일까?

조선 후기 이래로 많은 학자들이 백제가 중국 대륙에 진출하여 해외 영토를 보유했다는 중국 진출설을 사실로 인정해 왔습니다. 그리고 현재 한국사 교과서에도 사실로 기록되어 있죠. 따라서 백제가 중국 대륙에 진출했다는 것은 더 이상 논란이 필요 없는 기정사실입니다. 그런데 학계 일각에서는 이 문제에 대해 보다 신중한 견해를 나타내고 있습니다. 조선 후기 이래로 아예 중국 진출설 자체를 부정하는 견해도 국내외 학계에서 줄곧 제기되어 왔습니다. 이들은 주로 백제와 중국의 지리상 단절성과 당시 요서 지방은 강력한 유목 민족 국가가 차지하고 있었기 때문에 불가능하다는 점을 들어 중국 남조 측 기록을 믿기 어렵다고 주장합니다.

물론 관련 사료가 있다고 해서 곧바로 역사적 사실로 인정받을 수는 없습니다. 엄격한 사료 비판을 통해 사료적 가치가 확보되어야만 합니다. 백제의 중국 진출설에 대한 불신론도 이러한 점에서 일정한 의의를 지닐 수 있습니다. 그러나 기존의 연구는 엄격한 사료 비판보다도 당시의 지리적·국제적 상황을 볼때 불가능하다는 선입견이 더욱 강합니다. 그러한 면에서 기존의 불신론은 비판받아야 합니다. 또한 관련 사료의 엄격한 비판을 통해 과연 믿을 수 있는지 없는지를 검토해야 할 것입니다. 우선 백제의 중국 진출에 대해 불신하는 입장을 살펴보고, 그에 대한 비판을 통해 중국 진출을 직간접적으로 증명하는 사료 검토가 필요함을 밝히고자 합니다.

먼저 『삼국사기』에 관련 사료가 전하지 않으므로 백제의 중국 진출을 불신한다는 주장에 대해 살펴봅시다. 『삼국사기』의 「백제본기」는 「신라본기」에 비해 사료의 양이 매우 적고, 사료적 가치를 확보하기 위해서도 선결해야 할 문제가 많습니다. 양과 질 모두 부족한 사서인 「백제본기」에 백제의 대외관계에 대한 주요 사실이 모두 기록되어 있기를 기대하기는 힘들죠. 하지만 백제의 중국 진출처럼 중요한 일이 기록되어 있지 않다는 것도 문제의 소지가 있습니다. 『삼국사기』의 찬자인 김부식은 신라 중심의 사관을 취했기 때문에 백제, 고구려에 유리한 사실을 삭제했을 가능성이 높습니다.

『삼국사기』의 편찬자들은 백제의 요서·진평 진출에 관한 『송서』, 『양서』, 『남사』, 『통전』 등을 분명히 보았을 텐데도 「백제본기」에는 전혀 나오지 않습니다. 이것은 본기의 성격 자체에서 비롯되었을 수도 있습니다. 본기는 연대기이기 때문에 사건 발생 시기에 대한 명확한 지식이 있어야 하는데, 『송서』 등에는 명확한 진출 시기가 없었기 때문일지도 모릅

니다. 하지만 관련 사실이 '지(志)' 등에도 나오지 않는 것으로 보아 고의
적 누락 가능성이 있습니다. 예컨대『삼국사기』「지리지 백제조」에는 백
제의 위치에 관한『통전』의 기사가 인용되고 있는데, 그 기사 바로 앞의
요서·진평 영유 기사는 무시되고 있습니다. 이러한 점 등을 감안할 때
『삼국사기』에 등장하지 않는다는 것이 백제의 중국 진출을 부정할 근거
가 될 수는 없습니다.

　다음은 남조 측의 사서에만 일방적으로 전하고 북조 측의 사서에는
전하지 않으므로 믿기 어렵다는 주장을 살펴보겠습니다. 이를 위해서는
남조와 북조 중 어느 편이 백제와 더 긴밀한 관계를 유지했고 백제 측의
사정을 잘 알고 있었는지 알아야 합니다. 그리고 백제의 중국 진출이 실
제로 있었고 이 사실을 둘 다 알고 있었다면, 어느 편에서 더 관심을 갖
고 기록했을지를 고려해야 합니다. 백제는 372년 동진에 조공하여 백제
왕이 동진의 관작을 받은 이후 줄곧 남조 측과 밀접한 관계를 유지했습
니다. 송대만 하더라도 양국 사신의 왕래가 12회에 이릅니다. 반면 북조
북위와의 관계에 있어서는 백제 측의 사신 파견만 472년 단 한 번 보일
뿐이죠.

　따라서 북조 측에서 얻을 수 있었던 백제에 대한 지식이란 남조 측에
서 지속적이고 평상적인 교류를 통해 얻은 지식에 비해 보잘것없었다고
보는 편이 합리적입니다. 또 북조 측에서 백제가 과거에 중국 지방에 진
출했었음을 알았더라도, 당시에는 백제 세력이 존재하고 있지 않았을 경
우 군이 이를 기록할 이유는 없었을 것입니다. 또한 당시 진출해 있던 백
제 세력이 북조의 세력이 미치기 힘든 해안지방의 일부를 차지하고 고구
려와 대립했었다면 이 또한 군이 기록하지는 않았을 것입니다. 이와 달리

무령왕릉 : 충남 공주 소재. 벽돌무덤은 중국 남조에서 유행하던 무덤 양식입니다. 무령왕릉은 중국 남조와 백제의 활발한 교류를 보여 주는 증거입니다.

백제에 대한 상당한 지식을 갖춘 남조 측에서는 자신들의 적대세력을 백제가 대신 물리치며 그 잃어버린 땅에 진출한 적이 있었음을 알았다면 분명히 기록했을 것입니다. 또한 남조 측 지역에 백제의 영역이 있었다면 이를 상쇄하기 위해 백제의 요서 진출 사실을 특별히 기록했을 것입니다. 이는 진평현이 진·송·제에 걸쳐 광주에 있었다는 사실과 연관시켜 생각하면 매우 가능성이 높습니다. 이에 대해서는 다음 장에서 다시 살펴보겠습니다.

다음으로 막상 진대의 역사를 알려 주는 『진서』에는 왜 진출 사실이 기록되어 있지 않은가를 생각해 보겠습니다. 현재 전하고 있는 『진서』는 당 태종 때 종합 정리된 것으로, 『송서』의 찬자인 심약의 『진서』는 없어졌습니다. 현재 전하는 『진서』는 편찬 당시 그 자료가 불완전했던 것이죠. 또 『진서』에는 「부여국전」, 「마한전」, 「진한전」은 실려 있지만 「백제전」, 「고구려전」은 빠져 있습니다. 이렇듯 불완전한 자료인 『진서』에 진출 사실이 실려 있지 않다는 것이 진출을 부정할 근거가 될 수는 없습니다.

백제의 중국 진출을 부정하는 상황론을 비판한다

한편 백제가 설치했다는 '진평군 진평현'이나 '백제군' 등의 지명이 중국의 다른 사서 어디에도 나오지 않으므로 요서 진출을 사실로 인정할 수 없다는 주장에 대해 살펴봅시다. 이는 진평현이라는 지명이 『진서』, 『송서』, 『남제서』 등에 나타나기 때문에 부정될 수 있습니다. 기존의 요서군만 생각하여 요서 지역 근처에서 진평이란 이름을 찾으려고 했었기 때문이죠. 하지만 백제는 요서 지역 말고도 중국의 화북, 산동, 양자강 유역 등에 진출했었다는 설이 줄곧 제기되어 왔었습니다. 이에 따라 지금의 광서성 장족자치구 창오현이 옛날 진·송·제 때 진평현이었음을 알 수 있습니다. 이에 대해서는 다음 장에서 다시 살펴보겠습니다.

또 백제와 중국 지역은 거리가 너무 멀어 백제의 진출이 불가능하다는 것에 대해 살펴보겠습니다. 한반도의 중남부 세력이 요동 지방과 직접 교섭을 모색한 사실이 이미 서진 초에 보이고, 4세기 후반에는 백제가 양자강 하구의 동진에까지 사절을 파견했습니다. 또한 6세기 백제는 동남아시아에까지 이르는 항로를 이용하고 있었습니다. 이러한 백제의 활동으로 보아 거리가 멀다는 것이 부정의 근거가 될 수는 없죠. 백제 내의 상황

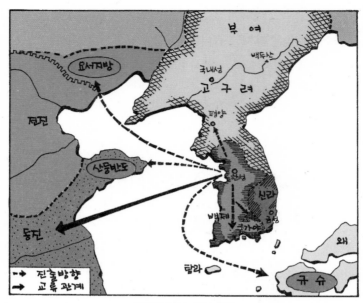

백제의 중국, 일본 진출

이 해외에 군대를 파견할 만큼 여유나 능력이 없었으리라는 주장도 설득력이 없습니다. 백제는 근초고왕이 마한을 완전히 통합하는 등 급속히 팽창하고 있었고, 371년 평양성 전투에서 고구려의 고국원왕을 전사시킬 정도로 4세기 후반에는 한반도의 최강국이었습니다. 백제의 해외 진출을 오히려 부추길 만한 상황이었던 것입니다.

4~5세기의 요서 지역은 백제가 진출하여 군을 설치·유지할 수 있을 만큼 힘의 공백지대가 아니었으므로 진출은 성립할 수 없다는 주장에 대해 살펴보겠습니다. 요서 지역은 4세기 전반에는 모용씨의 전연에 의해, 후반에는 전진과 후연에 의해, 5세기에는 북연과 북위에 의해 각각 지배

를 받았습니다. 이들은 북중국을 호령하던 유목 민족 국가로서 강력한 세력이었습니다. 백제가 이곳에 자국의 영역을 확보한다는 것은 대세론상 분명 어려운 일입니다. 하지만 강력한 유목 민족 국가였던 이들도 왕조가 자주 바뀌는 등 338년에는 전연이 후조의 공격을 받아 국가 존망의 위기에까지 몰리는 상황이 벌어졌습니다. 물론 이러한 분쟁은 대부분 곧바로 종식되고 말았지만 부분적인 힘의 공백상태는 몇 번에 걸쳐 있었던 것입니다. 또한 유목 민족 국가의 세력이 강력했으나 그들의 진출 방향은 주로 중원이었지 요동 지역은 아니었습니다. 그들이 요동에 나타난 것은 주로 고구려를 견제하기 위해서입니다. 그들의 행로는 대개 요하 중상류에서 고구려의 신성 방면으로 빠지는 길이었고, 요서 해안 지방은 통과하지 않았습니다. 수전에 약한 유목민족에게는 해안선이 긴 요서 해안은 공백지대였을 가능성이 충분합니다.

다음은 고고학적 유물·유적이 발견되지 않으므로 요서 진출설은 믿기 어렵다는 주장에 대해 살펴보겠습니다. 고고학적 유물·유적이 발견되지 않은 것은 여러 가지 가능성이 있습니다. 백제의 요서 진출이 아주 단기간이었거나 그 영역이 협소했다면 유물·유적이 발견되기 매우 어렵습니다. 또 중국 문화가 백제 문화보다 수준이 높은 상황에서 백제의 유물·유적이 남아 있기도 힘들겠죠. 또한 요서·요동은 역사적으로 변화가 많았던 지역으로 그곳을 차지했던 모든 세력의 유물·유적이 남아 있기를 기대하는 것 또한 매우 어려운 일입니다. 결국 고고학적 증거의 발견 여부를 진출의 진위를 판정하는 절대적인 기준으로 삼을 수는 없습니다.

지금까지 대세론을 기반으로 중국 진출을 부정하려는 견해의 논리적인 허점에 대해 살펴보았습니다. 백제의 중국 진출을 부정하는 견해들은 모두 근거가 빈약하고 역사를 연구하는 자세와 거리가 있음을 알 수 있겠습니다. 『양직공도』에 진출의 주체가 낙랑으로 나오는 것에 대해서는 다음 장에서 더 자세히 살펴보겠습니다.

중국인들은 백제의 중국 진출을 왜 기록하였을까?

■ 중국인들은 중국 각지에서 백제인들을 보았다

백제가 요서·진평에 진출했음을 보여 주는 사료

백제의 중국 진출을 직간접으로 나타내는 사료의 검토를 통해 그 가능성을 살펴보겠습니다. 먼저 백제가 요서·진평 지역을 점령한 적이 있음을 직접적으로 전하는 사료로는 다음과 같은 것들이 있습니다.

백제국은 본래 고구려와 함께 요동의 동쪽 천여 리에 있다. 그 후 고구려가 요동을 영유하자 백제가 요서를 영유했다. 백제의 치소를 진평군 진평현이라고 했다(『송서』).

백제 변진의 나라는 진나라 때에 일어나 번작을 받아 백제군을 스스로 두었는데 고구려의 동북에 있었다(『남제서』).

백제는 원래 마한의 족속이다. 진나라 말에 고구려가 요동을 영유하자 낙랑 역시 요서 진평현을 영유했다(『양직공도』).

　　그 나라(백제)는 본래 고구려와 함께 요동의 동족에 있다. 진나라 때에 고구려가 요동을 영유하자 백제 역시 요서 진평 2군을 영유하여 스스로 백제군을 두었다(『양서』).

　　그 나라(백제)는 본래 고구려와 함께 요동의 동쪽 천여 리에 있다. 진나라 때에 고구려가 요동을 영유하자 백제 역시 요서 진평 2군을 영유하여 스스로 백제군을 두었다(『남사』).

　　진나라 때에 고구려가 요동을 영유하자 백제 역시 요서 진평을 영유했다(『문헌통고』).

　　처음에 백가가 바다를 건넜기 때문에 백제라고 불렀다. 진나라 때 고구려가 요동을 영유하자 백제 역시 요서 진평 2군을 영유했다. —지금의 유성과 북평의 사이다. —(『통전』)

　　이상의 사료는 자구 상 약간의 차이가 있지만 대략 같은 내용입니다. 백제가 중국의 진대에 요서와 진평을 점령하고 통치 기관으로 진평군 진평현을 두었음을 직접적으로 밝히고 있습니다. 그리고 백제가 요서·진평 지역에 진출한 것은 고구려가 요동을 점거한 것과 시기적으로 밀접히 관련되어 있음을 알 수 있죠. 먼저 『송서』「백제조」는 내용이 모두 당시의 외교 기록인데, 요서·진평 영유 기록만이 전대의 역사적 사실을 기록한 초시제적 사건의 기록에 의거하여 전 시대의 사실을 기록해야만 했던 시대적 필연성이 있었던 것으로 보입니다.

　　다음은 『건강실록』에 의해 보완된 『남제서』「백제조」의 내용입니다. 『송서』「백제조」와 마찬가지로 대중 관계가 대부분이며 구성상의 변화가 없습니다. 하지만 『송서』 「백제조」의 진평군 진평현이 백제군으로 바뀌어 있습니다. 『양직공도』 「백제사신도경」에는 백제의 사신도와 함께 백제의 원류, 요서 영유, 대중 관계, 문화 관계의 기사들이 기록되어 있는데, 요서·진평 영유의 주체가 낙랑이라고 나옵니다. 이는 당시 낙랑과 백제와의 관계를 이해할 필요성을 제기합니다. 또 요서·진평 영유 시기를 유일하게 진말로 지적하고 있어서 결정적 자료로서 평가됩니다. 그리고 『양서』 「백제조」, 『남사』 「백제조」, 『문헌통고』 「백제조」, 『통전』 「백제조」 등은 그 이전의 사서들을 답습한 것에 불과합니다. 이 중 『통전』 「백제조」에 요서·진평의 위치가 '今柳城北平之間'으로 기록된 것은 위치의 비정에 참고할 만합니다. 이는 요서·진평군의 위치를 고찰하면서 살펴보겠습니다.

　『송서』 「백제조」, 『남제서』 「백제조」는 모두 송대·남제대의 외교 자료에 따른 사실만을 기록한 사서입니다. 그렇기 때문에 요서·진평 영유 기사 역시 외교 자료의 영향을 받았을 것으로 보입니다. 백제의 요서·진평 영유를 처음으로 기록한 『송서』 「백제조」에는 영유 시기가 나타나 있지 않습니다. 그 이후의 모든 기사에는 진대라는 영유 시기가 나타나고 있죠. 여기서 몇 가지 가능성을 생각해 볼 수 있습니다. 요서·진평 영유 시기에 대해 『송서』가 쓰일 당시에 알았을 가능성이 있습니다. 또 『송서』가 쓰일 당시에는 몰랐지만, 고구려가 요동을 점령했을 때를 근거로 하여 진대라는 기사를 삽입했을 가능성이 있습니다. 그리고 송대에 이미 알고 있었지만 기록하지 않았다가 이후의 사서들이 삽입했을 가능성이 있습니다. 어쨌든 진대라는 기사는 너무 모호하고 광범위합니다. 그만큼 영유 시기를 결정지을 만한 기록은 아니라고 볼 수 있습니다.

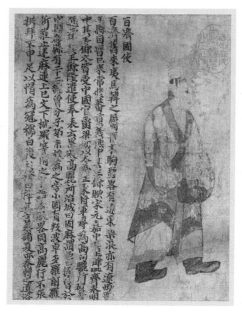

『양직공도』백제사신도경 : 오른쪽에 백제의 사신도가 그려져 있고, 왼쪽에 백제의 원류, 요서 영유, 대중 관계, 문화 관계의 기사들이 기록되어 있습니다. 그런데 요서·진평 영유의 주체는 낙랑이라고 나와 있습니다.

『양직공도』에는 요서 영유의 주체가 백제가 아닌 낙랑으로 기록되어 있습니다. 이것은 백제에 관한 사실을 적어 놓은 기록인데, 왜 낙랑이 요서를 영유했다고 했는지 이해하기 어렵습니다. 낙랑은 313년 고구려에 의해 소멸되었고 일부가 모용씨에게 귀부해 갔을 뿐입니다. 그러나 이를 5세기 후반 백제의 낙랑·대방에 대한 영유권 주장을 접한 『송서』의 찬자가 4세기 전반 한반도 서북부의 낙랑군이 요서 지방의 모용씨에게 귀부한 사실을 백제에 관련된 사실로 착각하여 백제의 요서 진출이라고 서술했다고 해석하는 경우도 있습니다. 하지만 『양직공도』에서는 낙랑이 요서를 영유했다고 했는데, 귀부를 영유했다고 적을 수 있는지 매우 의심스럽습니다.

이에 대해 『양직공도』의 문장을 새롭게 해석하는 견해가 있습니다. "百濟舊來夷馬韓之屬 晋末句麗略有遼東樂浪 亦有遼西晋平縣(백제는 예로부터 마한에 속하였다. 진말 고구려가 요동, 낙랑을 영유하자 백제 역시 요서·진평현을 영유하였다)"으로 떼어 읽기를 하여, 낙랑은 요동과 함께 고구려에 의해 점령당한 객체로 해석하고 요서·진평현을 점령한 주체는 문장 전체의 주어인 백제라는 것이죠. 하지만 다른 사서들과 비교할 때 낙랑은 백제를 대신해서 쓰인 것으로 보이고, 문리상으로도 낙랑이 주체여야 해석이 순조롭습니다. 여기서 중요한 것이『양직공도』의 '진말'이라는 영유 시기에 대한 기사입니다. 또한『양직공도』는 요서 영유의 주체를 낙랑이라 했습니다. 그렇지만 이후의 사서들이 양직공도의 '진말'과 '낙랑'을 따르지 않고 '진세'와 '백제'를 따른 것은『양직공도』의 신빙성에 의심이 가게 합니다. 그러한 면에서 볼 때 백제국의 사신도에 낙랑 기사가 등장하는 것은 백제와 낙랑에 대한 관념상의 혼란 때문인 듯합니다. 그러니까『양직공도』의 찬자는 백제를 낙랑이라고 표현해도 된다고 생각했거나, 아니면 백제와 낙랑을 같다고 파악한 것이라고 생각할 수 있죠. 그래야만 백제의 기사에 낙랑이 적힌 것을 설명할 수 있다고 봅니다.

백제가 요서에 진출했음을 간접적으로 보여 주는 사료

백제가 요서 지역에 진출했음을 간접적으로 보여 주는 사료들을 살펴보겠습니다.

고구려 백제 우문단부의 사람들 모두 군사의 무리로서 중국과는 달랐다(『진서』).

부여는 녹산에 있었는데 백제의 침략을 받아 부락이 쇠산했다(『자치통감』).

　　이상의 사료는 4세기 전반 요동과 요서에 걸쳐 자리 잡고 있던 선비
족 모용씨의 전연과 관계된 것들입니다. 그 내용 중에 백제가 등장합니
다. 이는 백제가 이들 지역에서 활동했음을 간접적으로 밝혀 주는 것입니
다. 먼저 『진서』 「모용황전」은 345년경 전연의 기실참군인 봉유가 그 왕
모용황에게 시정의 개혁을 간하며 올린 상소 중에 포함되어 있는 것으로,
330년대 후반에서 340년대 전반까지 전연이 주변 세력과 치열한 전쟁을
벌이면서 붙잡아 온 포로들에 대해 언급하고 있습니다. 여기서 고구려와
우문부, 단부 등 전연 주변 세 나라의 포로와 함께 백제의 포로들이 거론
되고 있습니다. 이것은 곧 백제도 345년 이전에 전연과 군사적으로 충돌
한 적이 있음을 의미하는 것입니다. 충돌의 동기는 알 수 없지만 백제인
이 전연의 포로가 되어 있었다는 이 기록 자체의 사료적 가치를 부인하지
않는다면 군사적 충돌이 있었음을 인정할 수밖에 없습니다.

　　『자치통감』 「영화 2년조」는 백제가 346년 이전에 녹산에 자리 잡고
있던 부여를 침략하여 부락을 쇠산시키고, 결국 서쪽으로 전연에 가까운
곳에 부여 세력을 이주하게 만들었다고 합니다. 이는 『진서』 「모용황전」
의 345년과 시기적으로 연관성이 있습니다. 현재 부여가 고구려의 북방에
위치했다는 것에 대해서는 의심의 여지가 없죠. 또 부여가 백제의 공격을
받은 후 본거지에서 서쪽에 위치한 요서의 전연 근처로 이주했다는 기사
자체를 통해서도 녹산의 위치가 중국 동북부의 어느 지역이었음을 추론
할 수 있습니다. 요컨대 백제와 전연, 백제와 부여의 전쟁 사실은 백제가
4세기 전반에 어떤 형태로든지 요서 지역에 진출한 적이 있음을 방증합니

다. 이러한 진출을 뒷받침하는 기록이 있습니다.

> 북으로 오환, 선비를 거느리고 동으로 고구려 백제를 끌어당기면 무장한 병사가 50만여 명 이상이다(『자치통감』).

이것은 380년 전진의 유주자사 행당공략에게 반란을 일으킬 것을 권고하면서 유주치중 평규가 한 말로서, 북으로 오환·선비를 거느리고 동으로 고구려·백제를 끌어당기면 무장한 군사가 50만여 명 이상일 것이라는 말을 적은 사료입니다. 백제의 영역을 한반도 서남부로 한정한다면 지리적으로 단절되어 있던 백제를 반란에 끌어들이기는 어려웠을 것입니다. 만약 백제의 세력을 끌어들일 가능성이 없다면 이런 이야기를 하기 어렵겠죠. 적어도 백제의 세력이 이 지역에 개입할 개연성은 충분히 있었던 것입니다. 그러므로 이 또한 백제의 요서 진출을 방증할 수 있는 사료입니다. 다음과 같은 기록도 있습니다.

> 연흥 사이에……그 나라(물길)가 먼저 백제와 몰래 공모하여 수로를 따라 고구려의 10개 부락을 먼저 파하고 힘을 합하여 빼앗았다(『위서』).

이것은 471~475년 사이에 물길의 을력지가 말한 것으로, 물길이 백제와 은밀히 연합하여 수로(바닷길)를 따라서 고구려의 10개 부락을 빼앗았다는 기록입니다. 기록으로 보아 물길이 백제와 공모하여 고구려를 공격할 의사가 있었던 것은 사실이지만, 이 일은 이루어지지 않았습니다. 그러나 이때 송화강 하류에 있던 물길이 백제와 연합하려고 했다는 것은 물길과 연합하기에 용이한 곳에 백제가 위치했었을 가능성을 나타낸다는 것이 중요합니다. 백제가 요서 지역에서 활동했었음을 방증하는 것입니다.

백제와 북위는 어떻게 전쟁을 했을까?

북조의 북위와 백제 사이에 전쟁이 있었음을 기록한 기사들을 살펴봅시다.

> 위나라 군사가 공격해 와서 우리가 그들을 패하게 만들었다(『삼국사기』).
> 이때 위나라 오랑캐가 기병 수십만을 일으켜 백제를 공격하였다. 모대(동성왕)가 장수 사법명 찬수류 해례곤 목간나를 보내 병사를 이끌고 오랑캐 군대를 크게 이겼다(『남제서』).
> 위나라가 군대를 보내 백제를 공격하자 백제가 그들을 패하게 만들었다(『자치통감』).
> 영명 2년 위나라 오랑캐가 백제를 정벌하여 백제 왕 모도(동성왕)를 크게 이겼다(『건강실록』).

이상의 사료는 5세기 후반 동성왕 시기에 벌어졌던 위와의 전쟁을 말해 주고 있습니다. 위로란 북위를 지칭한다고 보는 것이 일반적이죠. 각각의 기사를 대조해 보면 『삼국사기』「동성왕 10년조」는 490년, 『남제서』「백제조」는 490년, 『자치통감』「영명 6년조」는 488년, 『건강실록』「백제조」는 484년에 해당한다고 전하고 있어 일단 전쟁의 시기가 다릅니다. 또

『삼국사기』「동성왕 10년조」, 『남제서』「백제조」, 『자치통감』「영명 6년조」는 백제의 승전을 전하고 있음에 반해, 『건강실록』「백제조」는 북위의 승리를 전하고 있습니다. 어쨌든 이 기사들을 믿는다면 북위가 5세기 후반에 몇 차례 백제에 쳐들어왔다는 것입니다. 고구려와 서해를 사이에 두고 격리되어 있는 상황에서 이 기사는 북위가 고구려의 영역을 통과했거나 바다를 건넌 것이거나 둘 중 하나입니다. 하지만 고구려가 북위의 군대를 통과시켰을 가능성은 거의 없으며, 유목민족의 왕조인 북위가 바다를 건넜다는 것도 믿기 어렵습니다. 게다가 기병으로 공격했다는 『남제서』「백제조」의 기록으로 보아 바다를 건넌 공격은 거의 가능성이 없죠.

여기서 제기된 것이 북위가 침입한 백제의 영역이 중국 대륙에 설치된 백제의 군이었으리라는 주장입니다. 이것은 사료 분석을 통해 얻을 수 있는 가장 합리적인 결론입니다. 이에 따라 진대에 설치된 요서·진평군이 5세기 후반까지 남아서 북위의 침략을 받았으리라고 보는 경우나 요서 지방과는 별개의 지역에도 백제의 군이 설치되어 5세기 말까지 존재했던 것으로 보는 경우도 있습니다. 그러나 전투가 일어나게 된 배경이나 동기를 전혀 알 수 없고, 북위가 침범한 중국 내의 백제 영역이 어디인지도 알 수 없습니다. 또 백제와의 교전 당사국인 북위의 사서 『위서』에는 전혀 기록이 나타나지 않습니다. 『위서』의 편찬자인 위수는 경박한 자로서 뇌물을 받고 사실을 왜곡해서 『위서』를 더러운 역사라고 평가하기도 합니다. 또 현전하는 『위서』는 원래의 내용 가운데 29편이 없어져서 송대 유서와 범조우 등이 교정하고 보충한 것입니다. 그러니까 모든 기록이 완벽하게 남아 있기를 기대하기란 더더욱 어렵습니다.

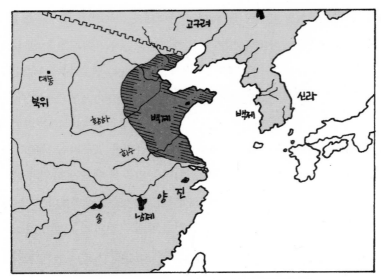
요서, 산동 반도 일대가 백제의 영토였음을 주장하는 지도

백제 영토 기사들의 미스터리

백제가 중국에 진출했음을 나타내는 백제의 영토에 대한 기사를 살펴보겠습니다.

고구려, 백제가 전성기였을 때 강병 100만이 남으로는 오·월을 침략하고 북으로는 유·연·제·노를 휩쓸어 중국의 골칫거리가 되었었다 (『삼국사기』).

이것은 최치원이 태사시중에게 올린 장에서 고구려와 백제가 전성기에 남으로는 오·월, 즉 양자강 하구로부터 북으로는 유·연·제·노, 즉 북중국의 동쪽 해안 지역까지를 침략하여 중국의 큰 골칫거리였다는 주장입니다. 최치원의 이러한 인식이 얼마나 분명한 근거에서 나온 것인지 알 수 없지만, 당시 최치원은 중국의 현직 태수로서 중국의 영토와 관련된 허위 사실을 함부로 말할 수는 없었을 것입니다. 기사 내용을 그대로 받아들인다면 백제가 중국 동해안 일대에 영역을 갖고 있었음을 짐작할 수 있습니다.

> 백제는 부여의 별종이다…… 서쪽으로는 월주, 남쪽으로는 왜, 북쪽으로는 고구려를 경계로 하는데 모두 바다를 건너 이른다. 그 동쪽은 신라이다(『신당서』).
> 백제는 부여의 별종이다…… 큰 바다의 북쪽에 작은 바다의 남쪽에 있다. 동북쪽으로는 신라이고 서쪽으로는 바다를 건너 월주에 이르고 남쪽으로는 바다를 건너 왜국에 이르고 북쪽으로는 바다를 건너 고구려에 이른다(『구당서』).

이상의 사료는 자구의 차이만 있을 뿐이지 그 내용은 백제의 영역이 서쪽으로는 바다를 건너 중국의 월주, 남쪽으로는 바다를 건너 왜, 북쪽으로는 바다를 건너 고구려에 이르러 국경을 맞대고 있으며, 이에 대해 신라는 육지로 접하고 있다는 것입니다. 이는 해석상 월주, 왜, 고구려는 바다를 건너서 접하고 신라는 육지로 접하고 있음을 나타내는데, 백제가 한반도 서남부에 있다고 했을 때 월주와 왜는 바다를 건너야 접할 수 있지만,

고구려는 '北至高麗'라고 하면 되죠. 그렇기 때문에 '北渡海至高麗'라고 한 것은 백제가 요서 지역에서 고구려의 요동과 국경을 맞대고 있었음을 암시합니다. 또 월주, 왜에도 백제의 영역이 있어서 그 지역과 접촉했음을 짐작할 수 있습니다. 마지막으로 백제가 멸망하고 그 영토를 신라와 발해가 나누어 가졌다는 기사를 살펴봅시다.

> 그 옛 땅은 신라에 빼앗기고 성 근처의 남은 무리는 점점 흩어져 돌궐과 말갈에 복속되었다. 그 왕 부여숭은 감히 고국에 돌아가지 못하고 영토를 신라말갈에게 빼앗겨 부여씨의 군장은 마침내 끝났다(『통전』).

위 사료는 백제가 신라에게 멸망당하고, 성 근처의 나머지 무리는 돌궐과 말갈로 흩어지고, 그 군주인 부여숭도 국토를 신라에 빼앗겨 감히 환국할 수 없음에 따라 부여씨도 드디어 소멸되었다고 적고 있습니다. 이로써 백제가 멸망할 때까지 일정한 세력을 형성한 백제인들이 중국에서 살고 있었음을, 또 그 땅이 신라와 말갈에게 나뉘어졌음을 알 수 있습니다. 백제가 멸망한 660년까지 중국 지역의 백제 세력이 세력을 유지하다가 백제의 멸망으로 소멸되었다는 것과 신라와 발해(말갈)에 의해 백제 본토는 신라에게 요서 지역은 발해에게 분할되었다는 것입니다.

> 백제 말년에 발해말갈과 신라가 백제 땅을 나누었다(『삼국유사』).
> 그 손자 경(의자왕의 손자)은…… 그 땅을 신라와 발해말갈이 나누었다. 백제의 종이 마침내 끝났다(『구당서』).

이상은 백제 말년에 백제 땅을 신라와 발해말갈이 나누어 가졌다는 것을 나타내는 사료로서, 신라는 한반도의 백제 본토를, 발해는 요서 지역을 차지했음을 알려 줍니다. 위 기사들을 보면 백제 멸망과 발해 건국 사이에 20~30년의 간격이 있습니다. 하지만 『구당서』 「백제조」에는 의자왕의 손자 경과 관련된 기사가 나오는데, 이것은 요서 지역의 백제 유민이 백제 멸망 후에도 세력을 어느 정도 유지하다 시간이 지나서 발해에 속하게 된 것을 설명해 주는 기록입니다.

　　이상 살펴본 바와 같이 백제의 중국 진출을 직간접적으로 나타내는 사료가 매우 다양하고, 또한 장기간에 걸쳐서 진출 – 활동 – 멸망의 과정이 나타나고 있습니다. 주로 중국 측 문헌에 의해 사료가 광범위하게 나타나고 있다는 사실만으로도, 그 성격과 상관없이 분명히 백제인의 중국 진출이 있었다는 것은 의심할 수가 없습니다.

백제는 중국, 동남아시아에 걸친 해상왕국이었다

■ 비밀의 열쇠는 진평, 흑치상지, 탐모라국

백제가 중국에 진출한 시기는 언제였을까?

백제가 설치했다는 군의 설치 시기, 지속 기간, 위치 등에 대해 고찰해 봅시다. 진출 시기에 대한 기존 연구자들의 견해는 다음과 같습니다. 김세익은 3세기 말, 이명규는 4세기 중반, 정인보는 진출 시도는 2세기 초반부터 군의 설치 시기는 370년대 전후, 방선주는 360~370년 사이, 신채호 · 김상기 · 정상수웅 · 김철준 등은 370년대, 정겸은 5세기 초로 보고 있습니다. 이처럼 다양한 견해가 제기된 근본적인 이유는 사서에 기록된 시기가 진대나 진말로 나타나고 있기 때문입니다. 진대는 서진과 동진의 시기를 합하면 265~420년의 155년간인데, 이 중 구체적인 시기가 언급되어 있지 않기 때문에 자신들의 논지에 따라 다양한 견해가 제시된 것입니다.

그렇다면 중국 진출 시기는 어떻게 추구해야 할까요? 먼저 다음과 같은 전제조건이 필요합니다. 첫째, 백제의 요서 진출이 고구려의 요동 진출과 시기적으로 관련 있음을 고려해야 합니다. 둘째, 백제 내의 상황과 국제 정세 등을 고려해야 합니다. 셋째, 중국의 남조 지역에도 진출했기 때문에 남조와 북조에의 진출을 연관시켜 시기를 고려해야 합니다. 그러면 이러한 사항들을 고려하여 시기를 고찰해 봅시다.

백제의 요서·진평 진출 시기는 진대라고 나오고 있습니다. 그러나 『양직공도』에는 구체적으로 진말이라고 나옵니다. 진말이라는 기록은 시기를 추정하는 과정에서 고려할 수는 있지만 절대적이라고 볼 수는 없습니다. 유일한 기록이고 주체가 낙랑이라고 되어 있기 때문이죠. 찬자가 백제와 낙랑을 혼동하는 등 개념이 명확치 못합니다. 또한 그 이후의 사서에서도 이를 따르지 않았습니다. 이는 진말이라는 기록이 분명한 근거에서 나온 것이 아님을 충분히 암시합니다. 그리고 진말이 서진의 말인지, 동진의 말인지도 알 수가 없습니다.

그렇기 때문에 진대라는 기록에 더욱 큰 비중을 두어야 합니다. 이것은 아주 의미 있는 기록이라고 보이기 때문이죠. 진출 시기를 구체적으로 적을 수 없었다고 볼 수 있습니다. 즉 진출이 한 번에 이루어진 것이 아니라 진대에 걸쳐 지속적으로 이루어졌다면, 기록은 진대라고 하는 것이 당연합니다. 또한 고구려의 요동 진출 시기를 진 초기인 4세기 초로 볼 수도 있습니다. 그 이유는 백제의 요서·진평 진출 기록이 고구려의 명확하고 확고한 요동 진출을 말해 주는 것은 아니기 때문입니다. 백제가 요서·진평에 진출한 시기와 배경을 설명하기 위한 기록일 뿐이죠. 여기서 다음의 기록이 주목됩니다.

> 진평은 진나라 때 설치되어 광주 울림군에 속하여 남송 남제를 지나 지
> 금은 광서성의 경계에 위치한다(『중국역사지명대사전』).

이것은 유균인의 1980년도 판 『중국역사지명대사전』에 나오는 글입
니다. 그 내용은 진평현이 진나라 때 설치되어 광주 울림군에 속하여 남
송 남제까지 이어졌으며, 현재 광서성의 경계(광서장족자치구 창오현)라는
것입니다. 또 『송서』 「주군지 광주조」에는 다음과 같은 기록이 보입니다.

> 광주―울림태수―진평령은 오나라 때 장평이라 했다가 진 무제태강
> 원년에 이름을 진평이라 바꿨다(『송서』).

이것은 광주 울림군의 진평현은 오나라 때 장평이라고 했다가 진 무
제태강원년(280)에 이름을 진평으로 바꾸었다는 기록입니다. 진평현의 이
름은 『진서』와 『남제서』에도 등장하고, 『중국역사지명대사전』의 기록과
도 일치합니다. 이와 같은 기록을 통해 볼 때 중국의 사서 중에서 유일하
게 나타나는 이 진평현이 백제가 진출했었다는 진평군 진평현이라고 한
다면, 시기상 서진의 초기인 280년까지 진출 시기가 올라갑니다. 다시 말
해 그 진출의 성격이 무엇이었던 간에, 백제가 중국 진출의 교두보를 마련
한 것은 서진의 초기입니다. 고구려의 첫 요동 진출 시기인 311년과는 불
과 30년 차이가 있을 뿐입니다. 또한 280년은 오나라가 진에 의해 망하여
천하통일이 되던 해입니다. 진평현이 있었던 창오현은 현재 중국 동해안
에 가까운 베트남 북부 인근에 위치하고 있습니다. 오지인데다 바다에 가
까운 이 지역에 백제가 중국 천하통일의 전환기에 진출의 교두보를 차지

했을 가능성은 매우 높습니다. 286년 백제에서는 고이왕이 죽고, 책계왕이 즉위합니다. 부여 왕 의라가 바다를 건너 백제의 새로운 왕, 책계왕이 된 것으로 추정됩니다. 이때부터 백제는 중국인들이 '백가가 제해하여 백제라고 했다고' 생각할 만큼 해상으로 뻗어 나가기 시작한 것입니다. 백제의 해상활동 능력에 대해서는 다시 언급하겠습니다.

백제의 중국 영토는 언제까지 존재했을까?

다음은 백제군의 존속 기간에 대해 살펴봅시다. 기존의 연구에서 김세익이 6세기 초중엽까지, 김상기는 5세기 말까지, 이명규는 진 말까지, 신채호는 4세기 말까지, 정상수웅은 370년대 일시적으로 존재했다고 보았습니다. 이렇게 존속 기간에 대해서도 다양한 견해가 논의되었는데, 기존 연구의 문제점은 군사적·정치적인 면에 치우쳐 바라보았다는 것입니다. 백제의 진출 목적이 상업적인 해상무역이었다고 했을 때, 남북조와 그 통일 왕조인 수·당은 백제의 상업적인 능력을 필요로 했을 수도 있습니다. 남북조의 물품 교류에 가장 적합한 세력이 제3자인 백제였고, 그래서 통일 왕조인 수는 바다가 아닌 내륙수로를 이용하기 위해 대운하를 건설했을지도 모릅니다. 어쨌든 중국의 변방에 위치한 요서·진평이 중국에 큰 위협이 되지도 않았고, 오히려 상업적 이익을 얻을 수 있었기 때문에 백제의 진출은 비교적 오랫동안 이루어졌다고 생각됩니다. 물론 군사적인 성격은 수가 통일을 하면서 약해졌겠지만, 신라와 당에 의해 백제가 멸망한 후에나 진출 세력이 붕괴했다는 다음 기록을 통해 백제 세력이 오랫동안 지속되었음을 알 수 있습니다.

> 그 옛 땅은 신라에 빼앗기고 성 근처의 남은 무리는 점점 흩어져 돌궐과 말갈에 복속되었다. 그 왕 부여숭은 감히 고국에 돌아가지 못하고 영토를 신라말갈에게 빼앗겨 부여씨의 군장은 마침내 끝났다(『통전』).

다음은 백제가 중국에 진출했다는 요서군과 진평군의 위치에 대해 살펴보겠습니다. 지금까지 이 문제에 대해서는 다양한 견해가 제시되지 않았습니다. 진평군이나 진평현의 이름이 어느 중국 사서에도 나타나지 않기 때문에(물론 이것은 잘못된 생각이었죠) 요서와 근처의 지역을 요서·진평으로 생각해 왔던 것입니다. 또 『통전』에 기록된 "今柳城北平之間"이라는 주를 통해 정인보와 김세익은 당의 유성군과 북평군의 위치를 확인하고, 정인보는 대녕폐성·능원·조양 등지를 포괄한 지역이라고, 김세익은 대능하·소능하 하류로부터 난하 하류에 걸친 지역이라고 주장했습니다. 하지만 『통전』의 세주는 군현 설치 지역에 대해 정확히 알고서 쓰인 것이 아닙니다. 즉 『통전』 「오환조」에는 요서에 대해 "今柳城郡, 右北平"에 대해 "今北平郡"이라는 세주가 달려 있습니다. 이것은 곧 『통전』의 찬자인 두우가 진평군과 우북평군을 같은 지명이라고 인식했음을 드러내는 것입니다. 두우는 진평군과 우북평군의 명칭이 유사함에 현혹되어 근거 없는 세주를 달았다고 할 수 있습니다.

백제가 진출한 요서와 진평의 위치는 어디였을까?

그렇다면 요서·진평군의 위치는 어디일까요? 요서는 요하를 경계로 요동의 서쪽 지역입니다. 이는 고구려의 요동에 대응되는 지명이므로 분명히 긴 요서 지역 해안을 따라 존재했음이 틀림없습니다. 진평은 어디일까요? 오랫동안 찾지 못했던 진평군의 위치를 찾아낸 사람이 중국동포 역사학자인 황유복입니다. '진평군 진평현'이란 기록에 착안하여 진평현의 위치를 찾아냈던 것입니다. 먼저 앞에서 말한 기록을 다시 보겠습니다.

진평은 진나라 때 설치되어 광주 울림군에 속하여 남송 남제를 지나 지금은 광서성의 경계에 위치한다(『중국역사지명대사전』).

지금의 광서성 경계인 광서장족자치구 창오현입니다. 여기에서 다음 기록을 봅시다.

백제는 광동흠현 서북 180리에 위치한다. 허가 있는데 오·계 2성의 경계가 되고 있다(『중국역사지명대사전』).

백제(지명이름)는 광동흠현 서북쪽 180리에 허(墟, 옛날에 성을 중심으로 한 도시가 있었다는 말)가 있는데, 오·계 2성의 경계가 되고 있다는 말입니다. 이 지역 또한 광서장족자치구 창오현에서 가까운 곳입니다. 그리고 『광서장족자치구행정구역자료일람』에는 백제향이란 지명이 보이고 그곳엔 백제허가 기록되어 있습니다. 그 기록을 봅시다.

百濟鄉 -百濟墟 (Daebakjeae)

　　광서장족자치구 내의 백제향이라는 지역의 중심 마을인 백제허가 지
금도 존재한다는 것입니다. KBS의 취재 결과에 따르면, 이 마을은 원래
중국 발음인 Baijixu가 아니라 원주민의 발음인 Daebakcae라고 불린다
고 합니다. 우리 발음으로 '대백제'가 되는 것이죠. 원주민들이 마을 이름
을 한국식 발음으로 부르고 있다는 것은 백제인들이 이곳에서 살았었다
는 명백한 증거일 것입니다. 우리가 지금 대한민국이라고 부르는 것처럼
삼국 시대에도 나라 이름 앞에 '대' 자를 붙이곤 했습니다. 백제가 중국에
진출했다는 남북조 시대인 진·송·제 등의 남조계 사서에 진평현의 이
름이 나타나고, 그 지역이 현재의 중국 동해안과 북부 베트남에서 멀지 않
은 곳에 위치하고, 현재 그 지역 근처에 '백제'라는 마을이 존재한다는 것
은 백제가 이 지역에 진평군을 설치했었음을 강력하게 시사합니다.

광서장족자치구 : 이곳에 백
제향 백제허가 있죠. 백제허
의 주민들은 자신들의 마을
을 '대백제(Daebakcae)'라
고 부른다고 합니다.

흑치상지 묘지명에 숨겨진 백제 영토의 비밀

그럼 백제가 이 지역과 교류했다는 또 다른 증거가 있을까요? 바로 다음과 같은 기록이 있습니다.

> (흑치상지는) 그 조상은 부여씨인데 흑치에 봉해져서 흑치를 성씨로 삼았다(『흑치상지묘지명』).

흑치씨는 원래 백제의 왕족인 부여씨였으나 흑치 지방에 봉해져서 흑치라는 지명을 씨로 삼게 되었다는 것입니다. 이는 백제가 흑치 지역을 다스렸다는 기록인데, 지금까지 알려져 있는 백제 지역의 군현 명칭이나 지명 자료에서 흑치라는 지명은 발견되지 않습니다. 다만 훨씬 후대의 자료지만 조선 후기의 허목이 쓴 『기언』에는 「흑치열전」이라 하여 일본에 대한 기록이 남아 있습니다. 이에 의하면 일본인들이 이빨에 검은 칠을 하기 때문에 일본을 흑치라고 부른다는 것입니다. 또 이와는 달리 흑치를 필리핀 일원으로 지목하여 남방 항로의 기항지로서 관리를 파견·주재시켰으리라는 주장도 있습니다.

> 그 사람들(백제인)은 신라, 고구려, 왜 등이 복잡하게 섞여 있으며 중국인도 있다(『북사』).

이 기록은 백제인은 신라인, 고구려인, 왜인 등이 복잡하게 섞여 있으며 중국인도 있다 하여 백제인 구성의 국제성을 보여 주고 있습니다.

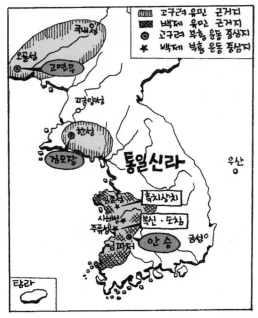

백제와 고구려의 부흥운동 : 백제의 부흥을 위해 싸웠던 흑치상지의 이름이 보이네요. 내분으로 복신, 도침 등이 죽으면서 백제의 부흥운동이 실패하자 흑치상지는 당나라에 항복하고 망명하였죠.

(백제가) 부남의 재물과 노비 2명을 왜에게 주었다(『일본서기』).

543년 백제가 부남, 곧 캄보디아의 재물과 노비 2구를 왜에 주고 있음을 나타내는 기록입니다. 당시 백제가 캄보디아 지방까지 교역했음을 알수 있죠.

백제, 부남, 임읍이 함께 사신을 보내 방물을 (양나라에) 바쳤다(『양서』).

이것은 백제, 부남, 임읍이 함께 양나라에 조공했음을 보여 주는 기록으로, 연례적인 조공 시기가 정해져 있었기 때문에 백제가 캄보디아(부남), 남부 베트남(임읍)과 함께 조공했던 것은 이 지역과 밀접한 접촉이 있었음을 나타냅니다.

『수서』와 『북사』가 알려 준 '탐모라국'과 '백가제해(百家濟海)'의 비밀

그 남쪽 바닷길로 3개월을 가면 탐모라국이 있는데 남북이 천여 리이고 동서가 수백 리인데 토산물로 노루, 사슴이 많고 백제에 부속되어 있다 (『수서』).
그 남쪽 바닷길로 3개월을 가면 탐모라국이 있는데 남북이 천여 리이고 동서가 수백 리인데 토산물로 노루, 사슴이 많고 백제에 부속되어 있다 (『북사』).

이상의 사료는 백제에서 남쪽 바닷길로 3개월을 가면 탐모라국이 있고, 그 나라는 남북이 천여 리, 동서가 수백 리로서 토산물로는 노루와 사슴이 많고, 백제에 부속되어 있다고 하여 백제가 바닷길로 3개월이나 가야 할 만큼 먼 나라를 그 영향력 하에 두고 있었음을 보여 줍니다. 『수서』와 『북사』는 이미 살펴본 바와 같이 백제가 '동이강국'이었으며, '백가제해’ 즉 ‘백가가 바다를 건너’ 이루어진 해상제국이었음을 밝힌 역사서입니다. 『수서』와 『북사』에서 백제의 영토가 바다 건너 먼 곳에 ‘탐모라국’이라는 이름으로 존재함을 기록했다는 것 역시 일맥상통한 것입니다. 백제는 ‘백가제해’한 ‘동이강국’으로 바닷길로 3개월을 갈 정도로 먼 곳에 ‘탐모라국’을 영유했던 해상제국이었던 것입니다.

지금까지 살펴본 바와 같이 백제는 중국 요서, 산동, 일본에 진출한 것은 물론 중국 최남단의 광서성에까지 진출했으며, 중국에서 ‘흑치’로 알려진 필리핀 등 동남아시아도 흑치상지 묘지명을 통해 백제의 세력권이었음을 추정할 수 있습니다. 한마디로 광대한 바다를 중심으로 해상왕국을 이루었던 나라가 백제였다는 것입니다. 이처럼 백제의 중국 진출설을 불신하는 입장은 매우 비합리적이고 역사를 탐구하는 올바른 태도가 아닙니다. 역사적인 기록 중 어느 하나에만 나타난다고 해도 그것의 사실성과 객관성을 따져 보아야 할 텐데, 다양한 직간접적인 사료가 있음에도 불구하고 무조건 거부한다는 것은 불합리한 태도입니다. 백제의 중국 진출은 분명한 사실이며, 이제 남은 문제는 그 진출의 성격과 진출 범위를 규명하는 것입니다. 이것은 백제 초기사 이해의 심화, 중국의 요서, 동해안 지방 일대의 정세 변동과 문화에 대한 이해의 증대에 따라 그 성격과 범위가 규명될 수 있을 것입니다. 중국 사서에서 백제의 어원이 ‘百家濟海’, 즉 많은 세력이 바다를 건너간 사실에 기인해 나라 이름이 생겼다고 기록할 만큼 백제는 명실상부한 해상왕국이었던 것입니다.

해상제국 백제의 영토

의자왕은 신라의 왕위계승 서열 1위였다

■ 선화공주는 의자왕의 어머니

「서동요」의 주인공은 무왕이었나?

드라마 「서동요」의 주인공으로 유명해진 왕이 백제 무왕입니다. 하지만 현재 한국사 교과서에는 그 이름이나 업적이 전혀 다루어지지 않고 있습니다. 성왕의 전사 이후 백제는 다시 침체에 빠져 혜왕, 법왕은 재위 기간이 1년 남짓일 정도로 왕권이 매우 불안정했습니다. 이러한 상황에서 무왕이 왕위에 올랐습니다. 무왕은 왕권을 회복하고 미륵사를 창건하며 수도를 익산으로 옮기려고 했습니다. 또한 무왕은 「서동요」의 주인공으로도 유명합니다. 「서동요」는 『삼국유사』의 서동 설화에 나오는 노래인데, 말 그대로 '서동이의 노래'입니다. 먼저 「서동요」의 내용을 보겠습니다.

왕궁리 5층 석탑 : 전북 익산 소재. 무왕이 익산으로 천도하기 위해 건설했던 왕궁리 유적이 남아 있습니다.

선화공주님은 남몰래 시집가서 서동이를 밤이면 몰래 안고 간다.

이 노래의 주인공인 '서동(薯童)'은 '마(薯)'를 캐어 먹고사는 아이(童)'라는 뜻입니다. 서동의 어머니는 과부였는데, 당시 백제의 서울이었던 사비(부여) 근처의 남지란 연못가에 살았습니다. 연못에 살고 있는 용과의 사이에서 낳은 아들이 바로 서동이었죠. 서동이 자라 신라 진평왕의 셋째 딸 선화공주가 매우 아름답다는 소문이 자자하자 선화공주를 아내로 삼기 위해 신라 금성(경주)으로 갑니다. 서동은 아이들에게 마를 주면서 환심을 사고, 이른바 「서동요」를 가르쳐서 부르게 했죠. 결국 「서동요」가 신

서동과 선화공주 조각상 : 전북 익산
서동공원 소재.

라에서 대유행을 하자 신하들은 이를 문제 삼아 선화공주를 귀양 보내라고 요구했습니다. 요즘에도 한번 루머가 퍼지면 모두 사실인 것처럼 신문이나 방송에까지 나오곤 하지요. 진평왕도 어쩔 수 없이 선화공주를 귀양 보내게 되었고, 진평왕의 왕비는 불쌍한 선화공주에게 순금 한 말을 주어 떠나보냈습니다. 귀양을 가던 선화공주 앞에 갑자기 서동이 나타나서 귀양 가는 길을 지켜 주겠다고 하자, 공주도 서동에게 반하여 사랑하게 되었죠. 서동의 나라인 백제에 도착하자 선화공주는 순금을 보여 주면서 이것만 있으면 부자로 살 수 있다고 말합니다. 순금이 귀하다는 것을 알게 된 서동은 자신이 마를 캐는 곳에 순금이 많다는 얘기를 들려줍니다. 선화공주가 깜짝 놀라서 순금을 신라의 궁궐로 보내자고 하자 서동은 이에 동의하여 순금을 산더미처럼 캐내어 신라의 궁궐로 보내었고, 결국 서동도 인심을 얻게 되어 백제 무왕이 되었다는 이야기입니다.

이는 당시 백제와 신라의 관계에 비추어 보아 사실이 아닐 가능성이 큽니다. 앞에서 살펴본 바와 같이 성왕이 전사한 이후 백제와 신라는 원수 사이가 되었습니다. 특히 무왕 때는 13번의 싸움이 일어날 정도였는데, 주로 백제가 공격했습니다. 진평왕과 무왕이 실제로 장인과 사위 관계였다면 이렇듯 자주 전쟁이 일어났을 리가 없죠. 또한 국가적 혼인은 매우 중요한 역사적 사건인데, 『삼국사기』에는 전혀 기록이 나오지 않는 것도 사실이 아님을 짐작하게 합니다. 그래서 나온 주장이 서동은 무왕이 아니라 사실은 동성왕이나 무령왕이라는 설입니다. 『삼국사기』의 기록을 봅시다.

> 동성왕 15년 봄 3월, 왕이 신라에 사신을 보내 혼인을 청하니 신라 왕 (소지왕)이 이찬 비지의 딸을 시집보냈다.

이 기록에 나오는 동성왕이 서동이고, 이찬 비지의 딸이 선화공주라는 주장입니다. 하지만 선화공주는 진평왕의 딸이므로 시기가 100년의 차이가 있으며, 이찬의 딸을 공주로 표현한 것도 맞지 않습니다. 『삼국유사』의 기록을 봅시다.

> 무왕을 옛 책에서 무강왕(武康王)이라고 한 것은 잘못이다. 백제에는 무강왕이 없다.

강(康)과 녕(寧)은 뜻이 같습니다. 사극에 "강녕(康寧)하십시오"라는 말이 많이 나오는 것처럼 강녕은 건강이라는 뜻의 옛말이죠. 결국 무강왕이 무령왕을 뜻하고, 서동은 사실 무령왕이라는 주장입니다. 그러나 무령왕은 신라 공주, 아니 신라 여인과의 결혼 기록도 없습니다. 신라 진평왕 시기와도 맞지 않음은 물론입니다. 이러한 의문점 때문에 선화공주는 신라 진평왕의 공주가 아니라는 주장이 계속 제기되어 왔습니다.

무왕의 아버지는 누구일까?

어쨌든 설화 속 이야기가 사실이라면, 무왕은 왕이 될 수 없는 미천한 처지였던 왕족(용의 아들)이었을 것으로 보입니다. 『삼국유사』에는 서동의 아버지가 용이었다고 밝히고 있습니다.

> 제30대 무왕의 이름은 장이다. 그 어머니가 과부가 되어 서울 남쪽의 연못가에 살았는데 그 연못의 용과 관계하여 (무왕을) 낳았다.

이에 따르면 서동의 아버지는 용입니다. 그런데 『삼국사기』에는 무왕의 아버지가 이렇게 기록되어 있습니다.

> 무왕의 이름은 장이니 법왕의 아들이다.

『삼국사기』에 따르면 무왕의 아버지는 법왕입니다. 그리고 법왕의 아버지는 혜왕인데 혜왕이 즉위한 해가 598년이고, 법왕이 죽은 해는 600년입니다. 할아버지 혜왕과 손자 무왕의 시간 차이는 2년일 뿐이죠. 그리고 무왕이 법왕의 아들이라면 어렸을 때 마를 캐어 먹고살 정도로 가정형편이 어려웠다는 점이 이해하기 어렵습니다. 혜왕은 성왕의 둘째 아들이고 위덕왕의 동생이었습니다. 왕위계승권에 가장 가까운 왕족이었고, 실제로 위덕왕 사후 왕위를 계승했습니다. 혜왕의 아들이 법왕이고 법왕의 아들이 무왕이었다면, 왜 무왕은 가난했을까요? 『북사』에는 다음과 같은 기록이 있습니다.

백제 위덕왕의 아들 무왕이 사신을 보냈다.

무왕의 아버지가 위덕왕이라는 것이죠. 유일하게 무왕의 아버지를 위덕왕이라고 전하고 있습니다. 이 역시 무왕의 어린 시절에 대한 설명이 되지 않습니다. 위덕왕의 아들이었다면 바로 왕위를 계승해야 할 왕자였다는 얘긴데, 무왕은 왜 마를 팔고 다녀야 했을까요? 무왕이 위덕왕의 아들이라고 하기에는 근거가 더 빈약합니다.

선화공주는 사택적덕의 따님?

무왕의 아버지가 법왕이든 위덕왕이든 확실한 것이 하나 있습니다. 무왕의 어머니가 정식 왕후는 물론 후궁도 아니었다는 사실입니다. 무왕의 출생 자체가 정통성 논란에 빠질 수밖에 없었던 것이죠. 무왕이 왕이 되는 데 결정적인 역할을 한 것이 선화공주입니다. 이를 나타내는 『삼국유사』의 내용을 봅시다.

> (선화공주가) 왕후가 준 금을 내놓으며 살아갈 계획을 논의하자 서동이 크게 웃으며 말하였다. "이것이 무슨 물건이오?" 공주가 말하였다. "이것은 황금이니 평생 부를 누릴 수 있습니다." 서동이 말하였다. "내가 어렸을 적부터 마를 캐던 곳에 황금을 흙처럼 많이 쌓아 두었소." (중략) 이로부터 서동이 인심을 얻어 왕위에 올랐다.

미륵사지 석탑(서탑) 해체 전 모습 : 심각한 붕괴 위험 가능성으로 1998년 해체를 시작하였죠.

이 이야기에 따르면 선화공주는 서동에게 황금의 가치를 깨닫게 해 준 사람입니다. 게다가 엄청난 황금을 이용하여 결국엔 서동이 왕위에 오르게 되었죠. 무왕은 선화공주와 결혼을 통해 순금으로 상징되는 경제력을 확보했고, 이를 바탕으로 왕위에 오르기까지 했습니다. 이것은 선화공주가 백제의 왕위 결정권에 영향을 줄 수 있는 세력, 즉 강력한 세력을 가진 귀족 가문의 딸이었을 가능성을 보여 줍니다. 이를 입증하는 유물이 2009년 1월 미륵사지 석탑(서탑) 해체 보수 과정에서 발견되었습니다. 석탑 1층의 중심 기둥 윗면 중앙의 사리공에서 발견된 「사리봉안기」는 가로 15.5센티미터, 세로 10.5센티미터 크기의 금판 양면에 글자를 새기고 붉은색이 칠해져 있었죠. 다음은 「사리봉안기」에 기록된 내용의 일부입니다.

우리 백제 왕후께서는 좌평 사택적덕(沙宅積德)의 따님으로 지극히 오랜 세월에 선인(善因)을 심어 금생에 뛰어난 과보[勝報]를 받아 삼라만상을 어루만져 기르시고 불교의 동량이 되셨기에 능히 정재를 희사하여 가람을 세우시고, 기해년 정월 29일에 사리를 받들어 맞이하였다.

미륵사지 석탑(서탑) 해체 현장 : 전북 익산 소재.

이 기록에 따르면 미륵사를 창건하는 데 재산을 내놓는 등 주도적 역할을 한 사람은 무왕의 왕후로 좌평(당시 총리 역할을 한 관직) 사택적덕의 딸입니다. 사택씨는 당시 백제 8성 대족 중에서도 첫 번째로 꼽히는 가문으로, 사택지적비문의 "금으로 불당을 세우고 옥을 다듬어 보탑을 쌓았다"는 기록으로도 그 경제력의 규모를 알 수 있죠. 무왕 즉위 전의 혜왕, 법왕은 재위 기간이 1년 남짓으로 왕권이 불안정했습니다. 무왕 역시 아버지가 용으로 표현되었지만, 성장 과정에서 마를 캐서 생계를 유지할 정도로 왕위계승 서열이 뒤지는 왕족이었습니다.

여기에서 조선 세도정치 시기에 '강화 도령' 철종이 즉위하는 상황을 살펴볼 필요가 있습니다. 순조, 헌종 때 세도정치가 이루어지면서 왕

미륵사지 석탑(서탑) 해체 보수 과정에서 발견된 사리봉안기 : 석탑 1층의 중심 기둥 윗면 중앙의 사리공에서 발견되었습니다.

권은 약화되었고, 철종 역시 강화도에서 글자도 배우지 못할 정도로 미천한 생활을 하며 살았던 왕족이었죠. 당시 세도 가문들에게는 허수아비 왕으로 가장 적당한 인물이었던 것입니다. 마찬가지로 무왕이 즉위하기 전 왕권은 매우 약화된 상황이었고, 무왕이 즉위하게 된 이유도 철종 당시와 같았을 것으로 보입니다. 귀족들에게는 허수아비 왕이 필요했던 것입니다. 그래서 당시 최고의 귀족 가문이었던 사택 가문에서는 미천한 왕족이었던 서동을 사위로 삼았고, 사택 가문의 권력과 경제력을 배경으로 왕위에 오르게 되었던 것이죠.

선화공주는 두 사람이었다

그렇다면 무왕은 왜 익산에 미륵사를 창건했을까요? 미륵사는 무왕 35년(634)에 완공된 왕흥사입니다. 무왕의 재위 기간 42년 중 거의 말기에 미륵사가 완공되었죠. 무왕이 즉위하여 왕권이 어느 정도 안정된 상황에서 미륵사 건설이 시작된 것입니다. 여기에서 서동 설화의 결론이라 할 수 있는 『삼국유사』 속 미륵사 창건 연기 설화의 내용을 잠깐 살펴봅시다.

미륵사지 석탑 복원 모형 : 전북 익산 미륵사지 유물 전시관 소재. 가운데에 목탑이 있었고, 동서 양쪽에 석탑이 있었습니다. 미륵사 터에 대한 조사 결과 연못을 흙으로 메워 기초를 다지고 그 위에 세 개의 탑과 세 개의 금당을 갖춘 3원(3탑 3금당) 양식으로 건설되었음이 알려졌습니다.

어느 날 무왕이 부인과 함께 사자사에 가려고 용화산 아래 큰 연못가에 도착하자 미륵 삼존이 연못 가운데서 나타나므로 수레를 멈추고 절을 했다. 부인이 왕에게 말했다. "이곳에 큰 절을 세우십시오. 진실로 저의 소원입니다." 왕이 이를 허락하고 지명법사에게 가서 연못을 메울 일을 의논했다. 이에 법사는 신통력으로 하룻밤 사이에 산을 헐고 연못을 메워 평지를 만들었다. 이곳에 미륵 삼존의 상을 만들고, 회전과 탑과 낭무를 각각 세 곳에 세우고, 절 이름을 미륵사라 했다(國史에는 왕흥사라 했다). 진평왕이 여러 공인들을 보내어 그 역사를 돕도록 했는데 그 절은 지금도 보존되어 있다.

미륵사지 석탑(동탑) : 전북 익산 소재. 1993년 복원되었습니다.

고고학적 연구 결과에 따라 『삼국유사』는 매우 정확한 기록으로 입증이 되어 있습니다. 미륵사 터에 대한 조사 결과 연못을 흙으로 메워 기초를 다지고 그 위에 세 개의 탑과 세 개의 금당을 갖춘 3원(3탑 3금당) 양식으로 건설되었음이 알려졌습니다. 미륵 신앙은 미래에 중생을 구제하기 위해 미륵이라는 부처님이 오실 것을 기원하는 불교 신앙입니다. 그리고 미륵이 나타나는 땅을 다스리는 사람이 바로 전륜성왕입니다. 무왕은 미륵사를 세워서 자신이 전륜성왕임을 강조했던 것이죠. 그렇다면 무왕은 미륵사를 왜 익산에 건설했던 것일까요? 익산은 무왕이 서동 시절 자라던 곳이라고 추정됩니다. 그리고 무왕이 익산으로 천도하려고 했다는 것은 매우 설득력이 있는 주장이기도 합니다. 또한 익산에는 지금도 '말통대왕릉'으로 알려진 왕릉급 무덤이 남아 있습니다. 아마도 '말통대왕릉'은 '맛둥대왕의 무덤'이라는 뜻으로 보입니다. '맛둥'은 서동의 순우리말 이름입니다. '익산 천도' 꿈은 이루어지지 못했지만, 무왕이 익산에 잠들었을 가능성이 큰 것이죠. 여러 가지 정황으로 보아 무왕은 자신의 성장 지역으로 천도하여 왕권을 강화하기 위해 미륵사를 세우는 대역사를 시작했던 것입니다.

대왕릉 : 전북 익산 소재. 말통대왕릉이라고도 부릅니다. 무왕의 능으로 추정됩니다.

그렇다면 선화공주는 신라 공주도 아니고 무왕의 왕비도 아니었을까요? 선화공주는 어쩌면 두 인물을 조합하여 표현한 설화적 인물일지도 모릅니다. 사택적덕의 딸인 왕후와 진평왕의 공주인 부인(왕후 바로 아래 단계. 『삼국유사』에는 왕후가 아닌 '부인'이라고 기록되어 있습니다)이 섞여서 표현된 인물이라는 것이죠. 『삼국유사』의 서동 설화를 분석해 보면 서동이 계획적으로 퍼뜨린 헛소문에 따라 선화공주가 궁궐에서 쫓겨나 귀양을 갑니다. 그리고 서동은 선화공주의 아버지인 진평왕의 후광으로 왕위에까지 오릅니다. 앞에서도 말한 바와 같이 무왕은 적통이 아닌 왕족이었기 때문에 정통성이 없었습니다. 사택 가문의 딸인 왕후의 덕으로 허수아비 왕이 되었을 뿐이죠. 이를 해결해 줄 수 있는 좋은 계책이 신라 진평왕과의 혼

소왕릉 : 전북 익산 소재. 선화공주의 무덤으로 추정됩니다.

인 동맹이었습니다. 무왕은 신라를 공격하면서 진평왕의 딸을 후궁으로 달라는 요구를 했던 것으로 보입니다. 사실상 인질을 요구했던 것입니다. 이것이 '서동의 헛소문 퍼뜨리기와 선화공주가 귀양을 떠나는 것'으로 표현된 것이 아닐까요? 결국 무왕은 신라의 공주를 후궁으로 맞이하여 자신의 정통성을 보완하고, 사택 가문으로 대표되는 백제 귀족 세력도 견제하는 일석이조의 효과를 얻었던 것이죠. 무왕의 연인 선화공주는 사택 가문의 딸인 왕후와 신라 선화공주를 중의적으로 표현한 인물이라는 결론입니다.

의자왕의 어머니는 선화공주였다

무왕의 후궁 선화공주는 정말 진평왕의 딸이었을까요? 서동 설화에서 『삼국유사』이외에는 선화공주에 대한 기록이 전혀 없습니다. 선화공주가 진평왕의 공주였고, 무왕에게 시집갔다면 충분히 중요한 일이었는데, 왜 기록되지 않았을까요? 이 문제의 열쇠는 의자왕에 있습니다. 다음은 『삼국사기』의 기록입니다.

(무왕) 33년 봄 정월, 맏아들 의자를 태자로 책봉하였다.

의자왕은 무왕 33년(632)에야 태자로 책봉되었습니다. 이것은 매우 중요한 힌트입니다. 의자왕은 맏아들이었는데도 무왕 33년에야 태자가 되었다는 것은 그가 적자가 아니었음을 나타냅니다. 한마디로 후궁의 아들이었다는 뜻이죠. 의자왕이 후궁의 아들이었다면 의자왕은 선화공주의 아들이었음이 분명합니다. 이를 뒷받침하는 『일본서기』의 기록을 봅시다.

(황극천황 1년, 642년) 백제 조문사 등이 말하기를 지난해(641) 11월 대좌평 지적(智積)이 죽었고, (중략) 올해(642) 정월 백제 국왕의 모친이 죽었고, 국왕의 동생인 왕자 교기와 국왕의 여동생 4명과 내좌평 기미, 이름 높은 사람 40여 명이 섬으로 추방되었다.

이것은 641년과 642년, 즉 의자왕 1년과 2년의 상황을 보여 주는 중요

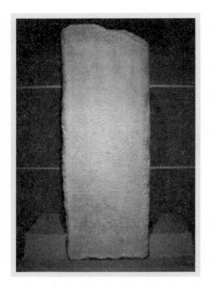
사택지적비 : 충남 부여 국립부여박물관 소재

한 기록입니다. 무왕이 죽고, 의자왕이 즉위한 641년 당시 총리 역할을 하였던 지적(智積)이 죽었습니다. 지적은 사택지적비의 주인공 사택지적(砂宅智積)입니다. 그런데 사택지적비에 따르면 654년에도 사택지적은 살아 있었습니다. 아마도 사택지적이 죽었다고 『일본서기』에 기록할 정도로 대숙청이 벌어진 것으로 추정됩니다. 미륵사지 석탑(서탑) 해체 보수 과정에서 「사리봉안기」가 발견되기 전까지 『일본서기』의 기록은 이해가 되지 않는 내용이었습니다. 무왕의 정식 왕후가 사택 가문의 사람이었음이 확인되면서 이 모든 것이 해결됩니다. 의자왕은 즉위하자마자 대좌평 사택지적을 비롯한 사택 가문에 대한 숙청을 단행한 것으로 보입니다. 그리고 의자왕의 모후(좌평 사택적덕의 딸로서 무왕의 정식 왕후. 의자왕에게는 공식적인 어머니. 물론 생물학적인 어머니는 선화공주였죠)가 죽자 남동생인 교기와 여동생 4명 등을 일본으로 추방했습니다. 아마도 추방이 아니라 망명이었을 것입니다. 의자왕을 견제할 수 있던 유일한 인물인 무왕비, 즉 사택 가문의 마지막 희망이었던 왕후가 죽자 생명의 위협을 느낀 남동생, 여동생들을 비롯한 40여 명이 일본으로 망명한 것이죠.

의자왕은 신라의 왕위계승 서열 1위였다

　의자왕이 선화공주의 아들이라면 즉위 초부터 대대적으로 신라를 침공한 이유가 설명되지 않습니다. 자신의 어머니가 태어나고 자란 조국인 신라를 왜 그렇게 공격했던 것일까요? 그 이유 역시 신라의 상황을 보면 이해가 됩니다. 당시 신라의 국왕은 선덕여왕입니다. 선화공주의 자매이므로 의자왕에게는 이모입니다. 선덕여왕이 왕이 될 수 있었던 이유는 성골 남자가 없었기 때문입니다. 남은 성골은 선덕여왕과 천명공주, 그리고 다음 왕위에 오른 진덕여왕뿐이었죠. 하지만 성골 한 명이 더 있었죠. 바로 선화공주입니다.

　선화공주와 결혼한 무왕은 백제의 왕입니다. 골품으로 따진다면 무왕 역시 백제의 성골이라고 할 수 있습니다. 다시 말하면 신라의 성골 선화공주와 백제의 성골 무왕 사이에 태어난 의자왕 역시 성골 남자가 되는 것이죠. 성골 남자는 성골 여자보다 왕위계승 서열이 앞섭니다. 이것은 의자왕이 신라의 왕위계승권을 갖는다는 논리가 됩니다. 선덕여왕은 632년 즉위했는데, 백제에서는 의자왕이 632년 태자가 되었습니다. 이것이 과연 우연의 일치일까요? 아닙니다. 무왕이 재위 33년 만에야 맏아들 의자를 태자로 책봉한 이유는 신라의 왕위계승권을 자신의 맏아들에게 주겠다는 의지의 표현이었습니다. 그리고 왕위에 오른 의자왕이 선덕여왕의 신라를 위기에 빠뜨릴 정도로 대대적인 공세를 했던 것은, 자신이 신라의 진정한 왕위계승권자임을 내세우기 위함이었죠.

　백제는 신라 무열왕에 의해 멸망당했습니다. 무열왕 김춘추는 진골이었습니다. 반면에 의자왕은 성골이었죠. 무왕과 선화공주 사이에 태어난 아들이 의자왕이라는 것은 김춘추에게는 큰 콤플렉스였을 것입니다. 그래서 선화공주가 무왕과 혼인하였고, 그 사이에서 의자왕이 태어난 사실을 언급하는 것은 금기시되었을 것입니다. 그러나 진실은 숨긴다고 없어지지 않습니다. 오랫동안 입에서 입으로 전해지던 서동 설화는 일연에 의해 『삼국유사』에 실리게 되었습니다. 그리고 2009년 미륵사지 석탑(서탑) 속에 숨겨진 비밀이 밝혀지면서 의자왕이 632년 태자가 된 이유와 의자왕이 신라에 행했던 대공세의 이유도 설명된 것입니다. 이처럼 역사의 진실은 반드시 밝혀집니다.

04

선생님이 궁금해하는
신라의 비밀

김알지는 흉노의 왕자였다

▪ 문무왕릉비와 돌무지덧널무덤 속에 담긴 비밀의 열쇠

신라는 박씨 왕조, 석씨 왕조, 김씨 왕조로 계승되었다

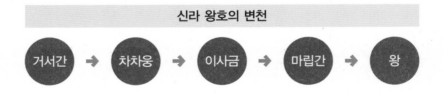

신라 왕호의 변천

거서간 ➡ 차차웅 ➡ 이사금 ➡ 마립간 ➡ 왕

　　일반적으로 신라는 박씨, 석씨, 김씨가 돌아가면서 왕위를 계승했다고 알려져 있습니다. 그러나 실제 신라 왕조의 계보를 살펴보면 이와는 좀 다르다는 것을 알 수가 있습니다. 먼저 박혁거세가 신라를 건국하였고 왕호를 거서간이라고 했습니다. 그 뒤를 이어 맏아들 남해 차차웅이 왕위에 올랐고, 또 그 아들 유리 이사금이 대를 이었습니다. 즉 박씨의 3대 세습이 이루어진 것입니다. 그런데 그 뒤를 이어 4대 왕이 된 사람이 바로 석탈해입니다. 석탈해는 남해 차차웅의 딸 아효공주와 결혼하여 사위 자격으로 처남인 유리와 왕위를 놓고 경쟁한 것으로 보입니다. 그러나 그 유명한 '이빨 개수'가 모자라 왕위는 유리에게 돌아갑니다. 하지만 석탈해는 유리 이사금 다음에 왕위에 올라 석씨의 집권이 이루어집니다. 탈해 이사금 이후 파사, 지마, 일성, 아달라 이사금까지 다시 박씨들이 왕위를 계승하였죠. 그리고 다시 석탈해의 손자 벌휴 이후 내해, 조분, 첨해 이사금까지 왕위에 올라 석씨의 재집권이 이루어지죠. 그리고 드디어 미추 이사금이 왕위에 올라 김씨가 집권했지만, 이후 석씨가 재집권하여 유례, 기림, 흘해 이사금까지 이어지고, 다시 내물 마립간이 왕위에 올라 이후 통일신라 말 효공왕까지 김씨 세습이 이루어집니다.

다시 요약하면 신라 건국 초기에는 박씨가 나라를 세우고 왕위를 계승했습니다. 중간에 외부 세력인 석탈해가 들어와 잠시 왕위를 차지했지만 다시 박씨들의 재집권이 이루어졌기 때문에 건국 초기는 박씨 집권기라고 할 수 있죠. 그 다음은 석씨 집권기입니다. 김씨 미추 이사금이 잠시 왕위에 오른 것을 제외하면 석씨들이 계속 집권했기 때문이죠. 그리고 내물 마립간 이후로는 김씨들이 왕위를 오랫동안 세습한 김씨 집권기입니다. 박, 석, 김의 세 세력이 경쟁하며 왕위쟁탈전을 벌인 것이 아니라 박, 석, 김의 순서로 왕조가 교체된 것입니다. 이렇게 신라의 왕위 계승을 왕조의 교체로 이해하는 입장에서 본다면 박, 석, 김의 성씨로 상징되는 세 왕조는 어떠한 세력이었을까요? 그 의문을 풀기 위해 박씨, 석씨, 김씨의 시조 설화를 분석해 봅시다.

먼저 박씨의 시조인 박혁거세의 탄생 설화를 분석해 보겠습니다. 『삼국유사』에 따르면, 나정(蘿井)이라는 우물 옆에 백마가 있었는데 백마가 하늘로 올라간 직후 알을 깨고 박혁거세가 태어났습니다. 몸에서 빛이 났기 때문에 이름을 혁거세(赫居世, 세상을 밝게 한다는 뜻)라고 하고, 알이 박과 같다고 하여 성을 박(朴)이라고 하였습니다. 이 설화와 가장 유사한 것은 주몽 탄생 설화입니다. 주몽은 알에서 태어났으며, 의붓아버지 금와왕으로부터 받은 첫 임무가 말을 키우는 일이었죠. 이 설화는 부여에 기원을 둔 설화로 박혁거세가 부여계임을 추정할 수 있습니다. 또한 위작 논란이 있지만 『환단고기』에 박혁거세가 부여 왕실의 자손이라는 기록이 있다는 것도 박혁거세가 부여계임을 뒷받침합니다. 고구려, 백제가 모두 부여계라는 점도 신라 역시 부여계일 가능성을 높여 줍니다. 만주의 부여계 종족들이 신라를 제외한 고구려, 백제에서만 활동했다고 보는 것보다는 고구려, 백제, 신라의 한반도 전체에서 활동했다고 보는 것이 더 자연스럽습니다.

다음은 석씨의 시조인 석탈해의 탄생 설화를 분석해 보겠습니다. 『삼국유사』에 따르면, 석탈해는 남해 차차웅 때 신라에 나타난 것으로 되어 있습니다. 그러나 남해 차차웅의 재위 기간은 기원 4년에서 24년으로 『삼국유사』 「가락국기」에 석탈해가 김수로와 경쟁하여 패배한 직후 신라로 도주했다고 기록된 44년과 맞지 않습니다. 아마도 석탈해 세력의 일부가 남해 차차웅 시기 신라에 들어가 야철 기술로 기반을 닦기 시작한 것을 설명한 것으로 보입니다. 가야의 패권을 두고 김수로와 벌였던 경쟁에서 진 석탈해 세력이 대거 신라로 들어온 것은 유리 이사금 때라고 보는 것이 옳을 것입니다. 유리 이사금의 재위 기간은 24년에서 57년으로 「가락국기」의 44년 기록과 맞아떨어지고, 석탈해와 유리가 왕위를 두고 벌인 '이빨 개수' 경쟁 역시 두 세력이 신라의 패권을 두고 벌인 갈등을 잘 설명해 주기 때문입니다.

　타밀학회장 김정남은 인도 드라비다어족의 하나인 타밀어 'Sokalingam'이 '대장장이'를 뜻하는 말이며, 타밀어 'Tale'는 '우두머리'를 뜻하는 말이므로 '석탈해'는 '석알린감'의 줄임말인 '석'과 '탈에'가 연결된 말로 그 뜻은 '대장장이의 우두머리'를 뜻한다고 주장했습니다. 또한 석탈해와 왕위를 두고 경쟁하여 왕위에 오른 유리왕부터 '이사금'이란 왕호를 사용한 것도 타밀어 'Nisagum'이 '왕'을 뜻하는 말이라는 점에 착안하여 석탈해가 인도 출신이라는 주장을 제기했습니다. 이러한 견해를 따른다면 석탈해 세력은 인도계였습니다.

계간 신라의 역사
∥ 특집 기획

신라 초기의 앙조 교체
— 박씨, 석씨, 김씨의 교체 과정 —

『특집1』 부여계 박혁거세, 신라를 건국하다
『특집2』 인도계 석탈해, 그의 제철 기술은?
『특집3』 김알지는 투후 김일제와 동일 인물!

다음은 김씨의 시조인 김알지의 탄생 설화를 분석해 보겠습니다. 『삼국유사』에 따르면, 김알지는 황금으로 된 상자에서 태어났기에 성을 김(金)이라고 하였습니다. 탈해 이사금 때 태어나 태자가 되었으나 왕위를 사양하고 파사 이사금에게 양보했습니다. 그리고 7대손인 미추에 이르러서야 김씨가 왕위에 올랐고, 내물 마립간부터는 본격적으로 왕위를 김씨가 세습했습니다. 김씨의 왕위 세습은 사실상 내물 마립간부터 시작된 것입니다. 이것은 김알지가 탈해 이사금 때 태어났다는 이야기를 믿을 수 없게 합니다. 특히 김알지가 태자가 되었지만 왕위를 양보했다는 것은 전혀 믿을 수 없습니다. 김알지가 실제 태자였다면 왕위를 계승하는 것이 당연한데, 왕위에 오르지 못했다는 사실은 분명하기 때문에 김알지가 태자였다는 것도 신빙성이 떨어집니다. 그리고 김씨가 최초로 왕위에 오른 미추 이사금이 김알지의 7대손이라는 사실 역시 김알지가 태자였다는 것을 믿을 수 없게 합니다. 권력에 가장 가까웠던 인물의 후손들이 아주 오랜 시간이 지난 뒤에 왕위에 올랐다고 보기보다는 왕위에 오른 후손이 자신의 시조가 태자였지만 왕위를 양보한 것이라고 미화한 것으로 보는 것이 더 합리적입니다.

김알지와 투후 김일제는 동일 인물이다

문무왕릉비에 새겨진 기록에는 김씨의 선조들에 대한 내용이 남아 있습니다. 그중 가장 핵심이 되는 것이 다음 기록입니다.

우리 신라 선조들의 신령스런 근원은 먼 곳으로부터 계승되어 내려온 화관지후(和關之后)이니 그 바탕을 창성하게 하여 높은 짜임이 바야흐로 융성했다. 밑둥과 가지의 이어짐이 비로소 생겨 영이한 투후(秺侯)는 제천 (祭天)할 아들로 태어났다. 7대를 전하니 15대조 성한왕(星漢王)은 하늘에서 바탕을 내렸고……

위 기록에 따르면 김씨 집안에서 최초로 왕이 된 사람은 성한왕입니다. 그리고 성한왕의 7대 조상이 투후입니다. 앞에서 살펴본 바와 같이 신라에서 최초로 왕위에 오른 김씨는 미추 이사금입니다. 미추 이사금의 7대 조상은 바로 김알지입니다. 완전한 일치를 보이고 있습니다. 또한 투후 김일제는 한 무제 때, 즉 기원전 100년 무렵에 살았던 사람입니다. 문무왕릉비문에 따르면 김일제는 문무왕의 23대조 조상입니다. 문무왕은 626년에 출생했고, 즉 김일제가 살았던 시대와는 700년이 넘는 시차가 있습니다. 700년을 한 세대 30년으로 나누면 23대입니다. 정확히 일치합니다. 그러나 15대조 성한왕을 김알지로 본다면 김알지가 태어난 탈해 이사금 때(재위 57~80)

문무왕릉비 아랫조각 : 신라 신문왕 때 만들어진 비석. 조선 정조 때 발견되었다가 다시 분실되었죠. 1961년 경주에서 비석의 윗조각 1개가 발견되었고, 2009년 다시 경주에서 아랫조각이 발견되었습니다.

와는 500년이 넘는 시차가 있습니다. 500년을 한 세대 30년으로 나누면 17대입니다. 일치하지 않습니다. 문무왕릉비의 기록에 따르면 미추 이사금이 성한왕이고, 김알지는 투후임을 알 수 있습니다. 그런데 투후의 이름은 김일제입니다. 김일제와 김알지. 그 발음 역시 거의 비슷합니다. 모음 한 글자씩만 다를 뿐이죠. 그렇다면 김일제는 누구일까요? 『후한서』 「김일제열전」에는 다음과 같은 기록이 나옵니다.

> 본래 휴도(休屠)에서는 금인(金人)을 만들어 천신에게 제사를 지냈다. 그래서 김씨라는 성을 하사하였다고 한다.

휴도는 흉노족의 하나입니다. 그리고 금인이란 천신에게 제사를 지내기 위해 황금으로 만든 인물상이죠. 김일제의 출신 종족이 금인을 제작할 수 있는 기술이 있었으며, 이를 잘 알았던 한 무제 역시 김씨 성을 하사했던 것입니다. 그렇다면 김일제는 어떻게 한나라에 들어와 투후에까지 오르게 되었을까요? 김일제는 원래 흉노족 휴도왕의 태자였는데 한 무제의 흉노족 정벌 과정에서 한나라 군대에게 생포되어 한나라에 끌려오게 되었습니다. 이후 김일제는 한 무제의 말을 관리하는 직책을 맡아 일을 잘 처리했고, 한 무제의 신임을 얻어 투후(秺侯, 훗날 산동성 지역의 제후)에까지 책봉되었고, 김씨 성을 하사받았던 것이죠.

여기서 우리는 중요한 사실 두 가지를 알 수가 있습니다. 김일제는 황금, 천신 숭배와 관련된 흉노족 출신이며, 한나라에서 '투후'로 책봉되었다는 사실입니다. 이것은 김알지 탄생 설화에서 살펴본 것처럼 황금으로 만든 상자에서 김알지가 태어났다는 이야기와 연결될 수 있습니다. 또한 김일제가 한 무제로부터 '투후'라는 제후로 임명된 것은 김알지가 탈해왕의 태자가 되었지만 왕위를 사양하여 왕이 되지 못한 것과 비슷한 이야기입니다. 김알지 설화가 김일제를 모델로 한 이야기임을 보여 주는 명백한 증거인 것입니다. 문무왕릉비에 기록된 '투후'가 김일제, 즉 김알지이고, 김일제의 7대손 '성한왕'은 김알지의 7대손 미추 이사금이라는 것을 나타내는 또 하나의 증거가 있습니다. 문무왕 이전의 김씨 왕들을 거꾸로 따져 보면 무열왕, 진덕여왕, 선덕여왕, 진평왕, 진지왕, 진흥왕, 법흥왕, 지증왕, 소지왕, 자비왕, 눌지왕, 실성왕, 내물왕, 미추왕으로 모두 14명입니다. 즉 문무왕의 15대조는 미추왕인 것입니다. 문무왕의 실제 15대조 할아버지는 아니지만 왕위를 기준으로 한다면 문무왕릉비에 기록된 15대조 '성한왕'은 미추왕일 수밖에 없는 것이죠.

돌무지덧널무덤 속 금관의 비밀

이를 정리하면 다음과 같습니다. 신라의 김씨 세력은 자신들의 성씨가 시작된 것이 김일제부터라고 생각했습니다. 김일제는 한 무제에게 '투후' 즉, 제후로 임명되었고, 이러한 사실은 김알지가 탈해 이사금의 태자였다는 설화로 나타났습니다. 투후 김일제, 즉 김알지의 7대손 성한왕은 김알지의 7대손 미추 이사금이 됨과 동시에 문무왕의 15대조 성한왕은 문무왕의 15대 위 미추 이사금이 되는 것이죠. 이와 같이 김씨 세력은 자신들의 기원이 흉노족으로부터 시작되었다고 생각했습니다. 그런데 이러한 흉노족과의 관련성을 보여 주는 고고학적 증거들이 있습니다. 내물 마립

돌무지덧널무덤은 나무로 덧널을 만들고, 그 안에 관과 껴묻거리를 넣었습니다. 그리고 냇돌로 나무 덧널을 덮은 다음 그 위에 봉토를 쌓았습니다. 이렇게 견고한 구조 덕분에 도굴이 되지 않았습니다.

돌무지덧널무덤의 구조

간으로부터 시작된 마립간 시대에 만들어진 고분들이 돌무지덧널무덤이라는 사실입니다.

돌무지덧널무덤은 시신이 들어간 관 위에 덧널을 만들고, 그 위에 돌무지를 쌓은 후 다시 흙으로 쌓아 큰 봉분을 만드는 무덤입니다. 이러한 무덤양식은 고구려, 백제에서는 전혀 찾아볼 수 없으며, 신라에서도 오로지 마립간 시대에만 만들어졌습니다. 그런데 이러한 양식을 사용했던 민족이 흉노족입니다. 흉노족은 기마민족이면서 금세공 기술이 발달하여 돌무지덧널무덤 속에 많은 기마 제품들과 금 제품들을 부장품으로 남겼습니다. 마찬가지로 신라는 황금의 나라라고 할 만큼 금관을 비롯한 많은 금 제품들과 기마 제품들을 남겼는데, 이들은 모두 마립간 시대에 돌무지덧널무덤에서 발견되었습니다.

천마도 : 경주 천마총에서 발굴되었죠.

또한 돌무지덧널무덤의 주인공들은 마립간인데, '마립간'이라는 칭호 역시 흉노족, 몽골족 등이 사용한 왕호인 '칸'과 같은 말입니다. '마립'은 머리, 즉 우두머리를 뜻하고, 간은 '칸'입니다. '마립간'은 '우두머리 칸'이라는 뜻이죠. 타밀학회장 김정남은 신라의 첫 국호인 '서라벌'을 다음과 같이 설명했습니다. 고대 타밀어 'Sona'가 황금을 뜻하고, 'Pol'은 벌판을 뜻하므로 '서라벌'은 '황금벌판'을 뜻한다는 주장이죠. '서라벌'은 국호이면서 현재 경주를 뜻하기도 했는데, 신라 당시에는 금성(金城)이라고 하였죠. 즉 '황금의 도시'란 뜻입니다. 이것은 석탈해로 대표되는 인도계 석씨 세력이 쓰던 말이 '서라벌'이었고, 김알지로 대표되는 김씨 세력이 그 뜻을 풀어 자신들의 성씨와 황금을 상징하는 한자 '金'을 따서 '금성'이라는 이름을 붙인 것으로 볼 수 있습니다.

신라 금관

　지금까지 살펴본 바와 같이 신라는 부여계 박씨 왕조에 의해 나라가
세워졌고, 인도계 석씨 왕조로 왕위가 이어지다가 흉노계 김씨 왕조로 지
배 세력이 바뀌어 중앙 집권 국가로 성장하기 시작했습니다. 현재 박, 석,
김의 세 성씨가 교대로 왕위에 올랐다고 생각한다면 그 기간은 400년이
넘는 엄청나게 긴 시간입니다. 연맹왕국의 형태도 아닌 이러한 정치 체제
가 이렇게 오랫동안 이어졌다고 보는 것은 오히려 부자연스럽습니다. 이
제부터라도 학계에서는 비정상적인 학설을 벗어나 신라에 여러 루트로
유입된 다양한 유이민 세력 간의 경쟁과 왕조 교체 과정으로 이해하여 신
라 초기 역사에 대한 연구를 진행해 나가야 할 것입니다.

선덕여왕은 여자라서 괴로웠다

- 여왕 콤플렉스에 시달린 선덕여왕의 슬픔

성골 남자가 없었기 때문에 왕이 된 선덕여왕

선덕여왕은 우리 민족 최초의 여왕입니다. 잘 알려져 있는 것처럼 여왕은 선덕여왕, 진덕여왕, 진성여왕 세 명뿐입니다. 그것도 신라에서만 있었죠. 이것은 우리 민족만의 일은 아니어서 다른 나라들도 여왕이 즉위한 경우는 그리 많지 않습니다. 심지어 현대 세계에도 여성이 대통령이 되거나 총리가 되면 큰 뉴스로 보도될 정도니까요. 사정이 이러했기 때문에 최초의 여왕이었던 선덕여왕의 즉위 과정, 통치 과정, 그리고 죽음을 맞이하는 과정은 '여왕 흔들기'의 연속이었습니다. 특히 비담의 난 와중에 선덕여왕이 사망한 배경에는 당나라가 개입되어 있었다고 의심됩니다. 당시 선덕여왕의 반대 세력과 결탁한 당나라에 의해 비담의 난이 발생한 정황이 있기 때문이죠.

먼저 덕만공주(선덕여왕)가 즉위하는 과정을 통해 여왕 즉위가 그리 쉽지만은 않았음을 살펴보겠습니다. 이를 잘 보여 주는 말이 '성골남진(聖骨男盡)'입니다. 『삼국유사』에서는 선덕여왕이 즉위하게 된 이유를 "성골 남자가 없었기 때문에 여왕이 세워졌다"고 기록하고 있습니다. 물론 위작 논란 중인 필사본 『화랑세기』에는 배다른 남동생(선덕여왕의 어머니 마야왕후가 죽고 새 왕후가 된 승만왕후가 낳은 아들)이 있었습니다. 그리고 그 남동생마저 갑작스럽게 사망합니다. 어쨌든 선덕여왕 즉위 당시 성골인 남자는 한 명도 없었던 것이 분명합니다. 성골 남자가 없었기 때문에 덕만공주가 즉위했다는 말은 성골 남자가 있었다면 덕만공주는 즉위할 수 없었다는 말과 같습니다. 그렇다면 도대체 성골은 어떠한 신분이었을까요?

성골은 골품제의 가장 높은 신분으로 성골만이 왕이 될 수 있었습니다. 그렇다면 골품제는 언제부터 체계화되었을까요? 대개 법흥왕 때부터라고 추정합니다. 법흥왕은 이차돈의 순교를 계기로 불교를 공인한 왕으로도 유명합니다. 그래서 법(불교)을 흥하게 만든 왕이라는 이름을 얻기도 하였죠. 불교는 왕권 강화를 사상적으로 뒷받침하는 종교였고 그래서 삼국의 왕실은 불교 수입과 공인에 앞장섰습니다. 법흥왕의 뒤를 이은 진흥왕은 자신이 전륜성왕임을 내세우기 시작했습니다. 자신의 아들들 이름을 동륜, 금륜이라고 지은 이유도 전륜성왕의 의미와 연결된 것입니다. 진흥왕의 뒤를 이어 금륜이 즉위하여 진지왕이 되었지만 3년 만에 쫓겨나고, 동륜의 아들 백정이 즉위하여 진평왕이 되었습니다. 백정은 석가모니의 아버지 이름이고, 진평왕의 왕비는 마야왕후로 석가모니의 어머니 이름이죠. 또한 진평왕의 동생들은 백반, 국반으로 석가모니의 삼촌들 이름과 같습니다. 진평왕과 마야왕후 사이에 아들이 태어났다면 그 이름은 석가모니가 되었을 것이 분명합니다.

이와 같이 성골이란 불교를 이용한 왕권 강화와 관련하여 나타난 개념입니다. 석가모니 집안인 백정, 백반, 국반의 후손들만이 왕위를 계승할 수 있는 성골이란 것이죠. 그런데 석가모니는 태어나지 않았고, 즉 성골 남자가 없으니 성

등급	관등명	진골	6두품	5두품	4두품	공복
1	이벌찬					자색
2	이찬					
3	잡찬					
4	파진찬					
5	대아찬					
6	아찬					비색
7	일길찬					
8	사찬					
9	급벌찬					
10	대나마					청색
11	나마					
12	대사					황색
13	사지					
14	길사					
15	대오					
16	소오					
17	조위					
등급	관등명	진골	6두품	5두품	4두품	공복

골품과 관등표

골 여자인 덕만공주가 선덕여왕이 되었고, 승만공주(백반의 딸로 선덕여왕의 사촌동생)가 진덕여왕이 된 것입니다. 성골의 개념을 이렇게 본다면 그 범위는 처음부터 너무 제한적이었습니다. 왕이 될 수 있는 사람이 소수일 수밖에 없었던 것이죠.

전륜성왕으로 자처한 진흥왕의 아들로서 왕위에까지 올랐던 진지왕의 아들로 용수와 용춘이 있었습니다. 『삼국사기』에는 김춘추가 '용춘의 아들'이라고 기록하고, "일설에는 용수의 아들"이라고 주석을 달았습니다. 『삼국유사』에는 "용춘을 용수라고도 한다"고 되어 있죠. 『삼국사기』는 김춘추가 용춘의 아들일 수도 있고 용수의 아들일 수도 있다는 입장이

며, 『삼국유사』는 용춘과 용수를 동일 인물로 보는 입장입니다. 『삼국사기』에 따라 용춘과 용수가 서로 다른 인물이었다고 하더라도 김춘추의 할아버지가 진지왕이라는 사실은 바뀌지 않습니다. 김춘추 역시 성골이라고 주장할 여지가 있었던 것이죠. 특히 김춘추의 어머니는 덕만공주와 자매 사이인 천명공주였습니다. 한마디로 김춘추는 성골이 아니었지만 성골에 가장 가까운 진골이었던 것입니다.

덕만공주가 즉위할 당시 성골 남자가 없다는 것을 강조하면서 여왕이 즉위할 수밖에 없음을 설명했다는 것은 당시 여왕 즉위에 대한 반발이 상당했음을 반증합니다. 이러한 반발의 대표적 사건이 『삼국사기』에 기록된 '칠숙의 난'입니다. 선덕여왕 즉위 1년 전인 진평왕 53년에 "이찬 칠숙이 아찬 석품과 함께 반역을 꾀했지만, 왕이 이를 알아차리고, 칠숙을 잡아 동시(東市)에서 목을 베었다"는 기록이 있습니다. 이는 칠숙과 석품으로 대표되는 여왕 즉위 반대 세력이 있었음을 드러내는 사례입니다. 덕만공주가 최초의 여왕이 되는 과정이 순탄한 길이 아니었음을 잘 알 수 있습니다.

선덕여왕의 통치 기간은 고난의 연속

632년 선덕여왕은 드디어 최초의 여왕으로 즉위했습니다. 선덕여왕이 언제 태어났는지 기록이 없기 때문에 선덕여왕이 즉위했을 때의 나이는 출생 연도가 정확한 다른 인물들의 나이로 추정할 수밖에 없죠. 먼저 선덕여왕의 조카였던 김춘추는 603년에 태어났습니다. 632년 김춘추는

30세였고, 김춘추의 어머니는 선덕여왕의 여동생(『삼국사기』에 덕만공주가 장녀였다는 기록을 따릅니다) 천명공주였습니다. 천명공주가 김춘추를 낳은 나이는 최소한 15세는 되었을 것입니다. 선덕여왕과 천명공주가 나이가 한 살 차이였더라도 632년 선덕여왕은 46세 이상이었을 것입니다. 이는 최소한의 나이를 추정한 것이고 실제로는 50세 전후였음이 분명합니다. 당시에는 평균수명이 짧았기 때문에 선덕여왕의 재위 기간은 그리 길지 않을 것이란 예측이 충분히 가능했을 것입니다. 또한 즉위 당시 선덕여왕은 자녀가 없었고, 자녀를 출산할 가능성도 없었기 때문에 후계자 또한 없었죠. 선덕여왕은 처음부터 악조건으로 통치 기간이 시작된 것입니다.

『삼국사기』의 기록을 살펴보면 이러한 선덕여왕의 어려움을 잘 알 수가 있습니다. 선덕여왕이 즉위한 해에 가뭄이 들어 가난한 백성들이 늘어나자 곡식을 풀어 구제했습니다. 그 다음 해가 시작되자마자 죄수들에 대한 대사면을 내리고, 여러 지방의 세금을 1년간 면제해 주었습니다. 그 해 2월 서울인 금성(경주)에는 지진이 일어났고, 8월에는 백제의 공격이 있었습니다. 선덕여왕 3년이 시작되자마자 우박이 떨어졌습니다. 더군다나 선덕여왕 5년에는 "여왕이 편치 못하여 의약과 기도도 효과가 없었다"는 기록이 나옵니다. 두 달 뒤에는 그 유명한 백제군의 여근곡 침투 사건이 발생하였죠.

이와 같이 선덕여왕 통치 기간의 5년 동안은 가뭄, 지진, 우박 등 천재지변이 계속 발생하고, 왕권의 지지 기반인 백성들의 몰락을 막기 위해 구휼, 면세, 사면 등의 방법으로 당장 급한 불을 끄는데 정신이 없었습니다. 정신없이 힘든 시기를 보냈기 때문인지 즉위 5년 만에 선덕여왕은 의약과

기도도 효과가 없을 정도의 불치병에 걸리는 상황에 이르렀습니다. 선덕여왕은 50대 중반에 불치병까지 걸림으로써 레임덕에 빠지고 만 것입니다. 이러한 상황에 백제군의 여근곡 침투 사건은 비록 진압했다 하더라도 서울인 금성에서 10킬로미터 정도밖에 떨어지지 않은 곳까지 적군이 침투했던 사건으로 신라 사회에 큰 충격을 주었을 것이 분명합니다. 선덕여왕 11년(642)에는 백제의 대규모 공격을 받아 40여 성을 빼앗기는 큰 타격을 받았고, 바로 이어 난공불락의 요새였던 대야성이 함락되면서 신라는 서울인 금성(경주)을 위협당하는 위기에 처했습니다. 게다가 643년 선덕여왕은 당나라에 사신을 보내 구원을 요청했지만 실패했습니다. 오히려 당 태종은 "여왕 때문에 다른 나라들이 우습게 본다"면서 신라를 비웃었습니다.

비담의 난과 선덕여왕의 죽음

이제 선덕여왕의 죽음과 연결되어 발생한 '비담의 난'에 대해 살펴봅시다. 먼저 『삼국사기』의 기록들을 봅시다.

(선덕여왕)16년 봄 정월, 비담과 염종 등이 여왕이 정치를 잘못한다는 구실로 군사를 동원하여 반역을 도모했으나 성공하지 못했다. 8일 왕이 별세하였다. 시호를 선덕이라 하고 낭산에 장사 지냈다.
(진덕여왕)원년 정월 17일에 비담을 목 베어 죽였는데, 이에 연루되어 죽은 이가 30명이었다.

위의 기록들을 살펴보면 비담은 647년 1월 반란을 일으켰습니다. 그런데 『삼국사기』「김유신전」에는 비담의 난이 10일 동안 계속되다가 가까스로 진압한 것으로 나옵니다. 비담이 처형된 날이 1월 17일이니까 비담이 난을 일으킨 것은 1월 8일이죠. 비담이 난을 일으킨 것과 동시에 선덕여왕이 사망한 것입니다. 이것은 세 가지 해석이 가능합니다. 첫째는 비담이 선덕여왕을 시해하고 반란을 일으켰을 가능성, 둘째는 선덕여왕이 병사하자마자 후계 갈등 속에 비담이 반란을 일으켰을 가능성, 그리고 셋째는 비담이 선덕여왕을 시해하려 했지만 큰 부상을 당하고 아직 사망하지 않았을 가능성입니다. 과연 어느 가능성이 더 클까요?

『삼국사기』의 기록에는 비담의 난이 먼저 발생했고, 선덕여왕이 사망한 것으로 되어 있습니다. 비담은 '여왕이 정치를 잘못한다'는 구실로

선덕여왕릉 : 경북 경주 소재.

반란을 일으켰습니다. 비담은 선덕여왕이 정치를 잘못한다는 명분을 내세워 선덕여왕을 시해하고 반란을 일으켜 왕이 되려 했다고 보는 것이 가장 합리적인 해석일 것입니다. 그러나 비담이 난을 일으킨 시점이 불명확하고 10일 동안 반란을 일으켰다는 기록은 선덕여왕의 사망 시점을 비담 세력이 몰랐을 가능성을 드러내기도 합니다.

'여왕이 정치를 잘못한다'는 말은 앞에 나온 당 태종의 '여왕 때문에 다른 나라들이 우습게 본다'는 말과 같은 뜻입니다. 여기서 우리는 비담이 어떤 세력이었을까 살펴봐야 합니다. 비담은 645년 11월에 상대등이 되었습니다. 상대등은 잘 알려져 있다시피 귀족 세력의 대표 역할을 하며 총리 역할을 맡았던 자리입니다. 그런데 비담이 상대등이 되기 6개월 전 645년 5월 당 태종이 고구려를 침공했습니다. 안시성 싸움으로 잘 알려져 있는 전쟁이 바로 이 사건입니다. 이때 신라는 3만이라는 대규모 파병을 하여 당나라를 도왔습니다. 무리한 파병으로 국방력의 공백이 생기자 백제의 공격을 받아 일곱 성을 빼앗기는 손해까지 입었습니다. 게다가 당나라는 안시성 싸움의 패배 이후 연개소문의 반격으로 큰 위기를 겪기도 했습니다. 파병 실패로 선덕여왕은 극도의 레임덕 상태에 빠진 것으로 보입니다. 그리고 귀족 세력은 이를 이용하여 비담을 내세워 상대등 자리를 확보한 것으로 추정할 수 있습니다.

선덕여왕은 이미 60대 중반으로 불치병까지 걸려 신체적으로나 정치적으로 레임덕 상태에 빠져 있었습니다. 당연히 후계 문제를 둘러싼 권력 투쟁이 일어났을 것입니다. 군사력을 확보하고 있던 김유신과 처남매부 사이로 결탁된 김춘추가 사실상 성골임을 내세워 후계자가 될 것은 기정사실이었습니다. 이에 반대하는 귀족들의 대표였던 상대등 비담은 자신이 후계자가 되기 위해 당나라를 등에 업었습니다. '여왕이 정치를 잘못한다'는 당나라의 논리를 앞세운 것이죠. 비담의 난 초기에는 당나라를 등에 업은 비담의 군대가 승세를 잡은 것으로 보입니다. 특히 『삼국사기』「김유신전」에 양쪽의 공방전 와중에 큰 별이 월성에 떨어지는 일이 발생했다고 기록되었는데, 이것은 선덕여왕이 사망했음을 드러내는 상징으로 보입니다. 이 사건으로 비담 군대는 사기가 높아지고, 김유신 군대는 사기가 떨어졌습니다.

이를 해결하기 위한 김유신의 계책이 연에 불을 붙여 하늘로 띄우는 쇼였습니다. 별이 하늘로 다시 올라갔다는 소문이 퍼지면서 전세가 뒤바뀌어 김유신 군대가 비담의 군대를 진압할 수 있었다는 이야기입니다. 솔직히 이것은 신빙성이 떨어지는 이야기입니다. 이런 어설픈 마술쇼에 과연 군사들의 사기가 오르락내리락했다는 허무맹랑한 이야기가 과연 가능할까요? 별이 떨어졌다는 것이 선덕여왕의 사망을 뜻한다면 별이 다시 하늘로 올라갔다는 것은 선덕여왕이 살아 있음을 의미합니다. 선덕여왕이 살아 있다는 소문이 나도록 김유신이 했던 진짜 쇼는 진덕여왕을 즉위시켜 선덕여왕이 살아 있는 것처럼 연출한 것입니다. 또한 진덕여왕의 즉위는 정치적으로도 비담과 그 뒤에 버티고 있던 당나라의 '여왕이 정치를 잘못한다'는 논리를 깨버리는 결정적인 반격이었습니다. 성골만이 왕이 될 수 있다는 원칙을 재확인함으로써 김유신과 김춘추에 대한 경계심을 약화시키고, 비담 세력이 내세운 당나라의 '여왕이 정치를 잘못한다'는 논리가 신라의 정체성을 위협하는 위험한 논리임을 강조한 것이죠.

지금까지 살펴본 바와 같이 선덕여왕은 즉위 과정에서 여자라는 이

김유신묘 : 신라 경주 소재.

유로 반대하는 비토 세력을 극복해야 했고, 통치 과정에서도 백제의 침공, 당나라의 여왕 흔들기 등으로 어려움을 겪었으며, 사망 과정 역시 당나라의 여왕 흔들기에 동조하는 비담 세력에 의해 죽음을 맞이했습니다. 선덕여왕 이전에 여성이 왕이 된 적은 없었습니다. 그만큼 그녀는 왕이 되기도 어려웠습니다. 막상 여왕이 되었을 때 많은 반대 세력과 주변 나라들의 침략, 그리고 당나라의 흔들기 등으로 레임덕에 빠지는 괴로움을 겪었습니다. 사망 과정에서도 여왕이라는 이유로 반란을 일으킨 비담 때문에 급작스러운 죽음을 맞이했습니다. 이렇게 선덕여왕은 최초의 여왕으로 역사 속에 명예로운 이름을 남겼지만, 그녀 자신의 인생은 여자라서 괴로웠을 것으로 짐작됩니다.

당나라의 선덕여왕 흔들기

■ 선덕여왕은 당나라 때문에 '여왕 콤플렉스'가 있었다

선덕여왕이 모란꽃 그림에 열 받은 이유

> 왕(선덕여왕)이 대답하기를, "꽃을 그렸는데 나비가 없으니 향기가 없
> 는 것을 알 수 있었고, 이는 당나라의 임금이 나의 배우자가 없음을 희롱
> 한 것이다."

이것은 『삼국유사』에 나오는 기록입니다. 당나라에서 모란꽃 그림
과 모란꽃씨 석 되를 선물로 보내왔는데, 선덕여왕은 그 꽃에 향기가 없
을 것이라고 예언했습니다. 실제 꽃을 재배했더니 꽃향기가 나지 않았습
니다. 후에 신하들이 이를 어떻게 알았는가 물었더니 위의 기록과 같이
대답했던 것이죠. 모란꽃은 선덕여왕을 상징하고, 나비가 없음은 선덕여
왕의 배우자가 없음을 상징한다는 해석이었습니다. 실제 선덕여왕에게

는 남편이 있었습니다. 다음은 이를 나타내는 『삼국유사』「왕력 편」의 기록입니다.

왕(선덕여왕)의 배필은 음갈문왕(飮葛文王)이었다.

갈문왕은 왕족의 칭호입니다. 그런데 '음(飮)'은 '반(飯)'과 혼동하기 쉬운 글자이므로 진평왕의 동생이자 선덕여왕의 삼촌들인 백반(伯飯)이나 국반(國飯)을 뜻한다는 설이 제기되었습니다. 중요한 것은 선덕여왕의 남편이 있었다는 사실입니다. 만약 당 태종이 선덕여왕을 '향기가 없는 모란꽃'이라고 조롱했다면, 선덕여왕이 배우자가 있었음에도 불구하고 아이를 낳지 못했다는 사실을 비꼬았던 것이죠. 이는 사실일 수도 아닐 수도 있지만, 선덕여왕 스스로가 이 사건에 대해 엄청난 모욕으로 느꼈다는 것이 문제입니다.

이 이야기에 대해 일부에서는 '동양화 읽는 법'을 제시하여 선덕여왕이 모란꽃 그림에 대해 오해했다고 주장하는 경우도 있습니다. 모란꽃과 나비를 함께 그리는 것은 60~80세 정도만 살라는 뜻이므로 보통은 80~90세 정도까지 장수하라는 뜻의 고양이 그림까지 넣어 모란꽃, 나비, 고양이를 함께 그리는 것이 일반적이라는 것입니다. 하지만 여기서 중요한 것은 당 태종이 모란꽃 그림과 함께 모란꽃씨까지 석 되나 보내왔다는 것이고, 그 씨를 실제로 심어 보았더니 향기가 없는 꽃이 피었다는 것입니다. 당시 당나라에 꽃향기를 없애는 유전자 조작 기술이 있었다면 몰라도 이는 사실이 아니란 반증입니다. 이 이야기의 핵심은 선덕여왕이 모란꽃 그림을 왜 그렇게 해석할 수밖에 없었는가라는 점입니다.

선덕여왕이 분황사, 첨성대를 건설한 이유

당 태종의 '향기 없는 모란꽃'이라는 비아냥에 선덕여왕의 대응은 분황사였습니다. 분황사(芬皇寺)는 향기로울 분(芬), 황제 황(皇), 즉 '향기로운 황제의 절'이라는 뜻입니다. '향기로운 황제'는 누구일까요? 맞습니다. 바로 선덕여왕입니다. 선덕여왕은 분황사를 건립하면서 '인평'이라는 연호를 사용하기 시작합니다. 연호는 황제만이 사용합니다. 선덕여왕은 자신이 황제임을 분황사를 세움으로써 선포한 것입니다. 이 절은 현재 분황사 탑(돌을 벽돌모양으로 다듬어서 쌓은 탑이라고 하여 모전석탑이라고 하죠)만이 남아 있는데, 1915년 이 탑 안에서 사리함이 발견되었습니다. 이 사리함 안에서 여러 유물이 발견되었는데, 그중에는 금바늘, 은바늘, 바늘통, 실패, 가위 등이 있었습니다. 금바늘, 은바늘 같은 비싼 바느질 도구를 사용할 수 있는 사람은 과연 누구였을까요? 선덕여왕이 실제 바느질을 하지는 않았겠지만 이 바느질 도구가 선덕여왕의 것임은 분명하다고 생각됩니다. 선덕여왕은 이 바느질 도구를 탑 안에 넣도록 하고, 분황사라는 이름을 지으면서 어떤 생각을 했을까요? 아마도 '나는 향기로운 여황제'라고 생각했을 것입니다. 당 태종이 자신을 '향기 없는 모란꽃'이라고 비웃었다고 여겨 맞대응한 것이 '향기로운 황제의 절' 분황사였던 것이죠.

선덕여왕의 '여왕 콤플렉스'를 보여 주는 또 하나가 첨성대입니다. 첨성대(瞻星臺)는 볼 첨(瞻), 별 성(星), 즉 '별을 보는 곳'이라는 뜻입니다. 첨성대는 이름 그대로 하늘의 별을 보며 천문을 관측하는 천문대였습니다. 첨성대는 단순히 천문대로만 만들어진 것은 아니었습니다. 현재 남

분황사 모전석탑 : **경북 경주 소재.**

아 있는 고려 시대, 조선 시대의 천문대는 사각형 모양입니다. 단순히 천문대로만 사용하려 했다면 사각형이나 피라미드형이 더 안정적일 텐데 첨성대는 원통형입니다. 이에 대해 첨성대가 선덕여왕을 상징하는 건축물이었다는 설이 제기되어 왔습니다. 여성의 둥근 곡선미를 강조해 만들어졌다는 주장이죠.

또한 첨성대는 우물을 상징하기도 합니다. 첨성대의 꼭대기는 우물 정(井) 자 모양의 정자석으로 만들어졌습니다. 신라에서 우물은 매우 중요한 상징입니다. 박혁거세 탄생 설화에는 나정(蘿井)이라는 우물이 나옵니다. 나정 옆에 있던 백마가 하늘로 날아오르고 남겨진 알에서 박혁거세가 태어났습니다. 우물은 땅과 하늘을 이어 주는 통로의 상징입니다. 첨성대 역시 하늘의 뜻을 계시 받는, 그래서 땅과 하늘을 연결시켜 주는 우물이었던 것입니다. 선덕여왕에게는 '여왕 콤플렉스'가 있었습니다. 이러한 콤플렉스를 자극한 주요 세력 뒤에는 당 태종이 있었죠. 황제는 천자(天子), 즉 하늘의 아들이었습니다. 그래서 천문을 관측하는 것은 황제의 특권이기도 했습니다. 선덕여왕이 여왕을 상징하는 첨성대를 세운 이유도 당 태종이 자극한 여왕 콤플렉스를 극복하기 위해서였던 것입니다. 한마디로 자신이 당 태종과 동등

한 '여황제'임을 내세우기 위해 첨성대를 건립한 것입니다. 그렇다면 선
덕여왕은 왜 여왕 콤플렉스를 갖게 되었던 것일까요?

첨성대 : 경북 경주 소재.

선덕여왕을 조롱한 당 태종

그 이유는 다음과 같습니다. 선덕여왕 11년(642) 백제의 공격으로 40여 성을 빼앗기고, 대야성까지 함락되는 등 국가적 위기를 당하자 다급해진 선덕여왕은 643년 당나라에 사신을 보내 구원을 요청합니다. 신라의 기대와 다르게, 당 태종은 사신에게 다음과 같이 말합니다.

내가 변방의 군사를 조금 내어, 거란, 말갈과 함께 곧장 요동을 치면, 너희 나라에 대한 포위는 자연스럽게 풀릴 것이다. 1년 동안은 포위 상태를 완화시킬 수 있을 것이다. 그러나 이 이후에 군사를 계속하여 보내지 않을 것을 그들이 알면 도리어 함부로 침략할 것이다. 이리 되면 4국(당과 삼국)이 모두 소란해지고 너희 나라도 편하지 못할 것이다. 이것이 첫째 계책이다. 내가 또한 붉은 옷과 붉은 기 수천 벌을 줄 테니, 두 나라 군사가 올 때 이것을 세우고 진지를 구축하면 그것을 본 자들은 이를 우리나라(당) 군대로 여기고 반드시 모두 도주할 것이다. 이것이 둘째 계책이다. (중략) 너희 나라는 여자를 임금으로 삼았기 때문에 이웃 나라로부터 경멸을 당하고 있는 것이다. 주인을 잃은 채 도적이 들끓고 있으니 편안한 시절이 없다. 내가 황실의 종친 한 명을 보내 너희 나라의 임금으로 삼겠다. 그러나 그가 혼자 임금 노릇을 할 수는 없으므로 당연히 군사를 보내 보호하다가 너희 나라가 안정되기를 기다려 너희 스스로 나라를 지키도록 맡길 것이다. 이것이 세 번째 계책이다. 너는 장차 어느 계책을 따르겠는지 잘 생각하여 보아라.

이와 같이 당 태종은 구원을 요청하러 온 사신에게 농담 같은 말을 하며 신라를 비웃었습니다. 첫 번째 계책은 소규모의 당나라 군대를 동원하여 요동을 쳐서 고구려와 백제에게 겁을 주면 일단 신라에 대한 압박은 약해질 것이나 계속 당나라 군대를 동원하지 않을 것을 고구려와 백제가 알게 되면 오히려 긁어 부스럼이 되리란 말입니다. 이 계책은 선택하지 말란 소리죠. 두 번째 계책은 당나라 군대가 사용하는 붉은 군복과 깃발을 줄 테니 신라군이 이를 사용하여 당나라군으로 위장하면 고구려와 백제가 겁을 먹고 도망가리라는 황당한 농담이죠. 세 번째 계책은 당 태종이 신라를 비웃으며 말한 결론입니다. 신라는 여자가 왕이기 때문에 업신여김을 당하는 것이 당연하다는 것이죠. 당 태종의 친척 한 명을 보내 신라의 왕으로 삼고, 당나라 군대를 보내어 보호하면서 신라가 안정되면 다시 신라인들에게 임금 자리를 돌려주겠다는 사실상 신라의 보호국화를 말합니다. 선덕여왕 스스로 물러나라는 것이었습니다. 결국 당 태종은 이렇게 말도 안 되는 대책 세 가지를 말하고, 이 중에 선택하라고 비아냥거린 것이죠.

당 태종은 왜 이렇게 선덕여왕을 흔들어 댔던 것일까요? 그 해답의 실마리는 『삼국유사』에 있습니다. 황룡사 9층탑을 지을 것을 건의한 자장 법사는 당나라에서 유학하던 중 신인(神人)을 만났는데, 그 신인은 다음과 같이 말하였습니다.

지금 그대의 나라는 여자가 왕위에 있으니 덕은 있지만 위엄이 없소. 그렇기 때문에 이웃 나라에서 침략을 도모하는 것이니 그대는 속히 고국으로 돌아가시오.

지식검색

질문

당 태종은 선덕여왕의 구원 요청에 어떤 해결책을 제시하였나요?

답변

ID: 갑 – 소규모의 당나라 군대를 동원하여 고구려와 백제에게 겁을 주면 일단 신라에 대한 압박은 약해질 것이나 계속 당나라 군대를 동원하지 않을 것을 고구려와 백제가 알게 되면 오히려 긁어 부스럼이 될 것이라고 하였죠.

ID: 을 – 당나라 군대가 사용하는 붉은 군복과 깃발을 줄 테니 신라군이 이를 사용하여 당나라군으로 위장하면 고구려와 백제가 겁을 먹고 도망갈 것이라 고 하였죠.

ID: 병 – 신라는 여자가 왕이기 때문에 업신여김을 당하므로 당 태종의 친척 한 명을 보내 신라의 왕으로 삼겠다고 하였죠.

당나라의 신인은 걱정도 팔자네요. 남의 나라 왕이 여자라서 이웃 나라들이 우습게 보고 침략하는 것이라고 걱정인지 비웃음인지 모를 충고를 하고 있습니다. 어쨌든 이에 대한 해결책을 자장법사가 물었고, 그 해결책이 황룡사 9층탑이었다는 이야기입니다. 그런데 자장법사가 신라에 귀국하기 전 만난 사람이 또 하나 있는데, 바로 당 태종이었습니다. 그것도 당 태종이 사신을 통해 선덕여왕에게 모욕을 주었던 643년입니다. 다음은 『삼국유사』에 실린 관련 기록입니다.

정관 17년(643) 계묘 16일에 자장법사는 당나라 황제가 준 불경, 불상, 가사, 폐백 등을 가지고 본국으로 돌아와서 탑을 세울 것을 임금에게 건의하였다.

자장법사가 당 태종을 만나 불경, 불상, 가사, 폐백 등을 선물로 받아 신라에 귀국했다는데 당 태종은 자장법사에게 선물만 주고 아무 말도 하지 않았을까요? 당 태종은 이미 사신에게 신라는 여왕 때문에 안 된다고 말할 정도로 선덕여왕 흔들기에 나섰던 사람입니다. 당연히 자장법사에게도 신라를 이웃 나라들이 우습게 보는 것은 여왕 탓이라고 말했을 것이 뻔합니다. 어쩌면 당나라의 '신인(神人)'은 당 태종 본인이거나 당 태종의 메신저 역할을 한 고위 관리일지도 모릅니다.

황룡사 복원 모형 : 국립경주박물관 소재.

이렇게 당 태종의 밀명을 받은 자장법사는 신라에 귀국하여 당 태종의 말을 전했을 것입니다. 그리고 황룡사 9층탑 건설이라는 자신의 목적을 달성했습니다. 그러나 자장법사까지 가세한 선덕여왕 흔들기는 선덕여왕의 레임덕을 더욱 가속화시켰고, 이를 극복하기 위해 황룡사 9층탑을 세웠지만 별 효과는 없었습니다. 오히려 당나라의 지원을 받은 비담이 상대등의 자리에 오르고, 결국엔 '비담의 난'이 발생하여 그 과정에서 선덕여왕은 사망하기에 이른 것입니다.

　　이와 같이 선덕여왕의 '여왕 콤플렉스' 뒤에는 당나라가 있었습니다. 당나라는 선덕여왕을 끊임없이 흔들었고, 선덕여왕은 이를 극복하기 위하여 분황사, 첨성대, 황룡사 9층탑 등을 건설했습니다. 선덕여왕은 정면 대응을 선택하지 않고, 절, 탑, 천문대 등의 상징물을 건설하는 것으로 문제를 회피하는 실수를 저질렀습니다. 오히려 당나라의 '여왕 흔들기'에 굴복하여 당나라의 고구려 침략 전쟁에 3만의 군사를 파병하고, 이를 틈탄 백제의 기습을 받아 영토를 상실하는 패착을 만들기도 했습니다. 이러한 소극적 대응은 결국 비담으로 대표되는 여왕 반대 세력에게 빌미를 주었고, 그 반란의 와중에 선덕여왕 자신이 사망했던 것입니다. 결론적으로 선덕여왕은 최초의 여왕이란 역사적 명예는 얻었지만, 신라는 선덕여왕의 소극적 대응책으로 인해 국가적 위기를 당했습니다. 당나라가 여왕 흔들기를 통해 자국의 이익을 챙기려고 했던 것이 원인이었지만, 선덕여왕 역시 위기를 초래한 책임으로부터 자유로울 수는 없을 것입니다.

필사본 『화랑세기』 속 문란한 성 풍속의 비밀

▪ 신라인들이 근친혼과 성에 개방적이었던 이유

필사본 『화랑세기』는 위작일까?

드라마 「선덕여왕」은 사실상 '미실'이란 인물을 중심으로 만들어졌습니다. '미실'을 연기했던 여자 배우는 그해의 방송사 연기대상을 수상하였죠. 그런데 '미실'이란 인물은 『삼국사기』, 『삼국유사』를 비롯한 어떤 역사서에도 나오지 않습니다. 유일하게 나오는 책이 필사본 『화랑세기』입니다. 이 책은 현재까지도 위작 논란이 계속되고 있습니다. 원본 『화랑세기』가 발견되지 않았기 때문입니다. 그렇다면 『화랑세기』란 어떤 책일까요? 먼저 다음 기록을 봅시다.

김대문은 본래 신라의 귀족 자제로서 성덕왕 3년 한산주도독이 되었다. 그가 전기 몇 권을 지었는데 그중 『고승전』, 『화랑세기』, 『악본』, 『한

산기』 등은 지금까지 보존되어 있다.

    이것은 『삼국사기』에 나오는 내용으로, 『삼국사기』가 편찬될 당시만 해도 『화랑세기』가 남아 있었음을 보여 줍니다. 『화랑세기』는 통일신라 시대 김대문이 쓴 화랑들의 전기입니다. 그런데 원본 『화랑세기』를 박창화가 필사했다고 하는 이른바 '필사본 『화랑세기』'가 1989년 나타났습니다. 이때 발견된 『화랑세기』는 32쪽의 발췌본이었는데 1995년 다시 162쪽의 필사본 『화랑세기』가 공개되었습니다. 발췌본은 『화랑세기』의 서문, 1세 풍월주 위화랑부터 15세 풍월주 김유신 첫 면까지의 내용이고, 필사본 『화랑세기』는 4세 풍월주 이화랑의 뒷부분부터 32세 풍월주 신공까지의 내용과 마지막 162쪽은 발문으로 되어 있습니다. 필사본 『화랑세기』는 발췌본과 필사본을 합친 것으로 이해하면 됩니다.

    필사본 『화랑세기』를 직접 필사한 사람으로 알려진 박창화는 1934년부터 1945년 10월까지 일본 궁내성 도서과(현재 궁내청 서릉부)에서 고문서 정리 업무를 하던 촉탁(특별계약직)으로 근무했습니다. 실제로도 필사본 『화랑세기』는 1930년대, 1940년대에 일본 정부에서 사용하던 인쇄용지에 필사되어 있습니다. 2001년 한국해외전적조사연구회의 조사에 의해 현재 일본 궁내청 서릉부에 우리나라 서적 639종 4,678책이 소장되어 있다는 것이 알려졌습니다. 그 뒤 5종 13책이 더 파악되어 현재까지 파악된 것은 644종 4,691책입니다. 이 중에는 『화랑세기』가 없습니다. 어쨌든 일본 궁내청 서릉부에는 많은 우리나라 서적이 있었으며, 현재까지 파악된 것 이외에도 더 많은 서적이 존재할 가능성은 충분합니다. 한마디로 박창화는 당시 일본 궁내성 도서과에서 일하면서 원본 『화랑세기』를 발견하고, 도서과에서 사용하던 용지에 몰래 필사했을 가능성이 매우 큽니다.

　　원본 『화랑세기』가 발견되지 않은 상황에서 필사본 『화랑세기』에 대한 위작 논란이 계속되고 있는 것은 어쩔 수가 없습니다. 특히 필사본 『화랑세기』에 기록된 신라 귀족층의 근친혼이나 성관계의 문란함은 박창화가 창작한 소설, 즉 위작이라는 근거가 되고 있습니다. 실제로 박창화는 『도홍기』, 『홍수동기』, 『어을우동기』 등 한문소설을 썼는데, 이 역시 문란한 성관계 등이 소재였다고 합니다. 필사본 『화랑세기』에서 가장 문란한 성관계를 보이는 인물이 바로 미실입니다. 드라마 「선덕여왕」에서도 묘사된 것처럼 미실은 진흥왕, 동륜태자(진흥왕의 아들), 진지왕(진흥왕의 아들), 진평왕(진흥왕의 손자)에 이르기까지 할아버지부터 손자까지 모두 성관계를 맺었습니다. 또한 세종, 설원랑 등의 남편들과 심지어는 친동생 미생과도 성관계를 갖는 극도로 문란함을 드러냅니다.

『삼국사기』와 『삼국유사』에 담긴 신라의 근친혼과 성 풍속

　　신라 귀족 사회의 문란한 성관계와 근친혼은 『삼국사기』와 『삼국유사』를 통해서도 이미 알려져 있었습니다. 진흥왕의 아버지인 갈문왕 입종은 조카 지소(갈문왕 입종의 형제인 법흥왕의 딸)와 결혼하여 진흥왕을 낳았습니다. 또 진흥왕의 아들인 동륜태자는 고모 만호(진흥왕의 여동생)와 결혼하여 진평왕을 낳았습니다. 진평왕 역시 사촌이었던 마야부인과 결혼했습니다. 또한 김유신의 여동생 문희와 김춘추가 혼전 임신하고 결혼한 사건은 매우 유명한 일입니다. 게다가 김춘추와 문희 사이에 태어난 딸 지소

포석정 : 경북 경주 소재. 필사본『화랑세기』에는 김춘추와 문희가 '포사(鮑祠)'에서 길례, 즉 결혼식을 한 것으로 기록되어 있죠. 포석정은 사당이었던 것입니다.

부인은 김유신과 결혼했으니 김유신은 조카와 결혼한 것이죠. 통일 이후 에도 이러한 근친혼은 계속되었습니다. 신문왕은 김흠돌의 반란을 진압 한 직후 김흠돌의 딸을 왕비 자리에서 쫓아내고, 김흠운의 딸을 새 왕비로 맞이했습니다. 김흠운은 무열왕 김춘추의 사위였으니 무열왕의 손자 신 문왕과 무열왕의 외손녀가 결혼한 것이 됩니다. 또 효성왕은 자신의 외할 아버지 김순원의 딸, 즉 이모와 결혼했습니다. 다시 말해 필사본『화랑세 기』에서 확인되는 신라 귀족 사회의 근친혼은『삼국사기』와『삼국유사』 에서 이미 확인되는 사실이었습니다. 게다가 신라가 성에 대해 매우 개방 적인 사회였음을 보여 주는 자료 역시『삼국사기』와『삼국유사』를 통해 확인할 수 있습니다. 먼저『삼국유사』의 기록을 봅시다.

신문왕릉 : 경북 경주 소재.

개구리의 노한 형상은 병사의 모습이다. 옥문(玉門)은 여근(女根)이다. 여자는 음(陰)이니 그 색은 흰색이고 흰색은 서쪽의 색이다. 그러므로 서쪽에 군사들이 있는 것을 알았다. 남근(男根)이 여근(女根) 속에 들어가면 반드시 죽는다. 이런 이유로 (적들을) 쉽게 잡을 수 있다는 것을 알았다.

이는 선덕여왕이 여근곡에 백제군이 침투했음을 어떻게 알았는가를 신하들에게 설명하는 장면입니다. 그 내용이 매우 성적이지만 아주 자연스럽게 이야기하고 있죠. 옥문, 여근이라는 여성 생식기를 말하는 것은 물론이고, 개구리의 노한 형상이라는 말로 남성 생식기를 비유하고, '남근이 여근 속에 들어가면 반드시 죽는다'는 매우 노골적인 묘사도 거침없습니다. 이것은 당시 신라 사회가 성적인 대화에 개방적이었음을 드러냅니다. 다음 『삼국사기』의 기록도 마찬가지입니다.

> 처음 서현이 길에서 갈문왕 입종의 아들 숙흘종의 딸 만명을 보고 마음에 들어 눈짓으로 꾀어내어 중매도 없이 결합하였다.

서현은 김서현, 즉 김유신의 아버지입니다. 숙흘종은 진흥왕의 형제였는데, 숙흘종의 딸 만명과 김서현이 눈이 맞아 야합(『삼국사기』의 표현 그대로입니다)하여 부모 허락도 없이 도망하여 살았다는 이야기입니다. 남녀 간의 자유로운 연애와 혼전 성관계가 많이 이루어졌음을 알 수 있습니다. 이를 보여 주는 또 다른 사례가 『삼국유사』의 기록입니다.

> 공(김춘추)이 유신의 뜻을 알아차리고 마침내 문희와 관계하였는데, 이후 춘추공이 자주 왕래하였다. 유신이 그 누이가 임신한 것을 알고 꾸짖기를 "네가 부모도 모르게 임신을 하였으니 무슨 까닭이냐?" 하고서는 온 나라에 말을 퍼뜨려 문희를 불태워 죽인다고 하였다. (중략) 왕(선덕여왕)이 말했다. "그것은 너의 소행이니 속히 가서 구하도록 하여라." 춘추공이 임금의 명을 받고 말을 달려 왕명을 전하여 죽이지 못하게 하고 그 후 떳떳이 혼례를 올렸다.

이것은 아주 유명한 이야기입니다. 김유신이 여동생 문희를 김춘추에게 소개시켜 주었고, 김춘추와 문희는 혼전 임신을 했던 것이죠. 김춘추가 문희를 책임지려고 하지 않자 김유신이 '화형 쇼'를 벌였고, 이를 알게 된 선덕여왕이 개입하여 김춘추와 문희가 결혼하게 되었습니다. 이것은 당시 혼전 임신한 것을 온 나라에 퍼뜨려도 괜찮을 정도로 성에 개방적이었음을 보여 줍니다. 남자가 여자를 임신시켜 놓고 책임지지 않으려는 것이 문제였을 뿐, 혼전 임신 자체는 부끄러운 일이 아니었던 것입니다. 이 이야기가 필사본 『화랑세기』에도 다음과 같이 기록되어 있습니다.

유신은 이에 장작을 마당에 쌓아 놓고 여동생(문희)을 태워 죽이려 하며 임신한 아이의 아버지가 누구인지 물었다. 연기가 하늘로 올라갔다. 그때 공(김춘추)은 선덕공주를 따라 남산에 유람하였다. 공주가 연기에 대하여 물으니, 좌우에서 사실대로 고하였다. 공(김춘추)이 듣고 안색이 변하자 공주가 "네가 한 일인데 어찌 가서 구하지 않느냐?"라고 하였다. 공(김춘추)은 이에 ……하여 구하였다.

대왕암 : 경북 경주 소재. 문무왕의 시신을 화장한 유골을 뿌린 곳으로 추정됩니다.

전체적인 이야기는 거의 같습니다. 『삼국유사』의 '선덕여왕'이 필사본 『화랑세기』에는 '선덕공주'로 나와 있죠. 이것은 사실 필사본 『화랑세기』가 더 정확하다고 할 수 있습니다. 이 일이 벌어진 시기는 진평왕 때입니다. 왜냐하면 이때 임신한 아이가 문무왕 김법민이기 때문이죠. 김법민은 진평왕 47년(626) 김춘추와 문희의 큰아들로 태어났습니다. 선덕여왕이 즉위한 것은 632년이므로 626년 당시 왕은 진평왕이었고, 선덕여왕은 공주의 신분이었습니다. 그러므로 '선덕여왕'이 아닌 '선덕공주'라고 한 필사본 『화랑세기』는 매우 정확한 기록입니다. 한편, 신라의 문란한 성 풍

감은사지 금당 터 : 경북 경주 소재. 문무왕은 죽어서도 동해를 지키는 용이 되겠다고 유언을 하였다고 전합니다. 그 아들 신문왕은 아버지 문무왕의 은혜에 감사하는 감은사를 건설하고, 용이 된 문무왕이 드나들 수 있도록 금당 밑에 공간을 만들어 두었음을 사진으로 확인할 수 있습니다.

속을 드러내는 자료에는 『삼국유사』에 기록된 「처용가」도 있습니다.

> 서울 밝은 달밤에 밤 깊도록 놀고 지내다가
> 들어와 잠자리를 보니 다리가 넷이로구나
> 둘은 내 아내 것이고 둘은 누구의 것인고
> 본디 내 것이지만 빼앗긴 것을 어찌하리

이것은 잘 알려져 있다시피 처용이 집에 돌아와 아내가 다른 남자(역신)와 간통한 현장을 목격한 장면입니다. 아내가 남편이 외출한 사이 다른 남자를 안방까지 끌어들여 간통할 정도로 성이 문란한 사회였음을 보여줍니다. 심지어 처용은 '어찌하리'라고 한탄만 할 뿐이죠. 문란한 성 풍속의 또 다른 모습은 『삼국사기』의 다음 기록에서 확인할 수 있습니다.

> 진성왕이 예전부터 각간 위홍과 좋아 지내더니 이때에 이르러서는 항상 궁중에 들어와 일을 보게 하였다. (중략) 비밀리에 미소년 두세 명을 불러들여 음란한 관계를 갖고, 그들에게 요직을 주어 나라의 정사를 맡겼다.

위홍은 경문왕(진성여왕의 아버지)의 친동생입니다. 진성여왕은 친삼촌과 근친혼을 하였고, 위홍이 죽은 이후에는 미소년 두세 명과 함께 성관계를 맺었음을 알 수 있습니다.

김부식은 왜 신라의 근친혼과 성 풍속을 옹호했을까?

신라 귀족 사회의 개방적인 성 풍속과 근친혼에 대해 김부식은 『삼국사기』에서 다음과 같이 평가했습니다.

> 신라의 경우에 같은 성씨와 혼인할 뿐만 아니라 형제의 소생, 고종, 이종 자매들까지 아내로 삼았다. 비록 외국의 풍속이 서로 다르다 할지라도 중국의 예속으로서 이를 비판한다면 큰 잘못이다.

고려의 대표적인 보수 세력이자 유학자인 김부식이 신라의 근친혼을 옹호한 것이죠. 김부식은 유학자였기 때문에 근친혼에 대해 좋게 생각하지는 않았을 것입니다. 그러나 근친혼은 당시 고려 왕족들과 귀족들 사이에서도 계속 이루어졌으며, 이러한 전통의 기원은 신라의 근친혼에 있었습니다. 이를 잘 알고 있던 김부식은 우리의 풍속을 중국의 풍속으로 비판할 수 없다는 논리로 근친혼을 옹호하는 모순된 모습을 보였던 것입니다. 고려 시대의 근친혼은 과연 어떠했을까요?

먼저 고려 태조 왕건의 다섯 번째 왕후 신성왕후는 경순왕의 조카인데, 왕건은 자신의 두 딸을 함께 경순왕에게 시집보냈습니다. 왕건은 경순왕의 장인이면서 조카사위였던 것이죠. 왕규는 왕건에게 두 딸을 시집보낸 왕건의 장인이었는데, 왕건의 아들인 2대 혜종에게도 딸을 시집보내 장인이 되었습니다. 혜종은 이모와 결혼한 셈이죠. 3대 정종은 박영규의 두 딸을 함께 부인으로 들였죠. 4대 광종의 왕후인 대목왕후는 왕건의 네 번째 왕후였던 신정왕후의 딸로 왕건의 딸입니다. 광종 역시 왕건의 세 번째 왕후 신명왕후의 아들로 왕건의 아들입니다. 배다른 남매인 광종과 대목왕후가 결혼한 것입니다. 5대 경종은 사촌여동생인 헌애왕후, 헌정왕후를 함께 맞이했습니다. 이후 여러 차례에 걸쳐 근친혼을 금하는 명령이 내려지기도 했지만 근친혼은 없어지지 않았습니다. 특히 경원 이씨 가문은 80여 년에 걸쳐 왕비를 배출하면서 권력을 강화했는데, 이자겸은 예종에게 시집보낸 딸에게서 태어난 자신의 외손자 인종에게 다시 두 딸을 시집보내 왕의 외할아버지이자 장인이 되었습니다. 인종은 자신의 이모들과 결혼한 것입니다. 이러한 풍속은 좀처럼 사라지지 않았는데, 『고려사』의 기록을 보면 고려 후기에도 근친혼은 계속되었습니다.

> 지금부터 만약 종친으로서 같은 성씨와 혼인하는 자는 (원 세조의) 성지를 어긴 것으로 논죄할 터인즉, 마땅히 종친은 누세 재상을 지낸 집안의 딸을 아내로 맞고, 재상 집안의 아들은 종실의 딸에게 장가들 것이다.

이것은 충선왕이 1308년 하교한 내용입니다. 왕족들 간의 근친혼이 사라지지 않자 원나라 세조의 뜻을 내세워 근친혼에 대해 엄벌할 것을 선언한 것입니다. 고려 말까지 근친혼이 사라지지 않았음을 잘 알 수가 있습니다. 이는 조선 시대 이후 사라지기 전까지 신라 천 년과 고려 오백 년, 합쳐서 천오백 년의 긴 역사 동안 근친혼이 이어졌음을 보여 줍니다. 필사본 『화랑세기』에 나오는 근친혼과 개방적 성 풍속은 어쩌면 가장 적나라한 신라인들의 자기 고백일 수도 있는 것입니다.

필사본 『화랑세기』에 나오는 마복자(摩腹子)의 진실
■ 마복자 풍습에 담긴 권력의 분배와 강화

김부식이 『삼국사기』에서 삭제한 마복자 풍습

필사본 『화랑세기』에 나오는 문란한 성 풍속 중 가장 압권은 '마복자(摩腹子) 풍습' 입니다. 먼저 필사본 『화랑세기』의 기록을 봅시다.

위화랑은 섬신공의 아들이며, 어머니는 벽아(碧我) 부인이다. 어머니가 총애를 받아 비처왕의 마복자가 되었다.

여기에서 비처왕은 소지왕입니다. 섬신공은 아내 벽아부인을 임신한 상태에서 비처왕에게 상납했고, 비처왕의 마복자로 태어난 사람이 위화랑이라는 것입니다. 마복자란 글자 그대로 '배를 문지른 아이'란 뜻입니다. 신하, 부하처럼 낮은 지위의 남자가 임금, 상관 등 높은 지위의 남자에

게 자신의 임신한 아내를 상납하여 낳은 아들을 가리킵니다. 필사본 『화
랑세기』가 위작임을 주장하는 대표적인 근거이기도 합니다. 이러한 풍속
은 일반적인 가정은 물론 사회의 유지를 어렵게 하기 때문에 있을 수 없는
제도란 주장입니다. 다른 어느 나라, 어느 시대에서도 찾아볼 수 없는 상
상 속의 풍속이란 것입니다. 『삼국사기』에는 이와 관련된 이야기가 소지
왕(비처왕) 때의 기록으로 등장합니다.

> 왕(소지왕)이 날이군에 행차하였다. 이 군에 살고 있는 파로라는 사람
> 에게 딸이 있었다. 그녀의 이름은 벽화(碧花)라고 하였다. 나이는 열여섯
> 살인데 실로 일국의 미인이었다. 그녀의 아버지가 그녀에게 비단옷을 입
> 혀 가마에 태우고 채색비단을 덮어 왕에게 바쳤다. (중략) 왕은 두세 차례
> 평복으로 갈아입고 그 집으로 찾아가 그녀와 관계를 맺었다. (중략) 남모
> 르게 그녀를 맞이하여 별실에 두었다. 그녀는 아들을 하나 낳았다.

소지왕이 날이군에 살고 있던 벽화란 미소녀를 그녀의 아버지로부터
상납받아 궁궐에 불러들였고, 그 사이에서 아들까지 낳았다는 것입니다.
이와 같은 이야기로 추정되는 기록이 필사본 『화랑세기』에는 다음과 같
이 기록되어 있습니다.

> 벽아(碧我) 부인이 날이에 있을 때 한 딸을 낳았는데, 곧 비처후(毗處后
> : 비처왕의 후궁)인 벽화(碧花) 부인이다. 벽화부인이 입궁하자, 공(위화랑)
> 은 사제(私弟 : 처남)로서 출입하여 비처왕의 총애를 받았다.

이에 따르면 『삼국사기』에 나온 벽화부인은 벽아부인의 딸이고, 소지왕의 마복자인 위화랑의 여동생입니다. 『삼국사기』와 필사본 『화랑세기』의 내용을 종합하면, 소지왕은 마복자 풍속에 따라 벽화부인과 관계하고 후에는 벽화부인의 딸인 벽아부인과 관계하여 후궁으로 들이기까지 했다는 것이죠. 그렇다면 『삼국사기』와 필사본 『화랑세기』 중 어느 기록이 맞을까요? 『삼국사기』의 기록은 소지왕 말년의 기록입니다. 그런데 이상하게도 이 기록이 있은 지 두 달 뒤 소지왕이 사망했습니다. 두 달 동안 어린 소녀를 상납받아 결국엔 후궁으로 들여 아들까지 낳았다는 것은 있을 수 없는 일이죠. 이것은 『삼국사기』의 기록이 조작되었음을 나타내는 증거입니다. 그렇다면 김부식은 왜 이러한 조작을 했을까요?

만약 김부식이 필사본 『화랑세기』에 실린 이야기를 알고 있었다면 소지왕이 벽아, 벽화 모녀와 시차를 두고 성관계를 맺었다는 사실을 숨기고자 했을 것입니다. 더군다나 마복자 풍습은 당연히 삭제해야 할 내용이었죠. 그래서 『삼국사기』에는 벽화부인을 후궁으로 들인 일만 기록으로 남겼던 것입니다. 김부식은 이러한 소지왕의 행태에 대해 자신이 하고 싶은 말을 『삼국사기』 기록 속 노파의 입을 통해 비판했습니다.

왕(소지왕)이 노파에게 물었다. "요즘 백성들은 국왕을 어떤 사람이라고 생각하는가?" 노파가 대답하였다. "많은 사람들이 성인이라고 생각하지만 나는 그렇게 보지 않소. 왜냐하면 내가 듣건대 왕은 날이군에 사는 여자(벽화부인)와 관계하면서 자주 평복을 입고 다닌다 하오. 무릇 용의 겉모습이 물고기와 같이 생겼다면 어부의 손에 잡히는 것이오. 지금의 왕은 만승의 지위에 있는데 스스로 신중하지 못하니 이런 사람이 성인이라면 누가 성인이 아니겠소?"

　김부식은 노파의 말을 빌려 소지왕이 국왕답지 않은 가벼운 행태를 벌인 것을 비판하고자 했던 것입니다. 늙은 왕이 어린 소녀에게 빠져서 궁궐 밖으로 나다니니 백성들의 손가락질을 받았다는 뜻이죠. 결국 말년에 이러한 행태를 벌이다가 두 달 뒤에는 죽었다는 비판인 것입니다. 하지만 동서고금에 국왕이 어린 여자를 후궁으로 들이는 일은 흔한 일이었으니, 지나친 비판이 아닐 수 없죠. 김부식은 소지왕이 마복자 풍습의 시초가 되었고, 벽아, 벽화 모녀와 성관계를 맺은 사실을 삭제하는 대신 노파를 등장시켜 소지왕을 꾸짖었다고 보는 것이 적합합니다.

『삼국유사』에 숨겨진 마복자 풍습의 비밀

　일연이 쓴 『삼국유사』에는 '마복자 풍습'과 비슷한 사례가 기록되어 있습니다.

　　그날 밤에 안길은 처첩 세 사람을 불러 말했다. "오늘 밤에 거사 손님을 모시고 자는 사람은 내가 몸을 마치도록 함께 살 것이오." 두 아내가 말했다. "차라리 함께 살지 못할지언정 어찌 다른 남자와 동침을 할 수 있겠습니까?" 한 아내가 말했다. "당신께서 몸을 마치도록 저와 함께 살겠다면 당신의 뜻에 따르겠습니다." 한 아내는 그대로 시행하였다.

이 자료의 거사는 차득공으로 문무왕의 배다른 동생입니다. 안길은 임금의 동생에게 잘 보여 출세하기 위해 자신의 처첩들에게 차득공과 동침할 것을 요구했고, 그중 한 아내가 이에 동의하여 차득공과 동침했음을 보여 줍니다. 이것은 차득공과 동침한 아내가 임신한 상태였다면 사실상 '마복자 풍습'이라고 할 수 있을 정도입니다.

무령왕은 마복자였을까?

이와 비슷한 사례는 백제에도 있었습니다. 『일본서기』에는 백제 무령왕의 출생에 대해 이렇게 기록하고 있습니다.

> 가수리왕은 임신한 부인을 곤지와 결혼시킨 후 "지금 나의 아내는 이미 아이를 낳을 때가 가까워졌다. 만약 일본으로 가는 도중에 아이를 낳게 되면 부디 같은 배를 태워 속히 돌려보내라"라고 하였다. 곤지는 일본으로 출발하였고 임신한 부인은 축자(筑紫)의 각라도(各羅島 : 加唐島, 가당도)에서 아이를 낳았다. 그래서 그 아이의 이름을 도군(島君 : 일본어로 시마키시, 즉 섬의 임금님)이라고 하였다. 곤지는 배 한 척을 마련하여 이 모자를 백제로 돌려보냈다.

가수리왕은 개로왕이고, 곤지는 개로왕의 동생이며, 시마키시는 무령왕입니다. 무령왕의 진짜 아버지는 개로왕이고, 호적상의 아버지는 삼촌 곤지란 것입니다. 그런데 『삼국사기』에 따르면 곤지는 문주왕(개로왕의

무령왕릉 지석 : 사마왕(斯麻王)이라는 무령왕의 이름이 나와 있죠.

아들)의 아우, 즉 개로왕의 아들입니다. 그리고 곤지의 아들이 동성왕이죠. 또한 무령왕은 동성왕의 아들입니다. 즉 무령왕은 개로왕의 손자입니다. 과연 어느 기록이 맞을까요? 무령왕릉에서 발견된 지석(誌石)에 의하면 무령왕은 462년에 출생했습니다. 동성왕은 즉위할 당시 유왕(幼王), 즉 15세 이하의 어린 왕이었으며 501년 사망 당시 37세 이하이므로 464년 이후 출생입니다. 즉 무령왕은 동성왕보다 최소한 두 살 이상 많았습니다. 『삼국사기』의 기록은 오류이며, 『일본서기』의 기록이 더 정확한 것입니다. 다시 말해 『일본서기』의 기록처럼 동성왕은 곤지의 둘째 아들이었고, 동성왕의 배다른 형이었던 무령왕이 동성왕의 뒤를 이어 왕위에 오른 것입니다. 이를 나타내는 『일본서기』의 기록을 봅시다.

말다왕(동성왕)이 무도하여 백성에게 포악하므로 국인이 함께 제거하고 무령왕이 즉위하였다. 이름은 사마왕이며 곤지왕자의 아들이니, 곧 말다왕의 배다른 형이다.

『일본서기』에 따르면, 무령왕의 어머니는 개로왕의 아들 무령왕을 임신한 상태에서 개로왕의 동생인 곤지에게 시집을 갔습니다. 이것은 또 다른 '마복자 풍습'입니다. 신라의 '마복자 풍습'과 백제의 '마복자 풍습'은 상하 관계가 뒤바뀌었을 뿐 임신한 아내를 다른 남자에게 상납 또는 하사하는 것은 똑같습니다. 일본 고대에도 이와 비슷한 사례가 있습니다. 효덕 천황이 임신한 부인을 총애하는 신하였던 중신겸족에게 하사했다거나 천지 천황이 임신한 부인을 중심겸족에게 하사했다는 설이 그것입니다.

마복자 풍습과 권력의 관계

이러한 마복자 풍습의 사례는 당연히 권력과 관계가 있습니다. 신라의 경우 하급자는 상급자에게 임신한 아내를 성 상납하여 자신의 아내와 뱃속의 아이를 바침으로써 상급자에 대한 충성심을 표시하는 것입니다. 이에 대한 반대급부는 권력의 분배입니다. 자신의 출세를 보장받고, 자신의 아들이 상급자의 '마복자'가 되어 출세를 보장받는 것입니다. 필사본 『화랑세기』속 마복자들이 대개 출세하는 것이 그 증거입니다. 백제의 경우도 마찬가지입니다. 상급자는 하급자에게 임신한 아내를 하사하여 하급자에 대한 신뢰와 총애를 표시하는 것입니다. 이에 대한 반대급부는 당연히 자신의 권력을 더욱 강하게 만드는 하급자의 충성심입니다. 하급자가 자신에게 더욱 충성할 것을 보장받고, 자신의 아들 역시 하급자의 '마복자'가 되어 권력을 잡는 데 도움이 되기도 합니다. 무령왕이 곤지의 '마복자'가 되어 곤지의 친아들인 동성왕 다음으로 왕위에 오른 것이 그 증거입니다. 무령왕은 수도를 빼앗기고 죽음을 맞이하며 정통성을 잃은 친아버지 개로왕이 아니라 동성왕의 '배다른 형', 즉 새로운 정통성을 차지한 곤지의 '마복자'로서 왕위에 올랐습니다. 이는 조선시대 정조가 왕위에 오른 것과 비슷합니다. 할아버지 영조에게 죽임을 당하며 정통성을 잃은 사도세자의 아들이 아니라, 이미 사망했지만 영조의 큰아들이었던 효장세자의 양자로서 왕위에 오른 것과 같죠. 결국 신라와 백제의 경우 모두 마복자 풍습의 핵심은 권력의 분배와 강화, 출세와 권력의 계승이었던 것입니다.

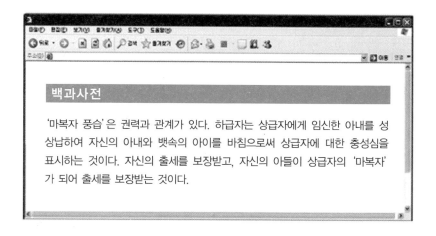

백과사전

'마복자 풍습'은 권력과 관계가 있다. 하급자는 상급자에게 임신한 아내를 성상납하여 자신의 아내와 뱃속의 아이를 바침으로써 상급자에 대한 충성심을 표시하는 것이다. 자신의 출세를 보장받고, 자신의 아들이 상급자의 '마복자'가 되어 출세를 보장받는 것이다.

마복자 풍습은 결국 성적인 봉건제였습니다. 대개 봉건제는 영지를 매개로 하여 주종 관계를 맺습니다. 마복자 풍습은 임신한 아내를 매개로 하여 주종 관계 또는 충성과 총애의 관계를 맺습니다. 고려 태조 왕건이 29명의 부인을 둔 것도 이로써 설명할 수 있습니다. 부인들의 아버지는 대개 유력한 호족이었습니다. 왕건은 자신의 아들들을 유력한 호족에게 외손자로 하사한 것입니다. 이에 대한 반대급부는 호족들의 충성이었고, 왕건의 권력 강화였던 것이죠. 이후 고려의 왕족들과 귀족들 사이에서 벌어진 근친혼 역시 이와 같은 이유입니다. 필사본 『화랑세기』가 위작이라고 주장하는 학자들은 마복자 풍습이 사회를 유지할 수 없게 만드는 말도 안 되는 제도라고 비판합니다. 하지만 필사본 『화랑세기』 속 신라인들이 말한 것처럼 이러한 풍습은 '신국의 도(道)'였습니다. 신라의 귀족들은 권력을 유지하고 강화하기 위해 골품제를 만들었습니다. 근친혼이나 마복자 풍습 역시 마찬가지입니다. 신라의 귀족들에게 출세와 권력의 분배를 위해 근친혼을 하고 임신한 아내를 바치는 것은 '신국의 도'였던 것입니다.

05

선생님이 궁금해하는
가야의 비밀

가야는 인도인들이 건국하였다

▪ 허황옥, 김수로, 석탈해는 모두 인도인

허황옥은 인도인이었을까?

2000년 인도 우타르프라데시주의 아요디야시 사류강(갠지스강 일원) 주변 10만여 평에는 '가락공원'이 조성되었습니다. 이를 주도한 것이 가락중앙종친회(김해 김씨, 김해 허씨, 인천 이씨의 연합 종친회)입니다. 한편, 경남 김해시에는 '아유타로'라는 길이 있습니다. 김해박물관 앞의 거리 약 2킬로미터의 길이죠. 김해시와 아요디야시, 두 도시 사이에는 자매결연까지 맺어져 있습니다. 왜 가락중앙종친회는 먼 인도 땅에 공원을 만들고, 김해에는 왜 아유타(아요디야)라는 이름의 길이 만들어졌을까요? 그 이유는 『삼국유사』 「가락국기」에 전하는 김수로왕과 허황옥의 전설에 있습니다. 먼저 다음 기록을 봅시다.

저는 아유타국의 공주인데 성은 허씨이고 이름은 황옥이며, 나이는 16
세입니다.

위의 내용은 김수로왕과 허황옥이 만났을 때 허황옥이 자기소개를
하는 장면입니다. 허황옥은 자신이 아유타국의 공주라고 말했습니다. 그
렇다면 도대체 아유타국은 어디일까요? 역시 해답은 『삼국유사』에 있습
니다. 「파사석탑조」에는 다음과 같은 기록이 있습니다.

금관에 있는 호계사의 파사석탑은 옛날 이 고을이 금관국으로 있을 때
시조 수로왕의 비 허황후 황옥이 동한(東漢) 건무 24년 갑신(48)에 서역 아
유타국에서 배로 싣고 온 것이다.

위 기록에서는 아유타국이 서역에 있다고 되어 있습니다. 일연이
『삼국유사』를 쓸 당시에도 이미 아유타국은 서역의 나라였음을 알고 있
었던 것입니다. 이를 뒷받침하는 『삼국유사』「파사석탑조」의 기록을 봅
시다.

돌에는 희미하게 붉은 무늬가 있는데, 품질이 매우 좋으며 우리나라에
있는 종류가 아니다. 『본초』에 말한 닭 벼슬의 피를 떨어뜨려서 시험했다
는 것이 바로 이것이다.

위의 기록은 파사석탑(현재 수로왕비릉 바로 근처에 위치. 원래는 호계사에
세워져 있었는데 절이 폐사되면서 1873년 현재의 자리로 옮겨졌음)이 우리나라에

파사석탑 : 경남 김해 허황옥릉 소재. 우리나라에 없는 돌로 만들어졌다고 합니다.

없는 돌로 만들어졌으며, 이를 확인하기 위해 닭 벼슬의 피를 떨어뜨리는 실험까지 했다는 것입니다. 현대에 들어서도 실제 실험 결과 닭 벼슬의 피는 파사석탑에 스며들지 않고 튕겨져 나가는 것을 확인했습니다. 일연이 살던 당시에도 파사석탑이 우리나라에 없는 돌로 만들어진 탑임을 확인했던 것입니다. 다시 말해 아유타국에서 파사석탑을 가져온 허황옥의 고향은 불교의 고향인 서역, 즉 인도였음이 짐작됩니다.

허황옥이 인도에서 왔다는 것은 어느 정도 알려져 있었지만, 인도 아요디야 지역임이 알려진 것은 소설가 이종기에 의해서입니다. 이종기는 수로왕릉 납릉심문(納陵心門)에 새겨진 쌍어문(雙魚文, 물고기 두 마리가 마주

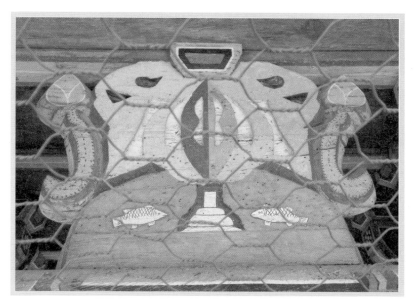

납릉심문 위에 그려진 물고기 두 마리가 마주 보고 있는 그림 : 경남 김해 김수로왕릉 소재.

보고 있는 문양)이 아요디아 지역 곳곳에 그려져 있음을 국내에 처음 알렸습니다.

보주태후 허황옥의 비밀

이에 주목한 고고인류학자 김병모는 김수로왕비릉 앞에 세워진 능비에 "駕洛國首露王妃普州太后許氏陵"이라는 글이 새겨져 있다는 사실로부터 연구를 시작했습니다. 가락국 수로왕비나 허씨는 모두 허황옥을 가리

허황옥릉 앞 비석 : '가락국수로왕비 보주태후 허씨릉'이라는 글자가 보입니다.

킵니다. 그런데 '普州太后'는 허황옥을 뜻하는 말이지만, '보주(普州)'는 허황옥과 무슨 관련이 있는지 알 수가 없었습니다. 김병모는 연구조사를 거듭한 결과 '보주'가 현재 중국 사천성 안악현임을 알아내고, 실제 답사를 통해 현재도 안악현 내에 14개의 보주 허씨(普州 許氏) 집성촌이 남아 있다는 것을 밝혔습니다.

특히 2003년에는 보주 허씨 집성촌 중 하나인 안악현 서운향(瑞雲鄉)에서 후한 때 새겨진 '신정기(神井記, 神井이라는 우물 암벽에 새겨진 금석문)'를 발견하고, 그 내용을 국내에 알렸습니다. '신정기'의 핵심은 동한(東漢, 후한) 초 "허씨의 딸 황옥(許女黃玉)이 용모가 수려하고 지혜와 용기가 남들보다 나았다"는 글과 "하루에 (물고기) 두 마리를 잡아 삶아 국으로 유즙을 만들어" 허씨의 조상을 구해 주었다는 내용입니다. 이것은 허황옥의 고향이 보주였음을 밝히는 결정적인 증거가 되었습니다. 쌍어문의 고향인 아요디야 출신의 집단이 어느 시기에 중국 보주로 이동했고, 이들은 물고기를 숭배하는 보주 허씨가 되었던 것이죠. 그리고 허황옥은 후한 초 보주에 살다가 48년에 가야에 도착하여 김수로왕과 결혼하여 왕비가 되었습니다. 이를 입증하는 자료 역시 김병모에 의해 밝혀졌습니다. 다음은 『후한서』의 기록입니다.

(광무제) 건무 23년 남군(南郡)에서 만족이 반란을 일으켰다.

광무제 건무 23년은 서기 47년입니다. 허황옥이 가야에 도착한 48년으로부터 정확히 1년 전이죠. 남군(南郡)은 현재 사천성으로 허황옥이 살던 보주 인근입니다. 반란이 일어난 혼란 속에 허황옥 세력이 이동을 시작하여 1년 뒤 한반도의 김해에 나타난 것입니다.

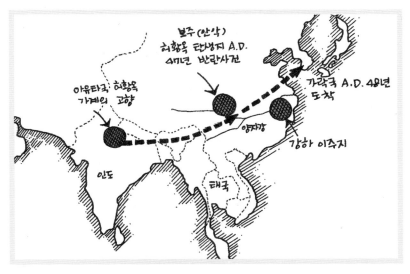

허황옥 세력의 이동 경로

석탈해는 어디에서 왔을까?

허황옥이 김해에 나타난 48년으로부터 4년 전인 44년에 먼저 가야에 도착한 사람이 석탈해입니다. 『삼국유사』「가락국기」에는 석탈해가 가야에 오자마자 이미 왕이 된 김수로에게 왕위를 빼앗겠다고 선전포고를 하는 장면이 나옵니다. 그리고 매, 독수리 등으로 변신하는 도술 경쟁을 벌이더니 석탈해가 패배를 인정하고 배를 타고 다시 바다로 도망가는 장면들이 이어지죠. 게다가 김수로는 도주하는 석탈해를 500척의 배를 동원하여 추격했고, 석탈해가 신라 영토로 들어가는 것을 보고서야 추격을 멈추었습니다.

이 이야기는 몇 가지 중요한 사실을 알려 줍니다. 우선 가야 건국 초기에 석탈해로 대표되는 해상 세력이 들어와 가야의 왕권을 두고 김수로 세력과 경쟁을 했다는 것입니다. 그리고 경쟁에서 패배한 석탈해 세력은 신라로 도주했는데, 500척의 배를 동원해야 할 정도로 석탈해 세력이 막강했다는 것이죠. 김수로 세력이 500척의 배였다면 석탈해 세력도 수백 척은 되었을 것입니다. 몇 척이나 몇 십 척의 배를 쫓기 위해 500척이나 동원했다는 것은 있을 수 없는 일이니까요.

이러한 막강한 세력을 가진 석탈해 세력은 신라에 다시 나타납니다. 그 역시 『삼국유사』에 나오는데, 대강의 이야기는 이렇습니다. 신라 남해 차차웅 때 가야에 도착한 배 하나가 있었는데, 배는 다시 도망을 쳐 신라에 도착했습니다. 「가락국기」에 나온 이야기가 다시 등장한 것이죠. 어쨌든 신라에 도착한 배에 실린 나무 상자 안에서 나온 사람이 석탈해였습니다. 석탈해의 선조는 대장장이였던 것으로 보입니다. 철을 제련할 때 쓰

탈해왕릉 : 경북 경주 소재.

는 숫돌과 숯을 호공의 집에 몰래 파묻고, 자신의 선조가 대장장이였다면
서 호공의 집을 빼앗는 장면이 나오기 때문이죠. 그런데 석탈해의 출신지
를 인도로 추정하는 견해가 있습니다. 앞에서 살펴본 것처럼 타밀학회장
김정남은 인도 드라비다어족의 하나인 타밀어 'Sokalingam'이 '대장장
이'를 뜻하는 말이며, 타밀어 'Tale'는 '우두머리'를 뜻하는 말이므로 '석
탈해'는 '대장장이의 우두머리'를 뜻한다고 주장했습니다.

이러한 견해를 따른다면 인도 출신으로 먼저 가야에 도착했던 세력
은 허황옥 이전에 석탈해였습니다. 석탈해 세력은 김수로 세력과의 경쟁
에서 패배하여 신라로 이동했고, 신라에서는 네 번째 왕위에 오르면서 집
권에 성공했던 것입니다.

김수로는 나라 이름을 왜 '가야'라고 하였을까?

물고기 두 마리가 마주 보고 있는 조각상 : 허황옥릉 앞 수돗가에 장식되어 있습니다.

김수로 세력이 세운 나라 이름 '가야' 역시 인도의 드라비다어라는 주장이 있습니다. 언어학자 강길운은 '가락'은 구드라비다어로 '물고기'를 의미하며, '가야'는 신드라비다어로 '물고기'를 의미한다는 사실을 밝혔습니다. 구한말 고종 황제의 외교 고문이었던 헐버트 역시 『한국어와 인도 드라비다어의 비교 문법』에서 "두 언어가 유사한 것은 한반도에 정착한 선주민이 최소한 일부 지역이라도 남방에서부터 이주해 왔음을 입증해 주는 누적된 증거의 고리"라고 주장했습니다. 이러한 주장들은 김해와 보주, 그리고 아요디야를 이어 주는 '물고기 두 마리'가 '가야', '가락'이라는 국호로 이어졌음을 말해 줍니다. 그렇다면 '가야를 세운 사람은 과연 김수로였을까?' 묻고 싶습니다. 가야는 잘 알려져 있는 것처럼 가야 연맹이었습니다. 가야의 건국 초기부터 매우 다양한 세력이 경쟁했으며 단일한 세력을 형성하기 어려웠던 것이죠. 이를 살펴보기 위해 가야의 건국 설화에 대한 또 다른 기록으로 『신증동국여지승람』에서 인용한 최치원의 『석리정전』의 내용을 봅시다.

> 가야산신인 정견모주(正見母主)가 곧 천신 이비가지(夷毗訶之)의 감응을 받아, 대가야왕인 뇌질주일(惱窒朱日)과 금관국왕인 뇌질청예(惱窒靑裔) 두 사람을 낳았으니, 뇌질주일은 이진아시왕(伊珍阿豉王)의 별칭이요, 청예는 수로왕(首露王)의 별칭이다.

이 건국 설화는 대가야를 세운 이진아시왕(뇌질주일)과 금관가야를 세운 수로왕(뇌질청예)이 아버지 이비가지와 어머니 정견모주 사이에 태어난 형제였음을 말해 주고 있습니다. 타밀학회장 김정남은 힌두교의 3대 주요 신 중 하나인 시바(파괴의 신)를 고대 타밀어로 '이비가지(Ibigaji)', 시바의 부인 파르바티를 '정견(Chongyon)', 시바의 두 아들 가네쉬와 무루간을 각각 '뇌질주일(Noejil Juil)', '뇌질청예(Nojil Chongye)'라고 부른다는 점을 밝혀 『석리정전』에 나온 건국 설화의 원류가 인도의 힌두교와 고대 타밀어, 즉 고대 드라비다어와 관련되었음을 주장했습니다. 이러한 주장을 따른다면 이비가지와 정견모주 부부로 상징되는 인도 세력으로부터 가야 연맹의 양대 세력 금관가야와 대가야가 갈라져 나왔음을 알 수 있습니다. 김수로 세력의 바탕은 인도 출신이었음을 강력하게 시사하는 것입니다.

김수로, 석탈해, 허황옥이 벌인 주도권 경쟁의 결과

정리하면 다음과 같습니다. 먼저 인도 출신의 여러 세력이 경쟁하는 과정에서 김수로 세력은 김해를 중심으로 금관가야를 건국하고, 이진아시 세력은 대가야를 건국하는 등 가야 연맹이 형성되기 시작했습니다. 이들은 모국어인 드라비다어로 '물고기'를 뜻하는 '가야'를 나라 이름으로 내세워 자신들의 연맹이 '물고기 두 마리'를 숭배하는 한 뿌리임을 내세웠습니다. 하지만 금관가야에서는 김수로 세력, 석탈해 세력, 허황옥 세력이 주도권 경쟁을 시작했습니다. 먼저 석탈해 세력이 김수로 세력과 경쟁한 끝에 패배 후 신라로 이동했고, 허황옥 세력은 김수로 세력과 결합하여 연합 세력을 이루었습니다.

또한 김수로왕과 허황옥이 결혼했던 것은 실제 있었던 사실로 추정됩니다. 결혼을 통해 동맹을 맺는 일은 매우 흔한 경우이기 때문입니다. 두 세력은 각각의 정체성을 유지했던 것으로 보입니다. 이를 보여 주는 증거가 두 가지 있습니다. 하나는 김해 김씨와 김해 허씨의 존재입니다. 한 쌍의 부부에게서 태어난 자녀들이 아버지의 성과 어머니의 성을 각각 사용하는 사례는 역사적으로 유례를 찾을 수 없을 정도입니다. 다시 말해 김수로 세력과 허황옥 세력은 정치적으로 연합했지만 왕족과 왕비족의 형태로 각각의 세력을 유지했던 것입니다. 두 번째는 김수로왕릉과 허황옥릉이 따로 만들어졌다는 것입니다. 현재 두 무덤은 직선거리로 약 1킬로미터 정도 떨어져 있습니다. 예로부터 부부는 합장하거나 바로 옆에 무덤을 조성하는 경우가 많습니다. 두 무덤이 상당히 멀리 떨어져 있다는 것 역시 두 세력이 김씨족과 허씨족의 정체성을 강하게 유지해 나갔음을 나타냅니다. 금관가야는 김수로 세력과 허황옥 세력의 연합 왕국이었던 것입니다.

지금까지 살펴본 바와 같이 가야는 인도를 기원으로 하는 이진아시 세력, 김수로 세력, 석탈해 세력, 허황옥 세력 등이 서로 경쟁하며, 때로는 갈등을 일으키거나 동맹을 맺으면서 성장해 나갔습니다. 가야는 하나의 국왕을 중심으로 한 중앙 집권 국가로 변신하지 못했지만 발달된 철 생산 기술과 해상무역의 노하우를 이용하여 국제적인 해상왕국으로 활약했습니다. 또한 가야 연맹은 각각의 작은 나라들로 구성되었지만 결코 백제나 신라에게 정복될 정도로 허약한 나라가 아니었습니다. 400년에 벌어진 고구려의 침공에도 가야가 없어지지 않고 되살아날 수 있었던 것은 가야 연맹이 가진 다양성의 힘 덕분이었습니다. 또한 인도에서부터 시작된 시공간을 초월한 가야의 생명력은 현재까지 이어지고 있습니다. 이러한 다양성과 끈질긴 생명력이야말로 가야에 대해 우리가 많은 관심을 기울이고 연구를 하고 있는 이유일 것입니다.

김수로왕은 여러 명이었다
■ 장수한 왕들의 수명 속에 숨겨진 비밀

김수로왕은 정말 158세까지 살았을까?

『삼국유사』「가락국기」에는 김수로왕이 199년 158세로 사망했고, 허황옥은 189년 157세로 사망했다고 기록되어 있습니다. 김수로왕은 서기 42년에 태어났으며, 허황옥은 서기 33년에 태어났다는 것이죠. 그런데 김수로왕은 42년에 태어나자마자 가야를 건국했습니다. 게다가 서기 48년 김수로왕과 허황옥이 결혼했을 당시 허황옥은 16세, 김수로는 7세였습니다. 한마디로 말이 안 되죠. 결국 『삼국유사』의 이야기는 신화이기 때문에 실제 김수로왕은 42년 당시 최소한 20세는 되었으리라고 보아야 합니다. 그렇다면 김수로왕은 178세 이상 살았다는 것인데 현실에서는 도저히 있을 수 없는 비정상적인 수명이지요. 이와 비슷한 사례가 고구려, 백제, 신라의 경우에도 나타나고 있습니다. 각각의 경우를 살펴봅시다.

김수로왕릉 : 경남 김해 소재.

『삼국사기』에 따르면 고구려 태조왕은 서기 53년에 즉위했는데, 이때 나이가 7세였습니다. 47년에 출생한 것이죠. 태조왕은 93년간 재위한 후 서기 146년 동생 차대왕에게 왕위를 물려주었으며, 이후 165년에 사망했습니다. 태조왕이 119세에 사망했다는 것입니다. 비정상적인 수명입니다. 그래서 태조왕 통치 시기에 숨겨진 왕이 있다는 설이 제기되어 왔습니다. 이를 뒷받침하는 자료가 광개토대왕릉비에 새겨진 다음과 같은 기록입니다.

17세손에 이르러 국강상광개토경평안호태왕이 18세에 등극하여 영락태왕이라 일컬었다.

『삼국사기』에 따르면 광개토대왕은 주몽의 12세손입니다. 그런데 광개토대왕릉비에는 17세손이라고 되어 있습니다. 광개토대왕릉비는 장수왕이 아버지 광개토대왕의 업적을 기념하기 위해 세운 비석입니다. 자신들의 족보를 누구보다도 더 정확히 알고 있었다는 얘기입니다. 다시 말해 『삼국사기』에는 아들을 동생으로 기록한 경우나 비정상적인 태조왕의 통치 시기 등에 빠져 있는 왕들이 있었던 것입니다. 이러한 의심은 백제의 경우에 더 심합니다.

『삼국사기』에 따르면 백제 왕들의 계보 역시 삭제되거나 조작되었음을 알 수가 있습니다. 특히 고이왕의 수명은 잘못된 것입니다. 고이왕은 개루왕의 둘째 아들인데 개루왕은 166년에 사망했고, 고이왕은 234년에 즉위하였죠. 고이왕이 개루왕의 아들이라면 최소한 70세 정도의 나이에 왕위에 올랐다는 계산이 나옵니다. 게다가 고이왕은 53년을 재위하다가 286년에야 사망합니다. 한마디로 고이왕은 최소한 120세가 넘도록 장수했다는 말입니다. 비류왕 역시 마찬가지입니다. 비류왕은 구수왕의 둘째 아들입니다. 구수왕이 234년에 사망했으므로 비류왕이 즉위한 304년 당시에 71세였으며 344년 사망했으므로 111세였다는 것입니다. 이와 같이 백제 초기의 왕들 중에는 비정상적으로 장수한 경우가 많았고, 이것은 기록되지 않은 왕들이 더 있다는 것을 말해 줍니다. 이를 뒷받침하는 기록이 일본에 있습니다. 다음은 『속일본기』의 내용입니다.

귀수왕(근구수왕)은 백제가 처음 일어난 때로부터 제16세 왕이다.

『속일본기』에서는 태조를 1대라고 하였을 때 근구수왕을 17대 왕으로 인식했다는 것입니다. 그러나 『삼국사기』에 따르면 근구수왕은 태조 온조왕으로부터 14대 왕입니다. 『속일본기』는 797년에 편찬된 책으로 1145년에 편찬된 『삼국사기』보다 시기상 더 정확한 기록이라고 할 수 있습니다. 이렇게 『속일본기』의 기록을 따른다면 백제 온조왕부터 근구수왕 사이에 있었던 3명의 왕이 『삼국사기』에는 삭제되어 있다는 결론을 얻을 수 있습니다.

    신라의 경우도 마찬가지입니다. 특히 석탈해의 경우는 완전 뒤죽박죽입니다. 『삼국사기』에는 서기 57년 탈해 이사금이 62세에 즉위했다고 나옵니다. 그런데 석탈해가 신라에 도착한 것은 기원전 19년이라고 기록하고 있습니다. 이를 출생 연도로 하면 76세에 즉위한 것이 됩니다. 석탈해가 서기 80년에 사망했다고 나와 있으니 62세 즉위로 따지면 85세, 76세 즉위로 따지면 99세가 되죠. 석탈해 다음의 두 번째 석씨 왕인 벌휴 이사금은 석탈해의 손자로서 184년에 즉위했습니다. 할아버지 석탈해가 사망한 지 104년 뒤에 손자 벌휴가 즉위했다는 얘기입니다. 한 세대 30년씩 60년의 나이 차가 있다고 계산해도 벌휴 이사금이 태어난 것은 55년 전후일 것이고, 즉위 연도인 184년엔 130세 정도였겠죠. 또한 흘해 이사금은 310년에 즉위했는데, 그 아버지는 석우로입니다. 석우로는 249년에 사망했으니 흘해 이사금은 최소한 60세가 넘어 즉위했고, 356년 사망 당시엔 110세 가까운 나이였다는 계산이 나옵니다. 이와 같이 신라 왕조, 특히 석씨 왕조의 계보에는 비정상적인 수명이 존재하고, 이 역시 삭제된 왕들의 존재를 엿볼 수 있는 사례입니다.

김수로왕은 가야 건국 초기의 여러 왕들을 통합한 상징

지금까지 살펴본 바와 같이 고구려, 백제, 신라의 경우에도 비정상적인 수명을 가진 왕들이 존재했습니다. 그것은 사라진 왕들이 존재했다는 증거이기도 합니다. 마찬가지로 김수로왕과 허황옥의 수명도 설명할 수 있습니다. 앞에서 설명한 것처럼 김수로왕은 최소한 178세였을 것입니다. 이것은 김수로 세력이 배출한 여러 명의 왕들이 집권한 시기를 가리킵니다. 가야를 건국한 김수로는 첫 번째 왕이 틀림없지만, 그 뒤를 이어 김수로의 후손들이 몇 대에 걸쳐 왕위를 계승했던 것으로 보입니다. 이때 왕비들은 허황옥 세력으로부터 배출되었을 것입니다. 김수로 세력이 왕족이 되고, 허황옥 세력이 왕비족이 되는 공존 관계가 유지된 시기였던 것이죠. 그렇다면 김수로왕은 언제 사망했을까요? 이를 추정할 수 있는 자료가 『삼국사기』「신라본기」'파사 이사금조'에 나옵니다.

23년 가을 8월 음즙벌국과 실직곡국이 강역을 다투다가 왕을 찾아와 판결해 줄 것을 청했다. 왕은 난처해하면서 "금관국 수로왕이 나이가 많고 지식도 많다"면서 그를 불러 물어보았다. 수로가 의견을 내어 다투던 땅을 음즙벌국에 소속시켰다. 이에 왕은 6부에 "수로왕을 위해 잔치를 열라"고 명령했다. 5부는 모두 이찬을 내보냈으나, 오직 한기부만이 지위가 낮은 자를 내보냈다. 수로가 노하여 수하인 탐하리에게 한기부 책임자인 보제를 죽이라고 명령한 뒤에 돌아갔다.

파사 이사금 23년은 서기 102년입니다. 『삼국유사』의 서기 42년 출생을 따른다면 당시 김수로왕의 나이는 61세입니다. 파사 이사금은 유리 이사금의 둘째 아들입니다. 유리 이사금이 서기 57년에 사망했으니 102년 당시 파사 이사금의 나이는 최소한 45세 이상, 50대 중반은 되었을 것입니다. 파사 이사금이 자신보다 겨우 몇 살 많은 김수로왕에게 나이가 많다고 했을 리는 없습니다. 앞에서 추정한 것처럼 김수로가 42년 건국 당시 20세였다고 보면 102년에는 81세입니다. 충분히 나이가 많다고 할 수 있습니다. 이를 보면 김수로왕이 장수를 한 것만은 사실인 듯하지만, 178세를 살았다는 것은 비정상적이므로 나머지 100년 가까운 시간은 후대 왕들이 계승했다고 보는 것이 옳을 것입니다. 지금까지 알려진 금관가야의 왕들은 김수로왕을 포함하여 단 10명뿐입니다. 490년간의 역사 속에 10명의 왕만이 존재했다는 것은 현실적으로 불가능한 일입니다. 결론적으로 김수로왕은 가야 건국 초기의 여러 왕들을 통합한 상징적인 인물입니다. 그리고 그 뒤에 이름 모를 여러 왕들 역시 가야의 멸망과 함께 역사 속에서 사라져 갔을 것입니다.

임나일본부는 가야에 있던 재팬타운이었다

▪ 칠지도, 광개토대왕릉비, 『송서』 「왜국전」에 숨겨진 비밀

칠지도에 숨겨진 백제와 일본의 비밀

임나일본부설은 간단하게 말하면 일본의 야마토 정권이 백제, 신라, 가야를 지배했었다는 주장입니다. 이 역시 전혀 근거가 없는 주장은 아니어서, 크게 칠지도의 명문, 『일본서기』 「신공황후조」의 기사, 광개토대왕릉비문의 신묘년 기사, 『송서』 「왜국전」의 기사 등을 근거로 하고 있습니다. 이러한 근거들이 신빙성이 있는지 없는지를 살펴본다면 임나일본부설의 진위를 판단할 수 있을 것입니다.

가장 먼저 임나일본부설의 근거라고 하는 칠지도에 대해 살펴보겠습니다. 칠지도는 현재 일본의 이소노카미 신궁에 보관되어 있는 칼입니다. 이 칼에는 앞면과 뒷면에 한자가 새겨져 있는데, 일본 쪽에서는 백제에서 제작하여 일본 왕에게 바친 것으로 해석하고 있습니다. 그 이유는

『일본서기』에 다음과 같은 기록이 있기 때문입니다.

> (신공황후) 52년 9월 구저 등이 천웅장언을 따라와서 칠지도 1구, 칠자경 1면과 여러 가지 중요한 보물들을 바쳤다.

이 기록에 따르면 구저는 백제의 사신으로, 즉 백제는 일본을 상국으로 모셨고, 그 징표로 칠지도를 바쳤다는 것입니다. 하지만 칠지도의 명문은 이렇게 해석하기가 사실 어렵습니다. 명문의 핵심은 앞면의 '□供

칠지도 모형 : 충남 부여 국립부여박물관 소재.

候王'과 뒷면의 '傳示□世'입니다. 이것은 보통 '供供候王'과 '傳示後世'로 추정하는데, '傳示後世'는 "후세에 길이 전하여 알리라"는 뜻으로 윗사람이 아랫사람에게 쓰는 일반적인 표현입니다. 또한 '候王' 역시 제후를 뜻하는 말로 '供供候王'은 "후왕에게 하사한다"는 뜻으로 해석되어야 합니다. 칠지도는 백제가 상국으로서 일본에게 하사한 칼이라는 것을 잘 보여 줍니다. 일본의 여러 학자들은 『일본서기』의 기록을 들어 굳이 '供供候王'을 "후왕에게 바친다"로 해석하려고 합니다. 이것 역시 『일본서기』의 기록을 보면 억지 주장임을 알 수 있습니다.

> (신공황후 49년) 신라를 쳐서 파하고, 비자발, 남가라, 탁국, 안라, 다라, 탁순, 가라 7국을 평정한 후 군사를 옮겨 서쪽으로 돌아 고해진에 가서 남

만의 침미다례를 무찌르고 이를 백제에게 하사하였다. 이때 그 왕인 초고 (肖古)와 왕자 귀수(貴須) 역시 군사를 이끌고 와 만났다.

위 기록은 일본이 신라, 7국(가야), 침미다례(탐라, 즉 제주도)를 정복하여 백제에게 하사하자 근초고왕과 왕자 근구수왕(초고왕과 구수왕으로 기록되어 있지만 일반적으로 근초고왕과 근구수왕 시기에 해당한다고 봄)이 직접 환영하러 나왔다는 내용입니다. 이 기록의 모순은 일본이 한반도 남부의 많은 영토를 정복하여 백제에게 하사했다는 것에 있습니다. 일본이 바다를 건너와 많은 영토를 정복하기 위해서는 막강한 군사력이 필요했을 것입니다. 그러한 군사력을 보유했다면 직접 통치하면 되지 힘들게 빼앗은 땅을 백제에게 하사했다는 것은 있을 수 없는 거짓말이죠. 그리고 근초고왕은 백제 역사상 가장 많은 영토를 확장한 왕으로 알려져 있습니다. 이 기록은 백제가 주도한 전쟁에 왜군의 파병을 강요한 것을 마치 왜군이 전쟁을 주도한 것처럼 왜곡한 것입니다. 청나라의 파병 요구에 어쩔 수 없이 조선군을 파병하여 러시아군에 타격을 준 것을 '나선(러시아) 정벌'이라고 서술하는 것과 비슷합니다.

그렇다면 어찌 된 일일까요? 사실 칠지도는 일본이 파병을 해 준 것에 대한 고마움을 표시한 백제의 선물인 것입니다. 신공황후 49년의 왜군 파병에 대해 신공황후 52년에 칠지도를 선물함으로써 고마움을 표시한 것이죠. 이렇게 본다면 '供供候王'이나 '傳示後世'의 의미를 일본에게 칠지도를 헌상한 것으로 해석하기는 어려울 것입니다. 또한 일본 쪽의 해석을 인정한다 하더라도 백제가 독립 국가였음은 더욱 확실합니다. 『일본서기』의 내용도 백제에게 한반도 남부의 지배권을 넘긴 것이지 일본의 영토로 삼았다는 것은 아니기 때문이죠. 결국 칠지도는 백제와 일본의 동맹 관계를 나타내는 증거이지 임나일본부의 근거가 될 수는 없습니다.

광개토대왕릉비에 새겨진 왜(倭)의 비밀

　　다음은 광개토대왕릉비의 「신묘년조」에 대해 살펴보겠습니다. 거란 족의 나라였던 요나라 황제의 비로만 알려져 있던 광개토대왕릉비가 발견된 것은 1883년이라고 합니다. 재일동포 사학자인 이진희에 따르면, 1880년 일본군 참모본부에서는 사카와라는 간첩을 중국에 파견했는데, 사카와가 만주에서 정보 수집 중 광개토대왕릉비를 발견했다고 합니다. 사카와가 이때 현지인을 시켜 탁본을 떠서 일본에 가져간 것이 이른바 쌍구본입니다. 일본군 참모본부에서는 이에 대한 해독 작업을 실시했고, 다시 1894년에 간첩을 보내 탁본을 떠서 가져왔습니다. 하지만 이 탁본은 쌍구본과 달랐고, 다시 1900년 전후로 간첩을 보내 석회를 바르고 쌍구본에 맞게 비문을 변조했다는 것입니다.

　　중국의 역사학자인 왕건군에 따르면, 일본군 참모본부가 보낸 간첩들에 의한 비문 변조는 사실상 불가능했다고 합니다. 청나라 영토 안에서 이러한 대규모 비문 변조가 비밀리에 이루어질 수는 없었기 때문이죠. 그리고 탁본마다 비문이 다른 이유를 1870년대부터 광개토대왕릉비의 탁본을 떠서 판매한 현지 중국인이었던 초천부 부자가 쌍구본을 참고하여 석회를 발라 비문을 뚜렷하게 만들었기 때문이라고 설명했습니다. 광개토대왕릉비는 자연석(응회암)에 비문을 새겼기 때문에 비 자체가 울퉁불퉁

합니다. 이러한 탁본 뜨기의 어려움을 해소하기 위한 작업 과정에서 석회를 발랐고, 그 과정에서 비문이 탁본마다 다른 현상이 나타났던 것이라는 설명입니다. 그렇다면 이러한 비문 변조에 대한 논쟁이 국제적으로 벌어졌던 이유는 어디에 있었을까요?

일본은 쌍구본에 대한 해독 작업 이후 광개토대왕릉비를 임나일본부설을 주장하는 근거로 삼아 왔습니다. 임나일본부설이란 일본이 4세기에서 6세기 사이에 임나일본부를 두고 백제, 신라, 가야를 지배했다는 허무맹랑한 주장입니다. 당시 일본은 '일본'이라는 나라 이름도 없어서 '왜(倭)'라고 불릴 만큼 국가 체제도 자리 잡지 못한 시기입니다. 이러한 '왜'가 임나일본부를 설치했다는 것 자체가 말이 안 되는 것이죠. 일본 역사 교과서에서는 아직도 임나일본부설을 사실로 기술하고 있습니다. 백제, 신라는 몰라도 가야는 임나일본부가 통치하던 지역이었다는 것이죠. 도대체 어떠한 근거에서 이러한 주장을 하는 것일까요? 이러한 주장의 핵심에 광개토대왕릉비가 있습니다. 다음 기록을 봅시다.

> 백잔, 신라는 예로부터 (고구려의) 속민으로서 조공을 하였다. 그런데 왜가 신묘년(광개토대왕 1년, 391년) 이후로 바다를 건너와서 백잔, ㅁㅁ, ㅁ라를 파하고 신민으로 삼았다(百殘新羅舊是屬民由來朝貢而倭以辛卯年來渡海破百殘ㅁㅁㅁ羅以爲臣民─『광개토대왕릉비문』).

이것은 백제, 신라는 고구려에 종속되어 조공을 바치는 고구려의 영향권인데, 왜가 바다를 건너와서 백제, ㅁㅁ, 신라를 침략하여 신민으로 삼았다는 임나일본부설을 주장하는 결정적 근거가 되었습니다. 하지만

이 기록은 현재 일반적으로 과장된 기록으로 평가되고 있습니다. 한마디로 광개토대왕의 업적을 기록하다 보니 멋있게 표현하는 과정에서 나온 과장이라는 것이죠. 왜냐하면 신묘년의 기록에 이어서 나오는 병신년(광개토대왕 6년)의 기록은 백제를 공격하여 백제의 여러 성들을 점령하고, 백제 왕으로부터 신하가 되겠다는 항복을 받은 내용이기 때문입니다. 백제를 공격하기 위한 명분을 설명하는 기록이 바로 신묘년 기사라는 것이죠. 종합적으로 설명하면, 백제는 고구려의 영향력 아래에 종속되어 있는 나라였는데, 왜의 신민이 되었으니까(고구려를 배신하고 왜에게 붙었으니까) 군사를 동원하여 응징하고 다시 고구려의 신민으로 되돌렸다는 뜻입니다. 만약 일본 쪽의 임나일본부 주장이 맞는다면 광개토대왕은 왜를 공격했을 것입니다. 그러나 「신묘년조」 기사 이후에도 고구려의 주적은 백제였습니다. 「신묘년조」 기사 역시 백제와 왜의 관계가 긴밀함을 드러내는 근거가 될 수는 있지만, 왜가 임나일본부를 설치하여 한반도 남부를 지배했다는 근거가 될 수는 없습니다.

중국 송나라는 왜왕의 신라, 가야에 대한 지배권을 인정했을까?

다음은 『송서』「왜국전」의 기록을 보겠습니다.

> 흥이 죽자 아우 무가 임금이 됐다. 자칭 사지절도독왜백제신라임나가라진한모한칠국제군사안동대장군왜국왕이라고 하였다. (중략) 조서를 내려 무에게 사지절도독왜신라임나가라진한모한육국제군사안동대장군왜

왕 벼슬을 주었다.

이 기록에 나오는 무는 왜의 왕으로 자칭하여 왜, 백제, 신라, 임나, 가라, 진한, 모한의 7국을 지배하는 왜국왕이라고 했는데, 송나라에서는 왜, 신라, 임나, 가라, 진한, 모한의 6국에 대한 지배권을 인정했다는 내용입니다. 일본이 신라, 가야 등에 대한 지배권을 갖고 있었음을 중국에서 인정했다는 것이죠. 이 기록에서 왜의 7국 지배 주장에 송나라에서는 백제를 제외한 6국 지배만을 인정했다는 점을 주목해야 합니다. 당시 중국에서는 백제와 외교 관계를 맺고 활발한 교류를 하고 있었기 때문에 백제에 대한 지배권을 왜왕에게 인정한다면 백제가 항의할 것이 뻔했습니다. 그러나 진한, 모한은 이미 없어졌고, 신라와 가야는 송나라의 관심 대상이 아니었기 때문에 왜왕에게 지배권을 인정하더라도 별문제가 없을 것이라고 판단한 것이죠. 그리고 이마저도 왜왕 무 이전의 네 명의 왕들에게는 인정되지 않았습니다. 『송서』의 기록은 왜가 끈질기게 한반도 남부에 대한 지배권을 주장하니까 문제가 될 만한 백제만 빼고 문제의 소지가 없는 부분만 인정해 준 것이라고 할 수 있습니다.

지금까지 살펴본 바와 같이 임나일본부설의 근거들은 모두 그 신빙성이 없거나 잘못된 해석입니다. 그렇다면 과연 임나일본부는 무엇이었을까요? 그 실마리는 의외로 간단한 상식에 있습니다. 임나일본부라는 용어를 글자 그대로 해석하면 임나에 있는 일본의 부라는 것입니다. 만약 임나일본부가 일제강점기에 우리나라를 식민 지배한 '조선총독부'와 같은 식민 지배 기관이었다면 '일본부'라는 용어를 쓰지 않았을 것입니다. 그냥 '임나부'라고 하면 되는 것이죠. 당나라가 백제 멸망 후 설치한 웅진도독부, 고구려 멸망 후 설치한 안동도호부, 신라를 지배하려고 설치한 계림도독부 역시 웅진, 안동, 계림 등의 현지를 가리키는 이름을 사용했습니다. 임나일본부와 같은 방식이라면 웅진당부, 안동당부, 계림당부가 되어야겠죠?

한편, 통일신라 때 당나라 산동 반도, 양자강 일대에 있었던 신라방, 신라소, 신라관, 신라원 등은 신라인들의 거주지, 자치기관, 여관, 사원 등을 말하는 것이지 신라의 식민 지배 기관이 아닙니다. 조선 시대 동래에 있었던 왜관 역시 일본인들의 거류지였지 식민 지배 기관이 아닙니다. 현재 미국 곳곳에 있는 코리아타운, 중국 길림성에 있는 조선족 자치주 역시 우리 동포들의 거류지이지 식민 지배 기관이 아닙니다. 임나일본부 역시 임나(가야)에 있었던 일본인(왜인) 거류지였을 것입니다. 가야는 변한 때부터 낙랑, 왜와 활발한 교류를 벌였던 나라입니다. 국제 무역이 발달한 곳에 외국인 거류지가 생기는 것은 자연스러운 일입니다. 가야와 활발한 무역을 하던 왜인들이 거류지를 형성한 곳을 임나일본부라고 했을 가능성이 크죠. 한마디로 임나일본부는 '재팬타운'이었던 것입니다.

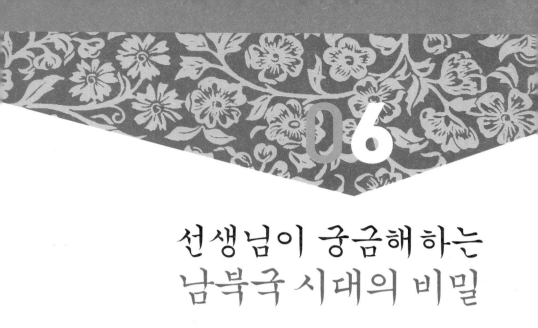

06

선생님이 궁금해하는
남북국 시대의 비밀

신라와 발해는 동족 의식이 있었을까?

▪ 중국에게 고구려와 발해를 빼앗길 수는 없다

발해 건국에 대한 『구당서』와 『신당서』의 기록이 다른 이유

발해말갈의 대조영은 본래 고려(고구려)의 별종이다. 고구려가 멸망하자 그는 가속을 거느리고 영주로 옮겨 가 살았다. (중략) 거란인 이진충이 영주에서 반란을 일으키자, 대조영과 말갈인 걸사비우(乞四比羽)가 각각 무리를 이끌고 동쪽으로 달아나 험준한 곳을 지키며 스스로 방비하였다(『구당서』).

발해는 본래 속말말갈로 고구려에 복속되었던 자이며 성은 대씨이다. 고구려가 멸망하자 무리를 이끌고 읍루의 동모산을 차지하였다. (중략) 거란의 이진충이 영주도독 조해를 죽이고 반란을 일으키자, 사리(舍利) 걸걸중상(乞乞仲像)이 말갈 추장 걸사비우와 고구려 유민과 동쪽으로 달아났다(『신당서』).

위의 두 기록은 『구당서』와 『신당서』에 실린 발해 건국에 대한 기록 가운데 일부입니다. 전체적인 내용은 별 차이가 없지만 발해의 건국자에 대해 결정적으로 다르게 서술하고 있습니다. 먼저 『구당서』에서는 발해의 건국자가 대조영이라는 것과 고구려의 별종, 즉 고구려 계통에서 갈라져 나왔음을 밝히고 있습니다. 고구려의 별종이란 기록에 대해 고구려와 다른 종족이라는 뜻이라는 주장도 있는데, 한마디로 말도 안 되는 것입니다. '고구려의 별종'에 바로 이어지는 문장이 "고구려가 멸망하자 그는 가속을 거느리고 영주로 옮겨 가 살았다"는 내용입니다. 대조영이 고구려 계통이었으므로 고구려가 멸망하자 당나라에 의해 영주로 끌려가 살게 되었다고 해석하는 것이 상식에 맞죠. 어쨌든 『구당서』에서는 대조영이 건국자이고, 대조영과 함께했던 말갈인 지도자가 걸사비우였음을 밝히고 있습니다. 발해는 고구려 유민 대조영이 말갈인들과 함께 세운 나라였다는 것이죠.

그런데 『신당서』는 발해의 건국자를 걸걸중상과 그 아들 대조영의 2단계로 설명하고 있습니다. 발해의 건국자가 대씨라고 하면서도 속말말갈인이며, 고구려에 복속되어 있었다고 하여 고구려와 다른 말갈인이라는 것입니다. 또한 걸걸중상이라는 이름 역시 걸사비우와 같은 말갈인이라는 느낌을 줍니다. 한마디로 말갈인 걸걸중상의 아들 걸걸조영이 발해를 세우면서 성을 대씨로 바꾸어 대조영이 되었다는 뜻이죠. 즉, 발해는 말갈인 대조영이 말갈인들을 중심으로 고구려 유민들과 함께 세운 나라였다는 것입니다.

Post Card

선생님, 안녕하세요?

아침 일찍 흑룡강성 영안현에 도착하여 발해의
수도였던 상경 용천부 유적을 답사하였습니다.
궁궐터에서 발견된 온돌 장치도 살펴보고,
절터에서 석등도 보았습니다. 저녁에는
대조영이 발해를 세웠던 동모산에 도착하여
이렇게 엽서로 소식 전합니다.
내일 동모산 답사 후에 다시 연락드리겠습니다.

From 중국 길림성에서
.... 제자 ☆☆ 올림

To 대한민국 △△도
.... △△시 △△동
.... ○○○ 선생님께

그렇다면 『구당서』와 『신당서』는 발해의 건국자에 대해 왜 다르게
설명하고 있을까요? 『구당서』는 후진 때인 945년 유후 등이 편찬한 사서
입니다. 『신당서』는 송나라 때인 1060년에 구양수, 송기 등이 편찬한 사서
입니다. 『구당서』는 『신당서』보다 115년 먼저 편찬되었습니다. 즉 『구당
서』는 당나라와 발해가 멸망한 지 얼마 되지 않은 시기에 쓰인 가장 정확
한 기록입니다. 또한 『신당서』를 편찬한 송나라 때는 중화사상이 매우 강
했습니다. 송나라가 거란족이 세운 요나라에게 군사적으로 패배하고 굴
복하여, 매년 엄청난 양의 은과 비단을 세폐로 바치는 상황이었기 때문입
니다. 오랑캐의 침략으로 중국인들이 피해를 보고 있다는 생각에서 중화
사상이 더욱 강해졌던 것이죠. 그런데 고구려는 안시성 싸움에서 당 태종
을 물리쳤을 뿐만 아니라 당 태종을 위기에 빠뜨리기도 할 정도의 강국이
었습니다. 이러한 고구려가 되살아난 나라가 발해라는 것은 중국인들에

겐 인정할 수 없는 진실이었습니다. 결국 『신당서』의 찬자들은 발해가 고구려와 아무 상관없는 나라인 것처럼 기록했던 것입니다. 그래서 대조영의 아버지 이름을 대중상에서 걸걸중상으로, 그 출신을 고구려에서 속말말갈로 조작한 것입니다. 한편, 말갈인도 역시 기본적으로는 고구려인이라고 할 수 있습니다. 먼저 『삼국사기』의 다음 기록을 봅시다.

(장수왕) 56년 봄 2월 왕이 말갈의 군사 1만을 거느리고, 신라의 실직주성을 공격하여 빼앗았다.

말갈인들은 5세기 장수왕 때 이미 고구려에 복속된 것을 알 수 있습니다. 4세기 후반 광개토대왕의 영토 확장으로 이미 고구려의 영향력 아래에 들어왔으며, 장수왕 때는 고구려의 군사로 참여할 정도였죠. 『삼국사기』의 다음 기록도 봅시다.

(영양왕) 9년 왕이 말갈 군사 1만여 명을 거느리고 요서를 침공하였다.

위 기록은 영양왕이 수나라를 선제공격할 때 말갈군을 이끌고 전쟁을 하였다는 내용입니다. 수나라와의 큰 전쟁을 일으키면서 고구려 정예군이 아닌 말갈군을 내세웠다는 것은 무엇을 의미할까요? 그렇습니다. 말갈군은 고구려군의 일부였다는 뜻입니다. 말갈인은 적어도 5세기부터 고구려의 만주 땅에 사는 주민이 되었습니다. 668년 고구려 멸망 이후 30년 만인 698년 그 땅에 다시 세워진 나라가 발해입니다. 일제 35년의 나라 없는 시기보다 더 짧은 기간 동안 고구려 주민들은 모두 어디로 갔을까요?

고구려 주민들은 모두 사라지고, 말갈인이란 새로운 민족이 하늘에서 떨어진 것일까요? 발해 주민 중에 말갈인이 많았다는 말은 일제 35년 직후 해방된 우리 민족이 말갈인이라는 것과 마찬가지입니다. 단 30년의 공백이 있었을 뿐인 땅에 살던 사람들이 고구려인에서 말갈인으로 바뀌었다는 말 자체가 모순입니다. 겨우 30년을 제외하고 500년 동안 말갈인은 고구려와 발해의 대다수 주민이었습니다. 이들이 우리 민족이 아니었다면 고구려도 발해도 우리 역사가 아닌 것이죠.

신지식 전체 ▽	발해의 정체성	▽	검색

▶ 질문하기

중국은 동북공정을 통해 발해가 당나라의 지방 정권이었다는 주장을 하고 있습니다. 발해가 고구려를 계승한 나라였고, 우리의 역사였다는 근거가 있나요?

▶ 답글 쓰기

갑 : 발해를 세운 대조영은 고구려의 장군이었습니다.

을 : 발해 유적에서 발견된 온돌 장치는 우리 민족만이 사용합니다.

병 : 발해가 일본에 보낸 국서에 고구려의 왕이라고 자처했죠.

정 : 말갈인들은 5세기 이후 고구려에 복속되었고, 30년 만에 다시 세워진 발해의 주민이었으므로 우리 민족에 포함된다고 할 수 있습니다.

또한 중국에서는 발해말갈, 흑수말갈처럼 오랑캐라고 비하하는 말로 '말갈'을 사용했습니다. 심지어는 '신라말갈'이란 말도 썼죠. '말갈'이란 오랑캐와 같은 말인 셈입니다. '말갈(靺鞨)'에는 '가죽 혁(革)' 자가 들어 있습니다. 동물 가죽을 다루는 유목 민족을 뜻하는 말이죠. 고구려와 발해에서는 농경을 하며 정착 생활을 하는 주민도 있었지만 유목을 하며 이동 생활을 하던 이들도 있었습니다. 말갈인은 고구려와 발해에서 유목 생활을 하던 주민이었던 것입니다.

신라인과 발해인은 동족 의식이 있었을까?

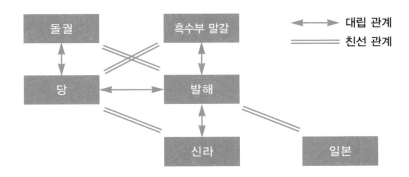

현재 남한과 북한은 하나의 민족이 분단되어 있습니다. 하지만 한민족이라는 동족 의식은 남북한이 모두 갖고 있습니다. 이러한 동족 의식이 사라진다면 우리 민족이 재통일을 이룩할 수 있다는 희망도 사라질 것입니다. 동족 의식이 있느냐 없느냐는 매우 중요한 문제입니다. 그렇다면 신라인과 발해인은 과연 동족 의식이 있었을까요? 먼저 『동문선』에 실린 최치원이 쓴 「사불허북국거상표」의 내용을 봅시다.

> 그들이 처음 거처할 고을을 세우고 이웃으로 도와 달라고 청하기에
> 그 추장 대조영에게 처음으로 신의 나라의 제5품 대아찬의 벼슬을 주었
> 습니다.

이 기록에 따르면, 신라에서 발해를 세운 대조영에게 신라의 대아찬
벼슬을 하사하였습니다. 대아찬은 5품 벼슬로 진골 이상이어야 오를 수
있습니다. 즉 신라는 대조영에게 신라의 진골 신분을 준 것입니다. 신라
는 정복한 가야의 왕족에게 진골 신분을 주거나 백제와 고구려 멸망 후 그
왕족이나 귀족에게 골품을 주어 포섭하였습니다. 이러한 신라의 골품 하
사는 동족 의식을 바탕으로 한 것이죠. 또한 신라는 고구려가 멸망하였지
만 고구려 유민이 다시 나라를 세워 발해가 되었다고 여겨 왔습니다. 그
증거가 바로 『삼국사기』 「최치원전」의 기록입니다.

> 그의 문집에는 태사시중에게 보내는 편지가 있는데 그 편지에는 이렇
> 게 쓰여 있다. (중략) 고구려의 잔민들이 서로 모여 북으로 태백산 아래 의
> 지하여 국호를 발해라고 하였습니다.

고구려의 잔민, 즉 유민들이 다시 모여 만든 나라가 발해라는 것입니
다. 또한 신라는 발해를 북국이라고 불렀던 것으로 보입니다. 다음 기록
을 봅시다.

(원성왕 6년) 3월 일길찬 백어를 북국에 사신으로 보냈다(『삼국사기』).
(헌덕왕 4년) 9월 급찬 숭정을 북국에 사신으로 보냈다(『삼국사기』).

신라 원성왕 6년(790)과 헌덕왕 4년(812)에 발해에 사신을 보내면서 발해를 북국이라고 표현한 것이죠. 우리가 지금 북한 또는 이북이라고 부르는 것과 비슷합니다. 결국 신라에서는 발해가 고구려를 계승한 나라라는 인식, 즉 동족 의식이 있었던 것입니다. 이와 관련된 『삼국유사』의 기록을 봅시다.

『신라고기』에 이르길 고구려의 옛 장군 조영은 성이 대씨이다. 그는 남은 군사를 모아 태백산 남쪽에 나라를 세우고 발해라 하였다.

일연이 인용한 『신라고기』에는 대조영이 고구려의 장군 출신이었고, 발해를 세웠다는 기록이 있었습니다. 이것은 신라인이 대조영은 고구려인이었고, 발해는 고구려인이 세운 나라라는 사실을 알고 있었음을 보여줍니다. 또한 일본의 승려 엔닌이 쓴 기행문 『입당구법순례행기』에는 다음과 같은 기록이 있습니다.

8월 15일 절에서 수제비와 떡을 장만하고 8월 15일 명절을 지냈다. 이 명절은 다른 나라에는 없는 것으로 오로지 신라국에만 있다. 노승 등의 말에 의하면, 신라가 옛날 발해와 서로 싸웠을 때, 이날 이겼기 때문에 명절로 정하여 음악과 즐거운 춤을 즐기던 전통이 오래도록 이어져 끊이지 않았다고 한다.

이 기록의 8월 15일은 추석을 말하는 것으로 보입니다. 그런데 엔닌은 재당 신라인들에게 추석이 생긴 이유를 "신라가 옛날에 발해와 싸워 이겼기 때문"이라고 들었습니다. 재당 신라인이 일본인이었던 엔닌에게 신라가 고구려를 멸망시킨 사실을 신라가 발해를 이겼다고 설명한 것으로 보입니다. 재당 신라인들이 엔닌에게 고구려를 발해라고 말한 이유는, 당시 고구려는 멸망했고 발해가 고구려를 계승했기 때문이죠. 재당 신라인들처럼 본국의 신라인들 역시 발해는 고구려를 계승한 나라임을 알고 있었던 것입니다. 한편, 발해가 신라를 남국이라고 불렀다는 기록은 없지만, 발해에서도 신라에 대해 동족 의식이 있었을 가능성을 보여 주는 기록이 있습니다. 『거란국지』의 내용을 봅시다.

대인선은 이를 크게 두려워하여 몰래 신라 여러 나라들과 서로 돕기를 약속하였다.

대인선은 발해의 마지막 왕이었던 애왕입니다. 발해가 거란의 침략 위기에 처하자 신라 여러 나라들, 즉 후삼국에게 동맹을 제의하였음을 보여 주는 기록입니다. 당시 후삼국에게 발해가 구원 요청을 했다는 것은 사실상 고려의 왕건에게 도움을 청한 것이라고 볼 수 있습니다. 고려는 고구려와 같은 국호입니다. 고구려를 계승한 나라라는 뜻이죠. 발해 역시 고구려를 계승한 나라였음을 강조했습니다. 이러한 사실은 『속일본기』의 기록에 나옵니다.

무예(무왕)가 아룁니다. (중략) 고려(고구려)의 옛 강역을 수복하였고,

부여의 남은 풍속을 이어받았습니다.

이것은 727년 발해의 무왕이 일본에 보낸 국서의 내용 일부입니다. 발해가 고구려의 옛 땅을 되찾고, 부여의 정통성을 계승했다는 내용이죠. 발해의 고구려 계승 의식을 엿볼 수 있습니다. 다음 『속일본기』의 기록 역시 마찬가지입니다.

고려(고구려)의 사신 양승경 등이 방물을 바치며 아뢰어 말하였다. "고려(고구려)국왕 대흠무(문왕)께서 말씀하시기를…… (하략)

이것은 759년 발해의 문왕이 일본에 보낸 국서에서 자신을 고구려의 왕이라고 자칭하는 내용입니다. 발해가 곧 고구려라는 뜻이죠. 이처럼 고구려 계승 의식이 강한 발해가 역시 고구려 계승 의식을 갖고 있던 고려에게 도움을 청한 것으로 보입니다. 하지만 고려는 어쨌든 신라에서 나온 나라였습니다. 발해 역시 이를 잘 알고 있었습니다. 발해도 신라에 대해 동족 의식이 있었던 것이죠. 또한 신라에서 나왔지만 고구려 계승을 표방한 태조 왕건은 발해를 향한 강력한 동족 의식을 『고려사』의 기록에서 이렇게 표현했습니다.

거란이 사신을 보내와 낙타 50필을 선물하자 왕은 말하였다. "거란이 일찍이 발해와 화목하게 지내 오다가 별안간 의심하여 맹약을 어기고 멸망시켰으니 심히 무도한지라 멀리 화친을 맺어 이웃을 삼을 것이 되지 못한다." 마침내 교빙을 거절하며 그 사자 30인을 섬에 유배하고 낙타를 만

부교 아래에 묶어 놓아 모두 굶어 죽게 하였다.

이것은 거란이 고려에 보낸 사신들을 유배 보내고, 선물로 보낸 낙타를 모두 만부교 아래에 묶어 놓아 굶겨 죽인 사건입니다. 사실상 거란을 열 받게 하여 침략을 유도한 도발이었죠. 물론 전쟁은 일어나지 않았지만. 그런데 이러한 조치를 내린 이유가 바로 발해였습니다. 거란이 발해를 멸망시켰기 때문이라는 것이었죠. 왜일까요? 발해가 고려와 아무 관련이 없었다면 이러한 명분은 내세우지 않았을 것입니다. 이유는 단 한 가지뿐입니다. 고려는 발해를 동족 국가라고 생각했습니다. 동족의 나라를 멸망시킨 거란은 무도한 나라, 즉 고려의 원수였던 것이죠. 고려의 태조 왕건만이 특별히 이런 동족 의식을 느꼈던 것일까요? 아닙니다. 앞에서 살펴본 것처럼 신라인은 발해인과 동족 의식이 있었습니다. 비록 통일을 이루진 못했지만 동족 의식은 분명히 있었습니다. 이러한 동족 의식은 고려에 이어졌고, 발해 멸망으로 동족을 찾아온 발해의 유민을 받아들였으며, 동족의 나라를 멸망시킨 거란과 싸웠던 것이죠.

꾸짖고자 하나 할 말이 없다

몇 년 전 중국 정부 차원에서 고구려사를 중국사에 귀속시키려는 목적으로 추진 중인 '동북공정 프로젝트'가 알려지면서 많은 국민들이 분노하였습니다. 사실 그동안 중국 학계는 '중국은 통일적 다민족 국가'라는 입장에서 고구려사와 발해사를 중국 지방 정권의 역사로 포함시켜 왔습니다. 뿐만 아니라 '현재의 중국 영토 안에서 발생한 모든 역사적 사건은 중화민족의 역사'라는 시각에서 원·금·청 등 소수민족이 한족을 지배했던 정권도 중국사라는 입장을 취했습니다.

'동북공정 프로젝트'가 문제되는 것은 이러한 중국인만의 역사관을 세계적으로 인정받기 위한 계획이기 때문입니다. 중국인이 자신들의 역사를 이렇게 가르치는 것에 대해서 현실적으로 우리가 할 수 있는 일은 없습니다. 하지만 세계적으로도 우리의 고구려사와 발해사를 중국에게 빼앗긴다는 것은 받아들이기 어려운 일입니다. 그 당시 '동북공정 프로젝트'에 반대하는 100만인 서명 운동이 벌어졌습니다. 서명 운동이 성공했다면 문제가 해결되었을까요? 반대로 중국이 1억 서명 운동을 하면 어떻게 될까요? 우리가 정말 해야 할 일은 우리 역사를 세계적으로 제대로 알려 나가는 작업입니다. 이를 위해서는 무엇이 필요합니까? 가장 먼저 역사 연구자들이 많이 필요합니다. 이미 유득공이, "발해사를 제대로 연구하지 않아 우리의 땅을 잃어버렸으니 누굴 탓하겠는가"라고 한탄했듯이 상황은 지금도 마찬가지입니다. 다음 기록을 봅시다.

> 부여씨가 망하고 고씨가 망하고 김씨가 그 남쪽에 있고, 대씨가 그 북쪽에 있으니 발해라 한다. 이에 남북국이라 일컬으니 마땅히 남북국사가 있어야 하는데, 고려가 이를 편찬하지 않았다. 대씨는 누구인가? 바로 고구려인이다. 그 있던 곳은 어디인가? 바로 고구려 땅이다. (중략) 마땅히 이때 고려를 위하여 계책을 세우는 사람이 급히 발해사를 편찬했어야 한다. 여진을 잡아 꾸짖어 말하길, "어찌 우리 발해의 땅을 돌려주지 않는가? 발해의 땅은 고구려의 땅이다." 그리고 한 장군을 보내 그 땅을 거두

었으면 토문강 북쪽의 땅을 영유할 수 있었을 것이다. 거란을 잡아 꾸짖어 말하길, "어찌 우리 발해의 땅을 돌려주지 않는가? 발해의 땅은 고구려의 땅이다." 그리고 한 장군을 보내 그 땅을 거두었으면 압록강 서쪽의 땅을 영유할 수 있었을 것이다. 끝내 발해사를 편찬하지 않았으니, 토문강의 북쪽과 압록강의 서쪽이 누구의 땅인지 알지 못하게 되었다. 여진을 꾸짖고자 하나 할 말이 없고, 거란을 꾸짖고자 하나 할 말이 없다.

이것은 18세기 말 유득공이 쓴 『발해고』의 서문 중 일부입니다. 유득공은 남북국이란 용어를 처음 사용하면서 남쪽의 신라와 북쪽의 발해는 모두 우리 민족의 나라라는 입장을 취했습니다. 유득공은 특히 발해가 멸망한 이후 발해 유민을 흡수한 고려에서 발해의 역사서를 정리하지 않은 것을 비판하였습니다. 발해사를 편찬하지 않았기 때문에 여진족과 거란족으로부터 만주를 되찾지 못했다는 것이죠. 결국 고구려와 발해의 영토였던 만주를 잃어버린 것은 거란족이나 여진족의 책임이 아니라 우리의 역사조차 제대로 정리하지 못한 우리 민족의 책임이라는 논리입니다.

이것은 현재에도 그대로 들어맞습니다. 현재 한국사 교과서에서는 삼국통일 이후를 남북국 시대라고 표현합니다. 1990년대 이전까지는 통일신라와 발해였지요. 사실 통일신라라는 용어는 상당히 문제가 있습니다. 신라가 통일신라라면 발해는 우리 역사란 말입니까, 아니란 말입니까? 현재의 역사를 후세 역사가들은 뭐라고 부를까요? 남북한 시대일까요, 통일한국과 북한일까요? 남한과 북한을 우리 민족의 역사라고 생각한다면 당연히 남북한 시대라고 부를 것입니다. 하지만 통일한국과 북한이란 말은 남한만을 우리 민족의 역사로 인정하고 북한은 우리 민족의 역사

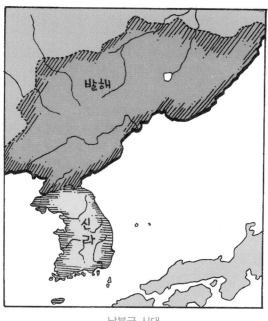

남북국 시대

에서 제외한다는 뜻이겠죠? 이와 같이 우리는 발해사를 우리의 역사로 공식화하는 것조차 매우 소홀히 했습니다. 남북국 시대란 용어를 한국사 교과서에 사용한 시기가 불과 20년 정도밖에 되지 않았다는 것이 그 증거입니다.

지금도 상황은 크게 달라지지 않았습니다. 우리는 고구려사와 발해사가 우리의 역사라는 생각만 하고 있을 뿐이지 지금까지 고구려와 발해에 대해서 제대로 알고 있는 것이 무엇입니까? 현재 고구려와 발해의 유적, 유물이 대부분 중국과 북한에 있기 때문이라는 변명을 하기도 합니다. 그것이 이유가 됩니까? 절대 아닙니다. 우리의 역사를 지키려면 제대

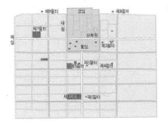
로 알려 나가야 합니다. 이러한 역사 알리기 사업이 활발해지면 역사 연구자들이 일할 수 있는 공간이 넓어지고, 역사 연구가 활발해질 것입니다. 이 모든 것의 기본은 사실 돈입니다. 국가 예산이 있어야 외국 교과서의 한국사 왜곡도 시정해 나가고, 국제 역사학계 학술회의에서 발언권도 높이고, 고구려와 발해 역사 공원도 만들고, 이 모든 것을 위해 역사 연구자들에게 금전적 지원도 가능합니다. 다시 한 번 말하지만 우리가 정말 부끄러워해야 하는 것은 동북아시아 국가들 중에서 고구려사, 발해사 전문가들이 가장 적다는 사실입니다.

고구려 정통 사관과 신라 정통 사관

고구려와 발해의 역사를 우리 역사에서 제외한 것은 1970년대까지의 우리 역사학계였습니다. 북한은 고구려 정통 사관을 갖고 있습니다. 남한은 신라 정통 사관이었습니다. 북한이 정치적으로 고구려 정통 사관에 의해 북한에 정통성이 있다고 주장하는 판국에 남한은 신라 정통 사관에 의해 대한민국에 정통성이 있다는 입장을 보였던 것이 사실입니다. 고구려와 발해의 역사가 우리 역사에서 제외된 또 하나의 이유는 무엇일까요? 고구려를 제대로 연구하려면 북한 측 연구 논문이나 자료, 중국과 소련 측 논문, 자료 등도 연구했었어야 합니다. 그러나 1960년대, 1970년대에 반공이 국시인 나라에서 북한과 공산주의 국가 자료를 제대로 볼 수는 없었습니다. 고구려와 발해 역사 연구가 제대로 될 리가 없었지요. 이러한 풍토가 바뀐 것이 1987년 6월 항쟁 이후입니다. 민주화가 이루어지면서 북한, 중국, 소련 측 자료도 연구할 수 있게 되었고, 남북국 시대란 용어가 공식화되기 시작했습니다. 이렇게 용어 하나를 보더라도 대한민국은 신라 정통 사관이었습니다.

여러분도 기억하시겠지만 국사 교과서의 고구려, 백제는 내용도 분량도 신라에 미치지 못했습니다. 신라 위주로 삼국 시대가 구성되었습니다. 특히 통일신라와 발해의 분량은 10배쯤 차이가 났습니다. 백제의 요서와 산동 반도에 있던 영토라는 말은 꺼내지도 못했습니다. 하지만 1990년대 이후 삼국 시대는 고구려, 백제, 신라가 똑같은 비중으로 구성되기 시작하였고, 남북국 시대가 공식화되었고, 백제의 요서와 산동 반도에 있던 영토는 중국 측 사료를 적시하여 백제의 영토 확보를 주장하고 있습니다. 신라 정통 사관에서 어느 정도 벗어났기 때문입니다.

북한은 지금까지도 고구려 정통 사관을 버리지 않고 있습니다. 북한에서는 '통일신라'라는 용어조차 사용하지 않습니다. '후기신라'라고 하죠. 신라에게는 우리 민족의 정통성이 없다는 입장입니다. 우리 민족의 정통성은 고구려를 계승한 발해에게 있다고 생각합니다. 당연히 발해를 신라보다 먼저 더 중요하게 서술하고 신라에 대한 서술은 부정적입니다. 왜 그럴까요? 고구려 정통 사관이기 때문입니다. 김일성이 교시하였고, 그 아들 김정일이 그 뒤를 이어받고 있기 때문입니다. 지금도 북한은 갑자기 고조선 요령중심지설에서 고조선 평양중심지설로 입장을 바꾸고, 단군릉 쇼를 하고 있습니다. 모두 정치적 이유입니다. 북한에 정통성이 있다는 것을 입증하려는 것입니다. 그러나 중국의 역사 빼앗기에 대해 북한은 제대로 항의조차 못하고 있습니다. 북한과 중국이 혈맹 관계이기 때문이죠. 역시 정치적 이유로 꿀 먹은 벙어리가 된 것입니다.

우리는 때만 되면 늘 일본의 역사 왜곡을 욕하고, 사과와 보상을 요구합니다. 하지만 우리가 그러한 활동을 국가 제도적으로 만들어 내지 못하면 금방 식어 버리는 냄비에 불과합니다. 이제 중국의 역사 빼앗기에 대해서도 한때의 분노로 끝낼 것인지, 진짜 우리 역사로 만들어 나갈 것인지는 우리 손에 달려 있습니다. 우리의 선택적 기억상실증이 사라지길 기원하며 찬찬히 현실을 다시 한 번 되돌아봅니다.

영화 「황산벌」을 통해 본 삼국통일

- 삼국통일에 대한 비판과 나·당 갈등의 시작

삼국통일이 비판받는 이유

영화 「황산벌」은 삼국통일을 소재로 한 영화입니다. 특히 당시 삼국이 현재 경상도, 전라도, 평안도 사투리를 사용했다는 가정 하에 코믹한 사투리 대사가 흥미로웠죠. 개봉 당시 이 영화가 위대한 삼국통일의 역사를 겨우 코미디의 소재로 써서 망쳐놨다고 욕하는 사람들도 있었습니다. 그렇다면 「황산벌」의 배경이 되는 역사는 과연 코미디의 소재로 비꼴 수도 없을 만큼 성스럽고 위대한 역사일까요? 그렇다면 그 역사가 얼마나 위대했는지 살펴봅시다. 다음은 삼국통일의 실제 역사입니다.

신라의 김춘추는 당나라 황제를 찾아가 밀약을 맺었습니다. 그 내용은 다음과 같습니다. "신라와 당은 힘을 합하여 공동으로 백제와 고구려를 공격한다. 백제는 신라가 차지하고, 고구려는 당나라가 차지한다." 그

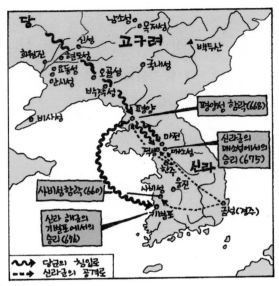

삼국통일의 과정

러나 백제와 고구려가 멸망하자 당나라는 약속을 어기고 백제에 웅진도
독부, 고구려에 안동도호부, 신라에 계림도독부를 설치하며 한반도 전체
를 차지하려고 들었습니다. 이러한 당의 야욕에 대항하여 신라인들은 매
소성 싸움, 기벌포 해전의 승리로 당군을 축출하였죠. 하지만 광활한 고
구려의 영토를 모두 잃어버린 대동강 이남의 통일일 뿐이었습니다. 고구
려 멸망 이후 고구려 유민들은 끈질긴 항쟁 끝에 발해를 세우고, 남북국의
대립이 다시 시작되었습니다.

사람들은 '왜 고구려가 삼국통일을 하지 못하고 신라가 삼국통일을
하여 우리나라가 작고 약한 나라가 되었을까?'라는 생각을 하곤 합니다.
왜일까요? 신라 스스로의 힘으로는 삼국통일을 이룩할 수 없었기 때문입니다. 신라만의 힘으로 전쟁을 일으켰다면 삼국통일은커녕 신라가 오히려 멸망할 위기에 처할 수도 있었습니다. 삼국통일은 당나라라는 외세를 잘못 끌어들였다가 고구려와 백제뿐만 아니라 신라까지도 멸망당할 위기에 빠졌던 엄청난 실수였습니다. 나당 전쟁을 통해 간신히 당군을 몰아내고 대동강 이남의 영토만을 지켜 우리 민족의 역사 무대를 크게 축소시킨 손해 보는 통일이었습니다. 이후 고구려는 발해로 계승되었지만 남북국의 대립이 계속되었고, 발해 역시 거란에게 멸망함으로써 우리 민족의 역사 무대에서 만주는 사라져 버렸습니다. 그래서 삼국통일은 자랑스러운 역사라기보다는 안타까운 역사로 남아 있는 것입니다.

나당 동맹은 굴욕적인 동맹이었다

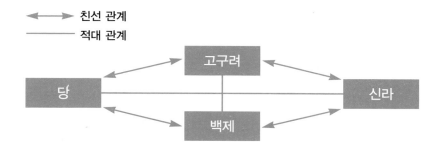

영화 「황산벌」에서는 나당 동맹이 굴욕적이었음을 보여 주는 장면이 있습니다. 당군을 이끌고 온 소정방과 신라군의 대표인 김유신이 처음 만나는 장면이죠. 나당 연합군의 서열에서 가장 말단이 신라 무열왕 김춘추이고, 김유신 이하 신라군은 모두 그 아래입니다. 작전 계획 역시 소정방의 일방적인 명령에 따라야 했죠. 먼저 『삼국사기』의 기록을 봅시다.

> (6월) 21일 왕(무열왕)이 태자 법민으로 하여금 병선 100척을 거느리고
> 덕물도에 가서 정방을 맞이하게 하였다. 정방이 법민에게 "나는 7월 10일
> 백제 남쪽에 도착하여, 대왕의 군사와 만나 의자의 도성을 격파하려 한
> 다"고 말했다.

6월 21일 당군과 신라군은 덕물도에서 합류하여 작전 계획을 짜게 됩
니다. 사비성을 치기로 한 날짜가 7월 10일입니다. 그러니까 약 20일 안에
모든 이동이 이루어져야 한다는 것이었죠. 그런데 당군은 배를 타고 바다
로 이동하고, 신라군은 육지로 이동하는 것이었습니다. 『삼국사기』「김유
신전」의 내용을 봅시다.

> 정방이 태자에게 말하였다. "나는 해로로 가고 태자는 육로로 가서 7
> 월 10일에 백제의 왕도 사비성에서 만나자."

덕물도는 현재 인천입니다. 사비성은 현재 충남 부여입니다. 해로로
이동하는 당군은 충분히 20일 안에 이동할 수 있었지만 육로로 이동하는
신라군에게는 너무 촉박한 시간이었습니다. 이것은 소정방의 음모였던
것으로 보입니다. 신라군에게 실현 불가능한 시간을 주고 지키지 못하면
이를 핑계로 책임을 묻겠다는 계획이었죠. 『삼국사기』의 기록을 봅시다.

> 유신 등이 당 군영에 도착하니 정방은 유신 등이 늦게 왔다는 이유로

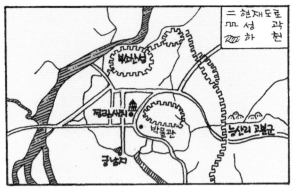

충남 부여 약도

군문에서 신라 독군 김문영의 목을 베고자 하였다. 유신은 군사들 앞에서 말하였다. "대장군은 황산 전투를 보지도 않고, 늦게 온 것을 죄주려 합니다. 나는 죄도 없이 치욕을 당할 수 없으니, 반드시 먼저 당군과 결전한 후에 백제를 쳐부수겠소." 곧 군문에서 도끼를 집어 들었다. 그의 노기 서린 머리털이 뻣뻣이 서고 허리에 찼던 보검이 칼집에서 저절로 튀어나왔다. 정방의 우장 동보량은 발을 구르며 말하였다. "신라 군사들의 마음이 장차 변할 것입니다." 정방이 이에 문영의 죄를 문제 삼지 않았다.

이것은 황산벌 전투를 어렵게 치른 신라군과 당군이 다시 만난 장면입니다. 소정방은 김유신을 만나자마자 신라군이 늦었다는 이유를 들며 신라 장군 김문영을 처형하려고 하였죠. 애초부터 신라군에게 촉박한 시간을 주고, 이를 핑계로 신라에게 더 많은 것을 요구하려는 계략이었습니다. 영화 「황산벌」에서도 이러한 상황에 굴욕을 느낀 김유신과 김법민(후에 문무왕)은 반발하였습니다. 이 영화에서 김유신이 "당나라를 먼저 치겠다"고 말하며, 칼을 빼들고 소정방을 위협하는 장면은 실제 있었던 일입니다.

김유신이 화랑들을 희생시킨 이유

영화에서처럼 660년 황산벌에서는 백제의 존망을 건 마지막 결전이 벌어졌습니다. 백제 계백의 5천 결사대와 신라 김유신의 5만 대군의 싸움은 사실 승패가 뻔했습니다. 10배의 병력 수에서 이미 승패는 결정된 것이나 다름없었죠. 그러나 결과는 예상 밖이었고 신라는 연이어 4번을 패하였습니다. 신라가 패한 가장 큰 이유는 계백이 자신의 아내와 자식들까지 죽이고 전쟁에 나온, 즉 모든 것을 버린 상황 때문이었습니다. 『삼국사기』 「계백 열전」의 기록을 봅시다.

(계백이 말하길) "한 나라의 인력으로 당과 신라의 대군을 당하자니, 나라의 존망을 알 수 없다. 나의 처자가 붙잡혀 노비가 될지도 모르니 살아서 치욕을 당하는 것보다 차라리 통쾌하게 죽는 것이 낫다." 마침내 자기의 처자를 모두 죽였다.

계백은 가족을 죽임으로써 5천 군대를 결사대로 만들었습니다. 전쟁에서 패했을 때 자신의 가족은 계백의 가족보다 더 비참하게 죽거나 노예가 될 것이 분명했기 때문입니다. 결국 계백의 가족 몰살은 5천 결사대를 일당백의 전사로 만드는 전략이었던 것입니다. 연이어 4번의 패배를 당하

황산벌 싸움 재현 모형 : 충남 논산 백제군사박물관 소재.

계백 장군 묘 : 충남 논산 계백장군 유적 전승지 소재.

자 김유신은 이에 대응할 전략을 찾게 되었고, 그것은 백제군의 사기를 능가할 만한 전략이었습니다. 그것은 바로 지도층의 자기희생이었습니다. 김유신과 함께 군대를 이끌던 김흠춘과 김품일은 자신들의 아들인 반굴과 관창을 희생양으로 삼았던 것입니다. 『삼국사기』의 기록을 봅시다.

　　장군 흠춘이 아들 반굴에게 말하였다. "신하가 되어서는 충성이 제일이요, 자식이 되어서는 효도가 제일이니, 이러한 위기를 당하여 목숨을 바친다면 충성과 효도를 모두 다하는 것이다." 반굴이 대답하기를, "삼가 명을 받들겠습니다"라고 하면서 곧 적진으로 들어가 최선을 다하여 싸우다가 전사하였다.

　　먼저 김흠춘의 아들인 화랑 반굴이 홀로 적진에 가서 싸우다 전사했고, 다음은 김품일의 아들 화랑 관창의 차례였습니다. 『삼국사기』의 기록을 봅시다.

　　좌장군 품일이 아들 관창을 불러 말 앞에 세우고 여러 장수들에게 보이며 말했다. "내 아들이 나이 겨우 열여섯이지만 기백이 자못 용감하다. 네가 오늘 전투에서 삼군의 모범이 될 수 있겠는가?" 관창은 "예"라고 말하고 갑옷을 입고 말을 탄 채, 창 한 자루를 들고 적진에 달려들었다. (중략) 계백은 그를 죽이지 않고 돌려보냈다. 관창이 아버지에게 말했다. "제가 적진에 들어가서 장수의 목을 베지 못하고 깃발을 뽑아 오지 못한 것은 죽음이 겁나서가 아닙니다." 관창은 말을 마치자 손으로 우물물을 떠 마시고, 다시 적진으로 나아가 힘차게 싸웠다. 계백은 그를 붙잡아 머리를 베어 말안장에 매어 보냈다. 품일이 그 머리를 쳐들자 피가 흘러 소매를 적셨다. 그는 말하였다. "내 아들의 얼굴이 살아 있는 것 같구나. 나라를 위하여 죽을 수 있었으니 다행이로다." 삼군의 군사들이 이를 보고 비분강개하여 죽음을 각오하고, 북을 치고 함성을 울리며 진격하였다. 이 전투에서 백제 군사들은 대패하였고, 계백도 전사하였다.

이와 같이 김품일의 아들인 16세의 화랑 관창이 홀로 적진에 뛰어들어 싸우다가 백제군에 사로잡혔으나, 계백은 관창이 어리다 하여 다시 돌려보냈습니다. 하지만 돌아온 관창은 다시 적진으로 달려들어 싸우다가 잡혔고, 이번엔 목을 베어 말에 달아 돌려보냈습니다. 반굴과 관창의 희생을 본 신라 5만 대군은 분노의 힘으로 싸워 결국 백제군을 격파했던 것입니다.

그런데 영화 「황산벌」에서는 화랑 관창의 영웅적인 이야기를 비판적으로 묘사했습니다. 아버지 김품일이 아들 관창에게 "전사를 하면 역사에 영웅으로 남게 된다"며 전쟁터에 나가 죽을 것을 종용하고, 살아 돌아온 관창의 뺨을 때리며 "죽지도 못하고 돌아온 네가 화랑이냐?"고 조롱하여 다시 관창을 전쟁터로 되돌려 보내는 장면이 나왔죠. 이에 대해서 위대한 화랑 관창의 살신성인을 어찌 웃음거리로 만들 수 있느냐고 비판한 사람들이 있습니다. 그들의 인식으로는 도저히 이해가 되지 않겠지만, 우리의 상식으로는 충분히 비판할 수 있는 일입니다. 어찌 16세 청소년을 전쟁의 승리를 위해 희생양으로 이용할 수 있나요? 영화 속의 김유신은 화랑들을 전쟁터로 계속 보내라고 하면서 이렇게 말하죠. "전쟁은 제정신이 아닌, 미친놈들이 하는 것"이라고요. 그렇습니다. 제정신이라면 전쟁을 할 수 없죠. 제정신이 아니기 때문에 청소년들까지 전쟁에 내보내는 것입니다.

어쨌든 반굴과 관창의 희생 이후 분노한 신라군은 백제군을 총공격하여 승리했습니다. 영화 속의 계백은 전사 직전 병졸 한 명을 도망치게 하면서 말합니다. 호랑이는 죽어서 가죽을 남기고, 사람은 죽어서 이름을 남기지만 "나는 자네를 남기고 싶다"고요. 그리고 가족을 몰살시킬 때를 회상하죠. 계백의 부인은 자결을 요구하는 계백에게 이런 말을 하였습니다. "호랑이는 가죽 때문에 죽는 것이고, 사람은 그 이름 때문에 죽는 것"이라고요. 결국 계백의 가족도, 오천 명의 결사대도, 계백도 죽었습니다. 살아남은 병졸은 고향으로 돌아가 농사를 짓고 있던 어머니를 만나 기뻐합니다. 영화 속의 계백이 남긴 것은 바로 희망이었던 것입니다.

영화 「황산벌」, 「평양성」, 그리고 「나당 전쟁」?

영화 「황산벌」의 마지막에 사비성은 함락되었습니다. 그러나 소정방은 신라군이 제 역할을 하지 못했다고 트집을 잡으면서 백제 땅을 당군이 관리하겠다고, 의자왕과 왕족들 역시 당나라로 끌고 가겠다고 선언합니다. 이에 김유신과 김법민은 분노하면서 소정방에게 항의합니다. 이러한 갈등이 결국엔 나당 전쟁으로 이어지는 것을 보여 주는 장면이죠. 실제 역사에서도 김유신과 문무왕이 나당 전쟁을 주도하는데, 그 원인을 드러내는 장면이었습니다.

최근 영화 「황산벌」의 속편으로 「평양성」이 개봉되었습니다. 「황산벌」이 백제 멸망을 다룬 1편이었고, 「평양성」은 고구려 멸망을 다룬 2편

당의 야욕

인 셈이죠. 저는 두 편 모두 재미있는 영화라고 생각하는데, 이 영화 시리즈의 완결편은 「나당 전쟁」이 아닐까 생각합니다. 삼국통일은 백제와 고구려의 멸망이 아니라 당나라 군대를 한반도에서 몰아낸 676년이기 때문이죠. 당나라가 웅진도독부, 계림도독부, 안동도호부 등 식민 통치 기관을 설치하고, 한반도 전체를 지배하려는 야욕을 드러내자 신라가 백제, 고구려 유민과 힘을 합쳐 당나라 군대를 몰아내어 우리 민족의 위기를 극복한 전쟁이 바로 나당 전쟁입니다. 특히 매소성 싸움은 3만의 신라군이 20만의 당나라 군대를 물리친 기적적인 대첩이었습니다. 실제로 나당 전쟁이 영화화된다면 더욱 박진감 넘치고 재미있는 대작이 되지 않을까요. 완결편 「나당 전쟁」을 기다리며 이 글을 마칩니다.

'임금님 귀는 당나귀 귀'는 언론 탄압에 대한 저항

- 대나무밭을 없애도 이야기는 계속된다

경문왕은 '임금님 귀는 당나귀 귀'의 주인공

임금님 귀는 당나귀 귀

왕(경문왕)의 귀가 갑자기 길어져서 나귀의 귀처럼 되었는데 왕후와 궁
인들은 모두 이를 알지 못했지만 오직 복두장 한 사람만은 이 일을 알고
있었으나 그는 평생 이 일을 남에게 말하지 않았다. 그 사람이 죽기 직전
도림사 대나무 숲 속에 사람들이 없는 곳으로 들어가서 대나무를 향해 외
쳤다. "우리 임금님의 귀는 당나귀 귀와 같다." 그 후 바람이 불면 대나무
숲에서 소리가 났다. "우리 임금님의 귀는 당나귀 귀와 같다." 왕은 그 소
리가 듣기 싫어서 대나무를 베어 버리고 그 대신 산수유나무를 심었다. 그
랬더니 바람이 불면 거기에서는 다만 "우리 임금님의 귀는 길다"고 하는
소리가 났다.

이것은 『삼국유사』에 나오는 경문왕과 관련된 기록입니다. 실제로
경문왕은 당나귀 귀였을까요? 귀가 보통 사람들보다 더 길었을지도 모르
지만 설화에 나오는 것처럼 당나귀 귀는 아니었겠지요. 그렇다면 왜 이러
한 이야기가 전해졌을까요? 경문왕의 귀가 당나귀의 귀처럼 쫑긋하게 되
었다는 소문이 난 것은 경문왕이 출세를 위해서 여자를 이용했다는 콤플
렉스를 풍자하는 이야기입니다. 『삼국유사』의 기록을 봅시다.

왕의 이름은 응렴이다. 나이 18세에 국선이 되었다. 약관에 이르자 헌
안대왕은 그를 불러 궁중에서 잔치를 베풀고 물었다. (중략) "나에게 두
딸이 있는데 낭의 시중을 들게 하리라." (중략) 범교사가 말했다. "낭이 만
일 둘째 공주에게 장가간다면 나는 반드시 낭의 면전에서 죽을 것이고,
첫째 공주에게 장가간다면 반드시 세 가지 좋은 일이 있을 것이니 경계해
서 하도록 하십시오." "그 말씀대로 하겠습니다." 그 뒤에 왕이 날을 가려

서 낭에게 사자를 보내어 말했다. "두 딸 중에서 공의 뜻대로 결정하도록 하라." 사자가 돌아와서 낭의 뜻을 왕에게 보고했다. "첫째 공주를 맞이하겠다고 합니다." 그런 지 3개월이 지나서 왕은 병이 위독해지자 여러 신하들을 불러 놓고 말하였다. "내게는 아들이 없으니 죽은 뒤의 일은 마땅히 맏딸의 남편 응렴이 이어야 할 것이다." 이튿날 왕이 죽으니 낭이 유언을 받들어 왕위에 올랐다. 이에 범교사는 왕에게 나아가 말했다. "제가 아뢴 세 가지 아름다운 일이 이제 모두 이루어졌습니다. 첫째 공주에게 장가를 드셨기 때문에 이제 왕위에 오르신 것이 그 하나요, 예전에 흠모하시던 둘째 공주에게 이제 쉽게 장가드실 수 있게 되신 것이 그 둘이요, 첫째 공주에게 장가를 드셨기 때문에 왕과 부인이 매우 기뻐하시는 것이 그 셋입니다." 왕은 그 말을 듣고 고맙게 여겨서 대덕이란 벼슬을 주고 금 130냥을 하사했다.

이 이야기에 따르면 경문왕은 왕의 사위로서 왕위에 오른 인물입니다. 아내를 잘 만나서 출세한 사람이었죠. 특히 출세를 위해서 마음에 들었던 아름다운 둘째 공주를 포기하고, 못생긴 첫째 공주와 결혼했다는 것은 경문왕이 얼마나 출세 지향적인 사람이었는가를 잘 보여 줍니다. 헌안왕이 기뻐하도록 첫째 공주와 결혼하여 왕의 마음을 얻고, 결국엔 임금의 자리까지 얻어 냈다는 것은 당시 사람들에게도 놀림감이었던 것으로 보입니다. 이러한 경문왕의 즉위 과정은 웃음거리였고, 경문왕 스스로도 큰 콤플렉스였을 것입니다. 그래서 경문왕은 누가 자신을 비웃을까 귀를 쫑긋하게 세웠고, 이것이 '임금님 귀는 당나귀 귀'라는 소문을 만들었던 것이죠.

경문왕의 언론 탄압에도 '임금님 귀는 당나귀 귀'는 계속되었다

이러한 소문이 만들어진 또 하나의 이유는 경문왕 주변의 간신배와 여자들 때문입니다. 먼저 『삼국유사』의 기록을 살펴봅시다.

> 일찍이 왕의 침전에는 날마다 저녁만 되면 수많은 뱀들이 모여들었다. 궁인들이 놀라고 두려워하여 이를 쫓아내려 했지만 왕은 말했다. "내게 만일 뱀이 없으면 편하게 잘 수가 없으니 쫓지 마라." 왕이 잘 때에는 언제나 뱀이 혀를 내밀어 온 가슴을 덮고 있었다.

경문왕의 침전에 모여든 수많은 뱀들은 간신배나 여자들을 말하는 것으로 보입니다. 그리고 경문왕은 간신배의 혀에서 나오는 달콤한 아부가 없으면 잠을 잘 수도 없을 정도로 잘못된 정치를 하고 있었던 것입니다. 궁예가 경문왕의 아들이었지만 궁궐에서 쫓겨나 애꾸눈이 되었다는 이야기도 이와 같은 배경에서 출발했습니다. 이러한 경문왕의 실정에서 비롯된 소문이 바로 '임금님 귀는 당나귀 귀'였던 것이죠. 그렇다면 복두장이만 알고 있던 비밀(?)인 '임금님 귀는 당나귀 귀'라는 소리가 대나무 숲에서 바람이 불 때마다 났다는 것은 무슨 뜻일까요? 그렇습니다. 경문왕에 대한 조롱이 민간으로 퍼져나갔고, 이러한 소문을 잠재우기 위해 경문왕은 대나무 숲을 잘라 버리는 언론 탄압을 하였던 것이죠.

하지만 경문왕의 언론 탄압도 별 효과가 없었던 것 같습니다. '임금님 귀는 당나귀 귀'가 '우리 임금님의 귀는 길다'로 바뀌었을 뿐 당나귀처럼 귀가 길다는 진실은 바뀌지 않은 채 사람들 사이에 수군거림이 계속되었으니까요. 이 이야기는 현대 사회에도 큰 교훈을 줍니다. 우리 시대의 대나무 숲은 인터넷이겠지요. 복두장이는 임금님에 대한 비판을 하고 싶었지만 탄압이 두려워 죽기 직전에야 대나무 숲에서 속 시원하게 비판을 했습니다. 그의 죽음 후에도 대나무 숲은 바람소리를 이용하여 진실을 외쳤습니다. 지금 이 순간에도 인터넷에서는 수많은 네티즌들이 게시판에 글을 쓰고, 뉴스 기사에 댓글을 달고 있습니다. 정치, 사회, 경제, 문화 등 모든 분야에서 자신들의 생각을 밝히고 논쟁하고 비판합니다. 또한 스마트폰이 보급되면서 트위터 등을 이용하여 더욱 많은 사람들이 정부와 사회에 대한 비판과 논쟁을 벌이고 있습니다. 네티즌들이 '임금님 귀는 당나귀 귀'라는 비판을 하지 못하도록 할 방법은 사실상 없습니다. 아무리 억압하더라도 '임금님 귀는 당나귀 귀'라는 바람소리는 계속될 것입니다. 대나무 숲을 없애 버려도 '임금님 귀는 길다'라는 진실은 없앨 수 없으니까요.

경문왕의 아들과 딸이 차례로 왕위를 계승한 이유

왕이 시중 민공을 돌아보면서 "내가 들건대 지금 민간에서는 짚이 아닌 기와로 지붕을 덮고, 나무가 아닌 숯으로 밥을 짓는다 하니 과연 그러한가?"라고 물었다. 민공이 "저도 일찍이 그렇다는 말을 들었습니다"라고 대답하고, 이어서 "왕께서 즉위하신 이후로 음양이 조화를 이루고, 바람과 비가 순조로워서 해마다 풍년이 들고, 백성들은 먹을 것이 넉넉하며, 변경이 안정되고 시정이 즐거워하니, 이는 왕의 어진 덕에 의하여 이루어진 것입니다"라고 말했다.

🔲 http://www.○○ 사이버 박물관.net

○○사이버 박물관

▣ 헌강왕

「삼국유사」에는 헌강왕 시기가 태평성대였음을 보여 주는 기록으로 춤을 추고 노래를 부르는 장면들이 많이 소개되었다. 그러나 이러한 모습들이 사실은 신들이 나라에 망조가 들었음을 경고하기 위해 춤을 춘 것이고, 사람들은 이를 깨닫지 못하고 오히려 춤과 노래를 즐기다가 결국 나라가 망했다는 것이다. 즉 헌강왕 시기는 태평성대가 아니라 타락한 사회였다.

▣ 헌강왕릉

이것은 『삼국사기』에 실린 헌강왕에 대한 기록입니다. 헌강왕은 경문왕의 맏아들로 왕위에 올랐습니다. 헌강왕이 시중에게 백성들이 기와집에 숯을 연료로 사용할 정도로 잘살고 있냐고 묻자 시중은 이것이 모두 헌강왕 덕분에 이루어진 일이라고 아부를 떠는 내용이죠. 그렇다면 헌강왕의 통치 시기는 정말 백성들이 잘 먹고 잘사는 태평성대였을까요? 『삼국유사』의 내용을 봅시다.

『어법집』에서는 이렇게 말했다. "그때 산신이 춤을 추어 드리면서 노래를 불러 이르기를 '지리다도파도파(智理多都波都波)'라고 한 것은 대개 지혜로 나라를 다스릴 사람들이 미리 사태를 짐작하고 많이 도망하여 도읍이 장차 파괴된다는 뜻이었다." 이는 지신과 산신이 장차 나라가 망할 것을 알았기 때문에 춤을 추어 이를 경고한 것이나, 나라 사람들은 이를 깨닫지 못하고 도리어 좋은 징조가 나타났다고 하여 춤과 노래를 즐김이 더욱 심하여졌으니 마침내 나라가 망하게 된 것이다.

『삼국유사』에서는 헌강왕과 시중의 대화 장면과 함께 위의 내용도 소개하고 있습니다. 먼저 헌강왕 시기가 태평성대였음을 보여 주는 기록으로는 춤을 추고 노래를 부르는 장면들이 많이 소개되었죠. 그러나 사실은 신들이 나라에 망조가 들었음을 경고하기 위해 춤을 춘 것이었습니다. 사람들은 이를 깨닫지 못하고 오히려 춤과 노래를 즐기다가 결국 나라가 망했다는 것이죠. 한마디로 헌강왕 시기는 태평성대가 아니라 타락한 사회였음을 보여 주는 이야기입니다. 또한 헌강왕의 여동생 진성여왕 때부터는 나라가 망하기 시작했습니다. 헌강왕 다음에 동생 정강왕이 왕위에 올랐지만, 재위 1년 만에 죽으면서 왕위를 여동생 진성여왕에게 넘겨줍니다. 그는 다음과 같은 유언을 남겼습니다.

불행히 뒤를 이을 자식은 없으나, 누이동생 만(진성여왕)은 천성이 명민하고 체격이 남자와 같으니, 그대들이 선덕왕과 진덕왕의 옛일을 본받아 그녀를 왕위에 세우는 것이 좋을 것이다.

『삼국사기』에 실린 기록으로, 정강왕의 뒤를 이을 자식이 없고, 선덕여왕과 진덕여왕처럼 여왕이 된 선례가 있으니 자신의 여동생 진성여왕에게 왕위를 넘기겠다는 유언입니다. 사실 이것은 경문왕 집안에서 잡은 권력을 끝까지 놓지 않으려는 생각에서 내세운 명분이었을 뿐입니다. 헌강왕, 정강왕, 진성여왕은 모두 경문왕의 아들과 딸입니다. 앞에서 살펴본 것처럼 경문왕은 원래 왕이 될 자격이 없었는데, 아들이 없었던 헌안왕의 사위가 되어 왕위를 계승하였죠. 콤플렉스가 심했던 경문왕은 비판 세력을 억누르기 위해 대나무 숲을 베어 버리는 등 언론 탄압을 하였습니다. 그 뒤를 이은 헌강왕 역시 '임금님 귀는 당나귀 귀'라는 비판을 들었던 아버지처럼 콤플렉스가 심했던 것으로 보입니다. 신하들에게 자신이 태평성대를 이룬 임금이라는 아부성 발언을 하게끔 유도할 정도였죠. 그 뒤를 이은 정강왕은 짧은 생을 마감하면서 여동생에게 왕위를 넘깁니다. 왜 경문왕의 자식들은 그들끼리 왕위를 계승하였을까요? 그 원인은 경문왕에 있습니다. 정통성이 없었던 경문왕은 자신에 대한 비판에 더욱 민감하였고, 언론 탄압으로 비판을 억눌렀습니다. 이러한 행태는 동생들에게 왕위를 넘겨주는 기형적 왕위 세습으로 이어졌습니다. 자신들에 대한 비판을 동생들이 막아 줄 것이라는 생각이었던 것이죠. 한마디로 경문왕 가문에서 잡은 권력을 절대로 빼앗길 수 없었던 것입니다.

그 아버지에 그 딸, 경문왕과 진성여왕

(진성여왕은) 비밀리에 미소년 두세 명을 불러들여 음란한 관계를 갖고, 그들에게 요직을 주어 나라의 정사를 맡겼다. 이에 따라 아첨하고 총애를 받는 자들이 방자해지고, 뇌물을 주는 일이 공공연하게 행해졌으며, 상벌이 공평하지 못하고 기강이 문란해졌다. 이때 누군가가 이름을 감추고 시정을 비방하는 말을 만들어 관청 거리에 방을 붙였다. 왕이 그를 수색케 하였으나 잡을 수 없었다. 누가 왕에게 말하기를 "이것은 필시 문인으로서 뜻을 펴지 못한 자의 소행이니, 아마도 대야주에 숨어 사는 거인이 아닌가 생각합니다"라고 하였다. 왕이 명령을 내려 거인을 체포하여 서울 감옥에 가두고 처벌하려 하였는데, 거인이 분하고 원망스러워, 감옥 벽에 다음과 같은 글을 썼다. "우공이 통곡하니 3년이나 가물었고, 추연이 슬퍼하니 5월에도 서리 왔네. 지금 나의 깊은 시름, 옛일과 같건만 하늘은 말 없이 푸를 뿐인가." 그날 저녁에 갑자기 구름과 안개가 덮이고 번개가 치며 우박이 내렸다. 왕이 이를 두려워하여 거인을 석방하여 돌려보냈다.

『삼국사기』의 기록처럼 진성여왕의 통치 시기는 실정과 혼란의 연속이었습니다. 백성들의 불만이 커져 갔고, 진성여왕을 비판하는 벽서가 나붙는 일이 벌어졌습니다. 진성여왕은 열 받아서 이를 색출하려고 했지만 잡을 수 없었습니다. 그러자 간신들은 평소 정부에 비판적이었던 지식인 '거인'을 범인으로 지목하고, 진성여왕은 그 말을 따라 거인을 구속한 것이죠. 억울한 거인은 감옥의 벽에 "하늘이 무섭지도 않느냐?"라는 뜻의 벽서를 썼고, 때마침 짙은 안개, 번개, 우박 등으로 하늘의 뜻이 나타나자

겁이 난 진성여왕은 그를 석방했습니다.

　한마디로 '그 아버지에 그 딸'입니다. 대나무 숲을 베어 버리는 언론 탄압을 자행했던 경문왕의 딸 진성여왕은 평소 바른 소리 잘하던 비판적 지식인 '거인'을 구속시킴으로써 자신에 대한 비판을 억누르려고 하였습니다. 그가 감옥 벽에 쓴 시에 열 받은 하늘이 노하였고, 겁먹은 진성여왕은 거인을 석방했습니다. 거인이 감옥에서 쓴 시는 외부로 알려졌나 봅니다. 그렇지 않았다면 『삼국사기』에 기록되지도 못했겠죠? 그의 반정부 시는 민중들을 분노하게 하였고, 민중 봉기의 징조가 나타났습니다. 이를 짙은 안개, 번개, 우박 등으로 표현한 것이죠. 민심은 천심이니까요. 결국 민중 봉기가 일어나려고 하자 겁먹은 진성여왕이 어쩔 수 없이 거인을 석방하면서 사태를 수습했던 것입니다. 경문왕이 '임금님 귀는 당나귀 귀'라는 비판이 듣기 싫어 대나무 숲을 베어 버려도 '임금님 귀는 길다'는 비판은 계속되었습니다. 마찬가지로 진성여왕이 자신에 대한 비판을 억압하기 위해 비판적 지식인 '거인'을 가두어도 민중들의 분노를 억누를 수는 없었습니다.

그 아버지에 그 아들, 경문왕과 궁예

　궁예는 신라인이니 성은 김씨이다. 아버지는 제47대 헌안왕이요, 어머니는 헌안왕의 후궁이었는데 그녀의 이름은 전해지지 않는다. 혹자는 궁예가 48대 경문왕 응렴의 아들이라고도 한다.

선생님이 궁금해하는 남북국 시대의 비밀 • 273

궁예

이것은 『삼국사기』에 나타난 궁예에 대한 기록입니다. 현재 한국사 교과서에는 후고구려를 건국하여 후삼국 시대의 한 축을 이루었던 중요한 인물로 서술하고 있는 인물이죠. 하지만 궁예를 신라 왕족이라고만 설명하고 있습니다. 어느 왕의 아들인지에 대해서는 말하고 있지 않은데, 바로 위의 기록처럼 헌안왕 또는 경문왕이라고 되어 있기 때문입니다. 그렇다면 궁예는 헌안왕의 아들일까요, 경문왕의 아들일까요? 답은 『삼국사기』에 나와 있습니다.

과인이 불행하게 아들 없이 딸만 두었다.

'과인'이란 헌안왕입니다. 아들이 없었기 때문에 사위인 경문왕에게 왕위를 물려준 것이죠. 헌안왕이 아들이 없었다면 궁예는 헌안왕의 아들이 될 리가 없죠. 궁예가 헌안왕의 아들이 아니라면 결국 경문왕의 아들인 것입니다. 그런데 궁예는 애꾸눈이었습니다. 이에 대해서도 『삼국사기』는 다음과 같이 설명하고 있습니다.

> 왕이 중사로 하여금 그 집에 가서 그를 죽이도록 하였다. 사자는 아이를 포대기에서 꺼내어 다락 밑으로 던졌는데, 젖 먹이던 종이 그 아이를 몰래 받았는데 잘못하여 손으로 눈을 찔렀다. 이리하여 그는 한쪽 눈이 멀었다. 종은 아이를 안고 도망하여 숨어서 고생스럽게 양육하였다.

경문왕은 궁예를 갓난아기 때 죽이려고 하였습니다. 그러나 유모였던 종이 궁예를 구해 도망가던 중에 궁예의 눈이 애꾸눈이 되었고, 궁예는 불우한 어린 시절을 보냈던 것입니다. 태어나면서부터 경문왕에게 버림받았던 궁예는 세달사라는 절에 들어가 승려가 되어 성장하였습니다. 진성여왕 때 궁예는 기훤의 세력에 들어갔다가 다시 양길의 세력으로 들어가 자신의 세력을 키웠습니다. 이후 독자적인 세력으로 급성장한 궁예는 왕건의 아버지 왕륭의 세력이 가담하면서 세력을 더욱 확대하고, 이를 바탕으로 901년에는 후고구려를 세우고, 왕위에 오릅니다. 왕위에 오른 궁예는 특히 신라에 적대적이었습니다. 다음은 이를 보여 주는 『삼국사기』의 기록입니다.

> 그(궁예)는 사람들로 하여금 신라를 멸도라고 부르게 하였으며, 신라에서 오는 사람은 모조리 죽여 버렸다.

궁예가 이처럼 신라에 적대적이었던 이유는 무엇이었을까요? 그렇습니다. 궁예는 경문왕의 아들이었지만 버림받았고, 애꾸눈이 되었으며, 먹고살기 위하여 승려가 되었습니다. 그리고 자신의 배다른 형들이 왕위에 오르는 모습을 지켜보았고, 결국 배다른 누나 진성여왕에게 반기를 들고 자신의 나라를 세워 나갔습니다. 『삼국사기』의 기록을 봅시다.

> (궁예는) 사졸과 고락을 같이하며, 주거나 빼앗는 일에 이르기까지도 공평무사하였다. 이에 따라 여러 사람들이 그를 마음속으로 경외하고 사랑하여 장군으로 추대하였다.

궁예는 처음에 말단 병사들과 똑같이 생사고락을 함께하고, 공평한 일처리 등으로 민중들의 존경과 사랑을 받았던 것으로 보입니다. 하지만 궁예는 신라의 왕족이었습니다. 궁예가 독자적인 세력으로 성장하도록 도움을 주고, 끝까지 궁예를 지지했던 사람이 김순식입니다. 김순식은 신라의 진골 귀족 출신으로 명주(현재 강릉) 일대의 세력가였죠. 결국 궁예의 기본적인 정체성은 신라 왕족이었습니다. 다시 말해 궁예의 입장에서는 반란이나 새로운 나라를 세우는 것이 아니라 왕위쟁탈전이었던 것입니다. 신라 경문왕의 아들로서 자신의 이복 형제자매들처럼 이름만 다른 신라의 왕이 되고자 했던 것이죠. 뿐만 아니라 궁예는 아버지 경문왕의 모습을 점차 닮아 갔습니다. 자신에 대한 비판을 억누르기 위해 반대 세력을 숙청하고, 심지어는 왕후와 자식들까지 살해하는 등 폭압 정치를 하였습니다. 『삼국사기』의 기록을 봅시다.

승려 석총이 말하였다. "모두 요사스러운 말과 괴이한 이야기로서 교훈이 될 만하지 않다." 선종(궁예)이 이 말을 듣고 화를 내어 그를 철퇴로 쳐 죽였다. (중략) 부인 강씨가 왕이 옳지 못한 일을 많이 한다 하여 정색을 하고 간하였다. 왕이 그녀를 미워하여 "네가 다른 사람과 간통하였으니 어찌 된 일이냐?"고 하였다. 강씨가 말하기를 "어찌 이런 일이 있겠습니까?" 하니, 왕이 말하기를 "나는 신통력으로 보고 있다."(중략) 부인을 죽이고 그의 두 아이까지 죽였다. 그 뒤로 그가 의심이 많고 곧잘 갑자기 화를 내면서 여러 보좌관과 장수 관리로부터 평민에 이르기까지 죄 없이 죽는 일이 자주 일어났다.

궁예는 스스로를 미륵불이라고 하면서 강론을 하거나 불경을 저술하였습니다. 이러한 궁예의 행태에 대해 석총이란 스님이 '요사스러운 말과 괴이한 이야기'라고 비판하자 철퇴로 쳐 죽이는 언론 탄압을 한 것이죠. 궁예의 실정이 심해지자 왕후인 강씨가 직언으로 비판하였습니다. 이에 열 받은 궁예는 왕후를 간통 혐의로 몰고, 자신은 신통력(관심법)으로 모든 것을 알고 있다며 왕후와 두 아들까지 죽여 버리는 만행을 저지릅니다. 이후 여러 죄 없는 관리, 장군들과 평민들까지 잔인하게 살해당하는 일이 벌어졌습니다. 한마디로 '그 아버지에 그 아들'입니다. 경문왕이 '임금님 귀는 당나귀 귀'라는 비판이 듣기 싫어 대나무 숲을 베어 버렸다는 것은 비판 세력을 숙청했음을 의미합니다. 하지만 대대적인 숙청에도 비판은 계속되었습니다. 마찬가지로 궁예는 많은 반대 세력을 숙청하였지만 가장 신뢰했던 왕건에 의해 쫓겨나 결국엔 민중들에게 살해당하는 비참한 최후를 맞이했던 것입니다. 결론입니다. 어떠한 비판을 억압하고 반대 세력을 탄압해도 비판은 기어코 계속될 것이며 역사는 독재자가 아닌 민중의 편에 선다는 것입니다.

장보고는 해상왕국 백제의 부활을 꿈꿨다

▪ 백제의 후손 재당 신라인과 장보고의 이루지 못한 꿈

당나라의 유명한 시인이 기록한 장보고의 삶

장보고에 대한 최초의 기록은 당나라의 유명한 시인 두목(杜牧)의 『번천문집』에 실린 「장보고·정년전」입니다. 『신당서』와 『삼국사기』에 실린 장보고에 대한 기록들은 모두 이를 근거로 작성된 것입니다. 시인 두목은 당나라 강회 지역의 절도사를 지냈는데, 이 지역에 재당 신라인이 많이 살았기 때문에 장보고와 정년으로 대표되는 재당 신라인의 상황을 잘 알고 있었던 것으로 보입니다. 먼저 장보고는 어떤 사람이었는지 『번천문집』의 기록을 봅시다.

장보고와 정년이란 자가 있는데 모두 전투를 잘하였고 창을 잘 썼다. 정년은 또한 잠수를 잘하여 바닷속으로 50리를 헤엄쳐도 숨이 차지 않는

완도에서 장도를 바라본 모습

등 그 용맹과 건장함이 두각을 보였다. 하지만 장보고는 이에 미치지 못하였다. 정년은 장보고를 형이라 불렀는데 보고는 나이로, 정년은 재능으로 항상 의견이 어긋나서 서로 양보하지 않았다. 둘 다 당나라로 들어와 무령군 소장을 하였다.

이 내용은 『삼국사기』에도 거의 그대로 기록되어 있습니다. 그런데 『삼국사기』에는 '장보고'라는 한자 이름이 아닌 '궁복(弓福)' 또는 '궁파(弓巴)'라는 우리나라 이름이 나옵니다. 장보고는 '해도인(海島人)', 즉 미천한 '섬사람'이었습니다. 아마도 장보고는 당나라에 오기 전 신라에서는 성이 없었을 것으로 보입니다. 그렇다면 어떻게 '장(張)'이란 성을 갖게 되었을까요? '활 궁(弓)' 변을 쓰는 장(張) 씨가 중국에서 가장 흔한 성이란 점에서 '장(張)'을 성으로 삼았던 것으로 추정됩니다. 이름인 '보고'는 우리 말 '복'을 한자어로 차음(借音)한 표기로 보입니다. '궁복'이란 우리식 이름을 중국식 한자 이름으로 바꾼 것이 '장보고'였던 것이죠.

장보고와 정년은 신라에서 당나라로 건너와 뛰어난 무술 실력으로 무령군 소장에 이를 정도로 출세한 인물입니다. 특이한 것은 잠수와 수영 실력이 매우 뛰어났다는 점입니다. 50리를 헤엄칠 정도의 엄청난 수영 실력이었죠. 이것은 장보고와 정년의 고향이 바다와 밀접한 섬이었음을 보여 주는 기록입니다. 또한 『번천문집』에는 장보고와 정년의 고향이 청해진(완도)이었음을 보여 주는 기록이 있습니다.

정년은 "굶주리고 얼어서 죽느니, 차라리 싸우다 죽는 것이 나을 것이오. 하물며 고향에서 죽을 수 있지 않소." 하고는 (신라로) 돌아갔다.

이것은 장보고가 신라에 돌아가 청해진을 설치한 후 정년이 신라로 돌아갈 것을 결심하면서 한 말입니다. 완도가 장보고와 정년의 고향이었음을 강력히 시사하는 기록인 것입니다. 『삼국사기』에서 장보고를 '海島人'으로 기록한 이유가 바로 이것입니다. 그렇다면 장보고는 왜 신라로 돌아와 청해진을 설치했을까요? 역시 『번천문집』의 기록을 먼저 살펴봅시다.

훗날 장보고는 신라로 돌아와서 그 나라 왕(흥덕왕)에게 "중국 도처에서 신라인을 노비로 삼고 있으니, 바라건대 청해를 지키는 일을 맡기시면 도적들로 하여금 사람을 약탈하여 서쪽으로 데려가지 못하도록 하겠습니다"라고 하자 왕이 장보고에게 1만 명을 주어 그곳을 지키게 하였다. 청해는 신라 해로의 요충지로 태화년간 이후 해상에서 신라인을 파는 일이 없어졌다.

장도에서 완도를 바라본 모습

　당시에는 신라인들이 해적들에게 납치되어 중국으로 끌려가 노비로 팔리는 일이 많았습니다. 이에 신라 정부는 당나라 정부에 사신을 파견하여 해적 소탕을 요청하고, 납치된 신라인들이 귀국하도록 해줄 것을 요구했습니다. 장보고가 내세운 명분도 신라인들을 보호하기 위해 해적들을 소탕하겠다는 것이었습니다. 장보고의 청해진 설치 후 해적들이 소탕되었고, 신라인들이 노비로 팔리는 일도 사라졌습니다. 이와 같이 신라인들이 중국에서 노비가 되어 비참하게 생활하는 것을 보고 같은 신라인이었던 장보고가 분노하여 청해진을 설치했다는 것은 청해진 설치의 중요한 이유였습니다. 하지만 이것은 장보고가 겉으로 내세운 명분이었을 뿐 실제 목적은 당, 신라, 일본을 연결하는 해상 항로를 장악하는 것이었습니다. 그렇다면 장보고는 어떻게 청해진을 중심으로 한 해상왕국을 건설할 수 있었을까요?

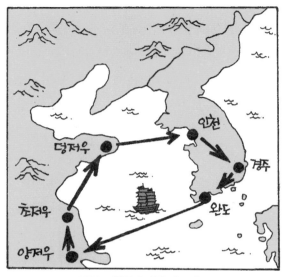

장보고 왕국의 해상 네트워크

일본의 스님 엔닌이 기록한 재당 신라인

여기서 문제되는 것이 흥덕왕이 장보고에게 청해진을 설치하도록 1만 명을 주었다는 기록입니다. 당시 신라는 왕위쟁탈전이 벌어지며 왕권이 불안정하던 시기였기 때문에 국왕이라도 1만의 인원을 내주기란 쉽지 않은 일이었습니다. 그렇다면 이들은 어떤 사람들일까요? 물론 완도 사람들을 훈련시켜 청해진을 지키고 해적을 소탕하는 무적 해군을 만들었을 수도 있겠지만, 이러한 시나리오는 현실적으로 어렵습니다. 장보고는 828년 귀국했는데, 훗날 신무왕이 된 김우징이 장보고에게 도움을 청하러 청해진에 온 것이 836년입니다. 왕위쟁탈전에 패배한 반역자의 아들이었던 김우징을 보호할 정도로 장보고의 세력이 막강했음을 알 수 있죠. 장보고는 청해진 설치 후 몇 년 안에 해적 소탕뿐만 아니라 독자적인 세력까지 형성했던 것입니다. 장보고는 어떻게 단기간에 청해진을 중심으로 한 해상왕국을 형성할 수 있었을까요? 이에 대한 비밀은 재당 신라인에 있습니다.

재당 신라인은 말 그대로 '당나라에 살고 있는 신라인'이란 말입니다. 재당 신라인들은 당시 중국의 산동 반도에서 양자강 하류 지역에 걸쳐 신라인의 거주지인 신라방, 신라촌, 신라인의 자치 기관인 신라소, 신라인이 여행하며 머물던 여관인 신라관, 신라인이 모이는 절이었던 신라원 등을 건설하고, 이러한 네트워크를 이용해 당나라의 상업과 무역 활동에 큰 역할을 하고 있었습니다. 이러한 사실은 일본의 스님 엔닌[圓仁]이 쓴 『입당구법순례행기』에 기록되어 있습니다. 이 기행문은 엔닌이 838년부터 847년까지 중국 동해 연안을 따라 여행하며 쓴 일기 형식의 기록입니다. 그런데 전체 내용의 절반 이상이 재당 신라인과 관련된 기록입니다. 물론 엔닌의 여행에 도움을 준 것이 재당 신라인이었기 때문이기는 하지만, 엔닌이 이를 기록하기 위해 일기를 쓴 것은 아니었습니다. 일기의 대부분을 재당 신라인과 그들의 조직인 신라방, 신라소 등으로 채울 수밖에 없었던 근본적인 이유는 그만큼 재당 신라인의 조직이 방대한 네트워크였기 때문입니다. 특히 각 지역을 연결하는 네트워크가 유기적으로 활동하고, 신속한 교통과 정보 공유가 이루어졌기 때문에 재당 신라인의

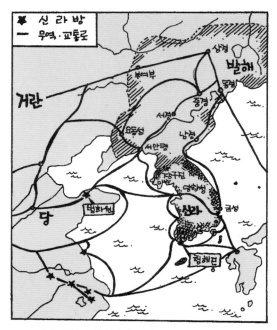

당에 있었던 신라방과 신라, 발해, 당의 무역로

네트워크는 당나라의 동해 연안에서 벌어지는 상업과 무역 활동에 결정적인 역할을 했던 것이죠.

이와 같이 엔닌의 『입당구법순례행기』를 통해 재당 신라인들이 중국 동해 연안을 따라 신라방, 신라관, 신라소 등을 네트워크 거점으로 만들어 활발한 상업과 무역 활동을 했다는 것과 신라와 일본까지 연결하는 해상 항로를 운영했다는 것을 알 수 있습니다. 그렇다면 재당 신라인은 어떻게 당나라에 살게 되었으며 상업과 무역 활동에 종사하게 되었을까요? 이에 대해서는 해적에게 납치된 신라인들이 당나라에 노비로 끌려간 것이 기원이었다는 주장이 제기된 적이 있습니다. 그러나 이것은 사실상 불가능합니다. 노비에다가 외국인이었던 신라인들이 이렇게 광범위한 네트워크를 형성할 수는 없습니다. 그렇다면 재당 신라인은 어떠한 사람들이었을까요?

장보고 동상 : 중국 산동성 적산법화원 소재.

재당 신라인은 중국에 진출했던 백제인들의 후손

이와 관련한 주장이 바로 중국에 진출했던 백제인들이 재당 신라인의 기원이라는 입장입니다. 이 책에서도 살펴본 바와 같이 백제는 중국의 요서에서부터 산동 반도를 거쳐 중국 최남단 광서성장족자치구에 이르기까지 영토를 확보하고 있었습니다. 어쩌면 필리핀 등 동남아시아에도 백제의 거점이 있었을 가능성이 있습니다. 이것은 백제가 다양한 해양 항로를 확보하고, 중국, 일본, 동남아시아 등을 연결하는 네트워크 거점을 설치했었음을 보여 줍니다. 660년 백제는 멸망했지만 의자왕을 비롯한 많은 왕족과 귀족들이 당나라로 끌려왔고, 흑치상지 같은 백제인은 당나라의 장군이 되어 큰 활약을 했습니다. 백제인들이 당나라에서 활동할 여지가 충분했던 것입니다.

백제 멸망 이후에도 백제인들의 네트워크가 유지되어 상업과 무역에서 활발한 활동이 이루어졌다면 과연 이들을 무엇이라고 불렀을까요? 이미 없어진 백제의 이름을 그대로 사용하여 재당 백제인이라고 불렀을까요? 고구려를 계승한 나라로는 발해가 있었지만 백제를 계승한 나라는 없었죠. 백제를 통합한 나라는 신라였습니다. 백제가 멸망한 지 백년도 지난 후에는 백제인이라는 이름은 사라졌을 것이 분명합니다. 현재 일본에는 민단 계열의 재일동포와 조총련 계열의 재일동포가 있습니다. 대개 민단 계열은 '대한민국'을 국적으로 하고, 조총련 계열은 '조선'을 국적으로 합니다. 만약 남한이 북한을 통합하여 국호가 '대한민국'이 된다면 조총련 계열은 국적을 '대한민국'으로 바꿀 수밖에 없습니다. 이 세상에 '조선'이란 나라 이름은 없기 때문입니다. 그리고 점차 시간이 지나면서 일

장보고 선단의 무역선에 실린 상품 모형 : 전남 완도 장보고 기념관 소재.

본에 살고 있는 동포들은 '재일 한국인'이라고 불릴 것입니다. 이와 같이 당나라에 살았던 백제의 후손들 역시 '재당 신라인'으로 불리게 되었을 것입니다. 백제는 신라에 통합되어 사라졌고, 신라만이 자신들의 정체성을 설명할 수 있는 유일한 이름이었기 때문입니다.

앞에서 살펴본 것처럼 장보고의 고향은 청해진이 설치되었던 완도였을 가능성이 큽니다. 완도는 옛 백제의 영역에 포함되는 지역입니다. 장보고와 정년이 고향 완도를 떠나 당나라에 건너가 무령군 소장으로 진급하기까지 뛰어난 무술 실력과 잠수, 수영 실력이 작용했겠지만, 재당 신라인을 하나로 묶을 수 있었던 것은 이들의 고향 땅이 옛 백제 땅이라는 공통점이 있었기 때문이었을 것입니다. 게다가 장보고의 아버지가 재당 신라인이었을 가능성을 보여 주는 기록도 있습니다. 인동 장씨 족보인 『인동장씨대동보』, 『장씨연원보감』에는 장보고의 아버지 장백익이 중국 절

강성 소주부 용흥촌 출신으로 신라와 중국을 여러 차례 왕래하다 신라에 정착했다고 기록되어 있습니다.

장백익이 신라와 중국을 왕래했다는 것은 상인이나 선원이었을 가능성을 나타냅니다. 그리고 그 역할은 재당 신라인의 몫이었습니다. 장보고는 재당 신라인의 후예로 완도에서 태어나 성장했던 것입니다. 이것이 장보고가 당나라로 건너가 성공할 수 있었던 배경이라고도 할 수 있겠죠. 또한 장보고와 정년은 무령군 소장이었던 군사적 경험을 바탕으로 재당 신라인에 대한 조직적인 군사 훈련을 통해 강력한 사병 조직을 운영했을 것으로 보입니다. 바로 이것이 청해진 설치 당시 장보고의 지휘 하에 일사불란하게 움직였던 1만 병력의 비밀입니다.

신라의 폐쇄적 신분 의식에 무너져 버린 장보고의 해상왕국

청해진을 설치한 장보고는 가장 먼저 재당 신라인의 무역 활동에 방해가 되었던 해적을 소탕하고, 더불어 동포 신라인들이 납치되어 노비로 팔리는 일도 없앨 수 있었습니다. 이에 만족하지 않은 장보고는 재당 신라인, 즉 옛 백제인을 하나로 묶어 옛 백제 땅 완도에 도읍을 둔 해상왕국 백제의 부활을 꿈꾸었습니다. 그 기회는 그리 멀지 않아 찾아왔습니다. 836년 흥덕왕의 사후 김제륭이 김균정을 죽이고 왕위에 올라 희강왕이 되었습니다. 왕위쟁탈전에 패배하여 살해된 김균정의 아들 김우징이 도움을 청한 사람이 장보고였습니다. 837년 김명이 다시 희강왕을 죽이고 왕위에 올라 민애왕이 되었고, 이러한 혼란을 이용하여 839년 장보고가 정년이 이끄는 군사 5,000명을 동원하여 민애왕을 죽이고 김우징을 신무왕으로 즉위시켰습니다. 신무왕은 장보고의 공에 대한 논공행상으로 감의군사에 임명하고, 식읍 2,000호를 하사하였습니다. 그런데 신무왕이 왕이 되기 전 장보고에게 약속한 것은 따로 있었습니다. 『삼국유사』의 다음 기록을 봅시다.

> "만일 네가 나를 위해 원수를 없애 준다면 내가 왕위에 올라 네 딸을 맞아 왕비로 삼겠다." 궁파는 이를 허락했으며, 마음과 힘을 같이하여 군사를 일으켜 서울로 쳐들어가 그 일을 성취하였다. 그 후 왕위를 빼앗았으므로 궁파의 딸을 왕비로 삼으려 하자, 여러 신하들이 강력하게 간하였다. "궁파는 아주 미천한 사람이오니 그의 딸을 왕비로 삼는 것은 옳지 않습니다." 왕은 그 말에 따랐다. 그때 궁파는 청해진에서 진을 지키고 있었다. 왕이 약속을 어긴 것을 원망하여 반란을 일으키려 하였다.

위 기록처럼 김우징(신무왕)은 궁파, 즉 장보고에게 자신의 즉위를 도우면 장보고의 딸을 왕비로 들이겠다는 약속을 하였습니다. 한마디로 장보고를 장인으로 삼겠다는 것이었죠. 이 약속은 지켜지지 않았습니다. 장보고는 미천한 신분이므로 국왕의 장인으로 부적격하다는 이유 때문이었습니다. 이에 열 받은 장보고는 반란을 일으키려 하였습니다. 『삼국사기』에는 이 시기에 신무왕이 갑자기 병사한 것으로 나옵니다.

> 왕(신무왕)이 병으로 누웠는데, 꿈에 이홍이 왕의 등에 활을 쏘았다. 왕이 잠을 깨어 보니 등에 종기가 났다. 이 달 23일에 왕이 붕어하였다.

이 기록은 한마디로 말이 안 됩니다. 신무왕이 병에 걸려 꿈을 꾸었더니 등에 화살을 맞고 종기가 나더니 죽었다니요. 물론 종기 때문에 죽었을 수도 있겠지만 등에 화살을 맞은 꿈 이야기는 생뚱맞습니다. 이것은 꿈 이야기가 아니라고 보는 것이 옳을 것입니다. 신무왕이 등에 화살을 맞고 그 상처가 심해져 죽었다면 충분히 이해가 되죠. 결국 신무왕은 즉위 반년 만에 암살당한 것이었습니다. 그리고 신무왕의 태자가 왕위에 올라 문성왕이 되었습니다. 문성왕은 즉위하자마자 장보고의 공적을 치하합니다. 『삼국사기』의 기록을 봅시다.

"청해진 대사 궁복이 일찍이 군사를 거느리고 아버지 신무왕을 도와 선왕의 대적을 격멸하였으니 그의 공로를 잊을 수 있겠는가?"라며 곧 궁복을 진해장군으로 임명하고 겸하여 장복을 하사하였다.

이것은 문성왕이 장보고의 공을 어찌 잊을 수 있겠느냐며 장보고가 신무왕이 왕위에 오를 수 있게 한 일등공신임을 재확인하는 내용입니다. 이 말은 곧 신무왕이 지키지 못했던 장보고의 딸을 왕비로 삼겠다는 약속을 자신이 지키겠다는 뜻과 다름없습니다. 왜 그랬을까요? 신무왕이 죽으면 그 태자인 문성왕이 왕위에 오르는 것은 당연한 일입니다. 그러나 누군가 신무왕을 암살하여 문성왕의 즉위를 앞당겼다면 그 공은 신무왕을 죽인 사람에게 있습니다. 문성왕이 언급한 장보고의 공은 신무왕 암살이었을 것입니다. 장보고가 자신과의 약속을 어긴 신무왕을 즉위 반년 만에 암살하고 그 아들 문성왕을 즉위시켜 약속을 지킬 것을 요구했던 것 아닐까요. 그렇지만 문성왕 역시 약속을 계속 미루었습니다. 즉위한 지 7년이

지나서야 장보고와의 약속을 지키겠다고 했습니다. 『삼국사기』의 기록을
봅시다.

> (문성왕) 7년 봄 3월 왕이 청해진 대사 궁복의 딸을 차비로 삼고자 했
> 다. 조정 신하들이 간하여 말하기를 (중략) "지금 궁복은 섬사람인데 그의
> 딸을 어떻게 왕실의 배필로 정할 수 있겠습니까?"라고 하였다. 왕이 이 말
> 을 따랐다. (중략) 8년 봄 청해진의 궁복이 자신의 딸을 왕비로 삼지 않는
> 다고 하여 왕을 원망하며, 청해진에 웅거하여 반란을 일으켰다.

결과는 신무왕 때와 똑같았습니다. 장보고의 신분이 미천한 섬사람
이라는 것이 이유였습니다. 신무왕, 문성왕에게 연달아 배신당한 장보고
는 반란을 일으켰고, 장보고는 결국 자객 염장에게 암살당했습니다. 장보
고는 암살당했지만 장보고 왕국은 저항을 계속했던 것으로 보입니다. 장
보고의 부장이었던 이창진 등의 봉기 시도가 있었죠. 문성왕 13년(851)에
는 청해진을 폐지하고 벽골군(김제)으로 청해진 주민들을 집단 이주시켰
습니다. 장보고가 암살당한 지 5년 만입니다. 장보고 왕국의 도읍이었던
청해진을 제압하고 그 백성들을 집단 이주시켰다는 것은 장보고 왕국의
저항이 5년이나 계속되었다는 반증입니다. 장보고는 허무하게 암살당하
였고, 그의 왕국도 5년 뒤엔 완전히 사라졌습니다. 이렇게 장보고가 꿈꿨
던 해상왕국 백제의 부활 역시 물거품이 되어 버렸던 것입니다.

처용은 아랍인 의사였다

▪ 전염병 퇴치에 활약하여 의신(醫神)이 된 이슬람 상인

이슬람 세계에서는 신라를 알고 있었다

　　현재 한국사 교과서에는 국제무역항 울산항을 통하여 이슬람 상인들이 신라에 도착하여 무역 등 활발한 교류를 하였다는 서술이 나옵니다. 이에 대한 근거는 사실 이슬람 세계의 사료를 바탕으로 하고 있습니다. 이슬람 전문가 정수일(무하마드 깐수)에 의하면 9세기 이슬람의 지리학자 이븐 쿠르다지바가 저술한 『제(諸) 도로 및 제(諸) 왕국지』에는 다음과 같은 기록이 실려 있다고 합니다.

　　중국의 맨 끝 깐수의 맞은편에는 많은 산과 왕(국)들이 있는데 그곳이 바로 신라국이다. 이 나라에는 금이 많으며 무슬림들이 일단 들어가면 그곳의 훌륭함 때문에 정착하고야 만다. 이 나라 다음에는 무엇이 있는지 알

지 못한다.

또한 10세기의 이슬람의 사학자이며 지리학자인 알 마스오디의 『황금초원과 보석광』에도 다음과 같은 기록이 실려 있다고 합니다.

바다를 따라 중국 다음에는 신라국과 그에 속한 도서를 제외하고는 알려졌거나 기술된 왕국이란 없다. 그곳(신라국)에 간 이라크 사람이나 다른 나라 사람은 공기가 맑고 물이 좋고 토지가 비옥하며 또 자원이 풍부하고 보석이 일품이기 때문에 극히 소수의 사람을 제외하고는 그곳을 떠나지 않았다.

또한 12세기 이슬람의 지리학자 알 이드리시가 저술한 『천애횡단갈망자(天涯橫斷渴望者)의 산책』에는 세계 지도 1장과 세분 지도 70장이 포함되어 있습니다. 그중 제1지역도 제10세분 지도에 5개 섬을 그려 놓고 '신라(sila)'라고 표기한 지도의 후미에 다음과 같은 기록이 실려 있다고 합니다.

그곳(신라)을 방문한 사람은 누구나 정착하여 나오고 싶어 하지 않는다. 그 이유는 그곳이 매우 풍족하고 이로운 것이 많은 데 있다. 그 가운데서도 금은 너무나 흔해 그곳 주민들은 개의 사슬이나 원숭이의 목테도 금으로 만든다.

이러한 자료들의 가장 중요한 공통점은 중국 동쪽에 'sila'라는 나라가 있다는 것입니다. 이는 분명히 '신라'를 말하는 것이죠. 그리고 'sila'에는 금이나 보석이 풍부하다는 점을 중요한 특징으로 들고 있는데, 이것은 신라가 '황금의 나라'라고 불릴 만큼 화려한 금세공 기술로 만들어진 금 제품을 유물로 남기고 있는 사실에 비추어 보아 더욱 흥미롭습니다. 예를 들어 현재 전 세계에서 발견된 금관 중 절반 이상인 6개가 발견된 나라가 신라입니다. 앞에서도 살펴본 바와 같이 신라의 서울이었던 경주는 신라가 존재했던 당시 '금성(金城)', 우리말로는 '서라벌'이었습니다. 이것은 한자 그대로 '황금의 도시', 고대 타밀어에 따르면 '황금의 벌판'이라고 해석할 수 있습니다.

고려와 아라비아 상인들의 교류

이러한 자료의 또 다른 공통점은 이슬람 세계의 사람들이 'sila'에 정착하는 경우가 많았다는 것입니다. 우리나라의 역사 자료에는 이를 입증할 수 있는 자료가 없습니다. 물론 『고려사』에는 대식국으로 표현된 아라비아의 상인들이 고려와 교류했음을 나타내는 내용들이 기록되어 있습니다. 먼저 현종 15년(1024)의 기록을 봅시다.

대식국(大食國)의 열라자(悅羅慈) 등 100명이 와서 방물(方物)을 바쳤다.

아라비아 상인 열라자(알 라지를 한자로 표기한 것으로 보입니다) 등 100명, 즉 비교적 대규모 상단이 고려와 무역했음을 알려주죠. 다음은 현종 16년(1025)의 기록입니다.

대식만(大食蠻)의 하선(夏詵)·나자(羅慈) 등 100명이 와서 방물을 바
쳤다.

역시 아라비아 상인 하선, 나자(핫산, 라지를 한자로 표기한 것으로 보입니
다) 등 100명이 고려와 무역했음을 보여 줍니다. 다음은 정종 6년(1040)의
기록입니다.

대식국의 객상 보나합(保那盒) 등이 와서 수은·용치·점성향·몰약·소
목 등을 바쳤다.

이와 같은 고려 초의 기록은 아라비아 상인, 즉 이슬람 상인들이 고려
와 무역했음을 알려 줍니다. 고려 초는 신라 멸망 이후 그리 오랜 시간이
흐르지 않은 시기이기 때문에, 신라 역시 이슬람 상인과 교류를 하였고,
신라에 정착한 이슬람 상인도 있었을 가능성이 높습니다. 고려에 정착한
이슬람 상인의 모습은 고려가요 「쌍화점」에서도 확인할 수 있습니다.

쌍화점에 쌍화를 사러 가니
회회(回回)아비가 내 손목을 쥐더이다.

쌍화점은 만두 가게입니다. 만두 가게를 운영하는 상인이 회회아비
입니다. 이는 이슬람 상인을 부르는 말이죠. 이슬람 상인 중에는 고려에
정착하여 만두 가게 등 상점을 운영하는 사람도 있었던 것입니다.

처용은 이슬람 상인일까?

그렇다면 신라에 정착하여 살았던 이슬람 상인도 있지 않았을까요? 이를 추정해 볼 수 있는 기록이 『삼국유사』에 실린 처용 설화입니다. 이슬람 상인의 신라 정착을 상징적으로 표현한 것으로 추정됩니다. 먼저 『삼국유사』의 기록을 봅시다.

때마침 대왕(헌강왕)이 개운포에 놀러 왔다가 돌아가려고 물가에서 쉬고 있었는데 문득 구름과 안개가 자욱해져 길을 잃게 되었다. 왕이 괴이하게 여겨 좌우 신하들에게 물으니 일관이 아뢰었다. "이것은 동해 용왕의 조화이오니 마땅히 좋은 일을 하여 풀어 주어야 할 것입니다." 이에 왕은 일을 맡은 관리에게 명하여 용을 위하여 근처에 절을 짓도록 했다. 왕이 명령을 내리자 구름과 안개는 걷혔다. 이로 말미암아 그곳을 개운포라 하였다. 동해 용왕은 기뻐하며 아들 일곱을 데리고 왕 앞에 나타나 왕의 덕을 찬양하며 춤을 추고 음악을 연주했다. 그중에서 일곱째 아들이 왕을 따라 서라벌로 들어가 왕의 정사를 도왔는데, 그의 이름을 처용이라 했다. 왕은 아름다운 여인을 아내로 삼게 하여 그를 치하했으며, 또한 급간이란 관직을 주었다.

이 이야기에 따르면 처용은 용왕의 아들입니다. 이에 대해 용왕을 울산 지역의 호족이라고 보고, 그 아들인 처용이 경주에 인질로 올라와 있었던, 즉 상수리 제도와 비슷한 사례로 생각하는 경우도 있습니다. 또한 개운포는 현재 울산 부근으로 당시 항구였던 것으로 추정되고 있습니다. 그래서 이곳을 국제무역항으로 보고, 용왕의 아들인 처용은 무역선을 타고 신라에 들어온 외국인으로 추정하기도 합니다. 특히 『악학궤범』에 실려 있는 처용무에 사용되는 처용탈의 모습(사진 참조)은 우리나라 사람보다는 서역인의 외모에 가깝습니다. 이러한 입장에서 처용 설화의 내용과 이슬람 자료의 내용이 부합하는 것으로 보아 처용을 이슬람 상인이 신라에 왔다가 정착한 것으로 생각하는 것이죠. 또한 이를 뒷받침하는 『삼국사기』의 기록이 있습니다.

> 왕(헌강왕)이 동쪽의 주군을 순행하였는데 어디서 왔는지 알 수 없는 네 명의 사람이 왕의 수레 앞에 와서 노래를 부르고 춤을 추었다. 그들의 모양이 무섭고 차림새가 괴이하여 당시 사람들이 그들을 일컬어 산과 바다에 사는 정령이라고 하였다.

『악학궤범』에 실린 처용탈(왼쪽)과 현재 사용되는 처용탈(오른쪽)

괘릉(위쪽)과 무인석(아래)

이에 따르면 『삼국유사』의 처용 설화를 『삼국사기』에서 기록한 것으로 추정하고 있습니다. '개운포'는 '동쪽의 주군'으로, '용왕의 아들' 7명은 '어디서 왔는지 알 수 없는 네 명'으로 구체적 표현만 다를 뿐이라는 것이죠. 또한 두 이야기 모두 헌강왕 시대에 벌어진 일이고, 노래하고 춤을 춘 것은 똑같습니다. 그리고 무서운 모양과 괴이한 차림새라는 표현은 이들이 외국인이었음을 짐작하게 합니다. 외국인이 신라에 살았으며 관직을 얻었다는 증거도 있습니다. 바로 괘릉을 지키는 무인석입니다. 사진에서 확인되듯이 무인석의 모델이 된 인물은 서역인의 외모와 흡사합니다. 괘릉은 원성왕의 능으로 추정됩니다. 원성왕은 785년부터 798년까지 왕위에 있었으므로 8세기 말에 이미 서역인이 신라에 살았던 듯합니다. 또한 왕릉을 지키는 무인석의 모델이라는 것은 실제 서역인이 관리가 되기도 했음을 알려 줍니다. 조선 후기 인조, 효종 때 박연이란 인물은 본명이 벨테브레라는 네덜란드 출신 귀화인이었습니다. 배가 난파하여 우리나라에 들어온 벨테브레는 조선의 여성과 결혼하여 자녀까지 두었는데, 훈련도감 등에서 관직 생활을 했습니다. 시대는 다르지만 우리나라에 서양인이 정착하여 관리가 되는 경우도 있었던 것입니다. 처용은 급간이란 벼슬을 받았는데, 급간은 9등급에 해당합니다. 용왕의 아들에게 내린 벼슬치고는 좀 격이 떨어지는 느낌이 듭니다. 그러나 처용이 외국인이었다면 적당한 수준의 벼슬이라고 할 수 있겠습니다.

처용은 아랍인 의사였나?

처용이 이슬람 상인으로 신라에 정착한 귀화인이었다면 그가 믿었던 이슬람교의 신앙생활은 어떻게 했을까요? 당시 중국 당나라의 국제무역항이었던 광주, 천주, 복주, 항주, 양주를 중심으로 아랍인들이 거주하는 대규모 공동체인 번방(蕃坊)이 존재했고, 이슬람교 사원들도 건설되었습니다. 특히 당나라의 수도 장안에 세워진 이슬람교 사원인 청진대사는 불교 사원인 절의 형태를 띠었습니다. 당시에는 모스크 건축양식이 완성되지 못했고, 현지화를 위해서는 절의 건축양식을 차용하는 것도 좋은 방법이었기 때문이죠. 또한 고려의 서울이었던 개경에는 예궁(禮宮)이라 불리는 이슬람 사원이 존재했습니다. 중국과 고려의 사례에 비춰 볼 때 처용설화에 담겨 있는 진실은 다음과 같습니다. 헌강왕이 용왕을 위해 울산 근처에 절을 짓도록 했다는 것은 이슬람교 사원을 짓도록 허락했다는 것으로 볼 수 있습니다. 처용이 이슬람 상인이었다면 처용의 아버지인 용왕은 이슬람교의 유일신 알라를 상징할 것입니다. 즉 알라를 위한 이슬람교 사원을 짓고, 이슬람교의 신앙생활을 허용하자 처용과 같은 이슬람 상인들이 본격적으로 신라에 정착하여 살게 되었던 것이죠.

그렇다면 처용은 신라에서 어떤 일을 하던 사람이었을까요? 물론 급간 벼슬을 하거나 괘릉의 무인석처럼 무관직을 맡았을 수도 있습니다. 처용이 이슬람 상인이었다면 이슬람 세계의 사람으로서 갖고 있던 특별한 재능을 신라에서 발휘했을 가능성이 있습니다. 벨테브레가 서양에서 발달한 총포 기술을 이용해 조선의 총포 개발에 많은 공헌을 했던 것처럼 말입니다. 처용이 신라에 어떤 공헌을 했는지 추정할 수 있는 내용 역시 처

역사신문

| 집중 기획 | **아랍인 의사 처용, 신라에 귀화하다!**

〈기획 기사 미리 보기〉

1부 이슬람 세계에서는 신라를 알고 있었다
2부 고려와 아라비아 상인들의 교류
3부 처용은 이슬람 상인일까?
4부 처용은 아랍인 의사였나?
5부 괘릉의 무인석은 누구인가?

용 설화에 담겨 있습니다. 먼저 『삼국유사』의 기록을 봅시다.

그런데 처용의 아내가 무척 아름다웠으므로 역신이 그녀를 흠모하여 밤이면 사람으로 변하여 그 집에 가서 몰래 그녀와 동침했다. 처용이 밖에서 돌아와 보니 아내가 다른 남자가 잠자리를 같이하고 있는 것을 보고는 노래를 부르며 춤을 추면서 물러 나왔다. 그 노래는 이렇다. "서울 밝은 달밤에 밤 깊도록 놀고 지내다가 / 들어와 잠자리를 보니 다리가 넷이로구나 / 둘은 내 아내 것이고 둘은 누구의 것인고 / 본디 내 것이지만 빼앗긴 것을 어찌하리." 이때 역신은 본디의 모습을 나타내며 처용 앞에 꿇어앉으며 말했다. "제가 공의 아내를 사모하여 이렇게 잘못을 저질렀으나 공은 노여움을 나타내지 않으니 감동하여 칭송하는 바입니다. 맹세하노니 이제부터는 공의 모습이 그려진 것만 보아도 그 문 안에 들어가지 않겠습니다." 이 일로 말미암아 나라 사람들은 처용의 형상을 문에 그려 붙여서 사귀를 물리치고 경사로운 일을 맞아들이는 습속이 생겼다.

처용 설화에 따르면 처용은 역신(천연두, 홍역 등을 일으키는 질병신)을 퇴치할 만한 힘이 있었습니다. 이것은 처용이 이슬람 세계의 의학적 지식을 이용하여 천연두, 홍역 등 전염병 퇴치에 큰 공헌을 했을 가능성을 보여줍니다. 당시 이슬람 세계는 과학이 급속도로 발전하고 있었습니다. 이러한 과학 발전은 의학 발전에도 영향을 주었고, 특히 천연두, 홍역 등의 치료 의술이 발전했습니다. 9세기 말 10세기 초 페르시아 출신의 알 라지(865~925)는 의학백과사전인 『의학 대전』을 저술했습니다. 또한 『천연두와 홍역에 관한 고찰』을 저술하여 세계 최초로 홍역과 천연두를 정확하게 구분했습니다. 그 뒤를 이어 이슬람 의학의 발전을 이끈 이븐 시나(980~1037)는 『의학 전범』을 저술하는 등 유럽의 근대 의학 발전에 큰 영향을 주었습니다. 이븐 시나는 상처를 알코올로 소독할 것을 추천한 최초의 의사이기도 합니다. 이와 같이 질병, 특히 천연두와 홍역 같은 전염병 치료에서 의학 발전을 이룩했던 이슬람 세계에서 처용이 가져온 의술은 신라 사회에서 유명해졌을 것입니다. 그리고 이를 상징적으로 표현한 것이 처용 설화입니다.

최근 이슬람 전문가인 이희수는 이슬람학회에 보고한 「고대 페르시아 서사시 ‘쿠쉬나메(Kush-nameh, 쿠쉬 이야기)’의 발굴과 신라 관련 내용」이란 논문에서 아랍과 신라의 교류 관계를 확인할 수 있는 자료를 발견했다고 밝혔습니다. 논문에 따르면 ‘쿠쉬나메’는 ‘쿠쉬의 책’이란 뜻입니다. 이 서사시의 주인공은 쿠쉬입니다. 이 서사시에는 신라와 관련된 이야기가 나온다고 합니다. 전체 1만 129절 중 2,011~5,925절이 신라에 대한 내용인데, 쿠쉬의 어린 시절 후견인인 아비틴(Abtin)이 중국을 거쳐 신라에 도착하여 살았을 때의 이야기입니다. 신라에 도착한 아비틴은 신라 왕

벨테브레 동상 : 서울 어린이대공원 소재.

타이후르(Tayhur)의 왕자 가람(Karam)의 영접을 받은 이후 신라에 머물면서 신라 공주 프라랑(Frarang)과 결혼해 아들 파리둔(Faridun)을 낳았으며, 신라 왕의 국정 조언자로 활약했다는 이야기입니다. 여러분도 눈치챘겠지만 아비틴이 신라 공주와 결혼하여 신라 왕의 국정 조언자로 활약했다는 이야기와 처용이 헌강왕이 내려준 아름다운 여인과 결혼하고 급간이 되어 왕의 정사를 보좌했다는 이야기는 아주 비슷합니다. 이외에도 신라에 대해 자세하게 묘사하고 있는데, 완전히 번역된다면 신라 연구에 매우 중요한 자료가 될 것이라고 합니다. 이렇게 이슬람 전문가에 의한 이슬람 역사, 지리 자료의 발견과 번역으로 고대사 연구의 획기적 발전이 이루어지고 있는 것에 대해 깊은 감사의 말씀을 드리며 글을 마칩니다.